中公新書 2747

小国喜弘著

戦後教育史

貧困・校内暴力・いじめから、不登校・発達障害問題まで

中央公論新社刊

はじめに

二〇二三年現在の学校教育制度は、一九四五年に日本が敗戦を迎え、四七年に小学校六年・中学校三年の「六三制」と呼ばれる新たな義務教育制度が誕生することによって成立した。日本国憲法第二六条、国民の被教育権の具体的保障として、小中学校は、すべての子どもが幸福な生を追求するための学びを獲得する場のはずだ。しかし、その学校教育が行き詰まっていると思う人が多いのではないだろうか。

たとえば『日本子ども資料年鑑』から統計的な数字を抜き出してみよう。

年間三〇日以上欠席する不登校の児童生徒数は二〇二〇年度に小学生約六万三〇〇〇人（一％）、中学生約一三万三〇〇〇人（約四・〇九％）だ。一九九一年度には小学生約一万二〇〇〇人（約〇・一四％）、中学生約五万四〇〇〇人（一・〇四％）である。約三〇年間に小学生は単純計算で約五・三倍、中学生は約二・五倍に、全児童生徒数に占める割合でいうと小学生は約七倍、中学生は約三・九倍に増えている。

いじめについていいえば、公立小学校で一九九〇年度に小学校約九〇〇〇件、中学校約一万三〇〇〇件だったのが、二〇二〇年度には小学校約四一万七〇〇〇件、中学校で約七万九〇〇〇件と報告されている。三〇年間では、小学校約四六倍、中学校で約六倍だ。

もちろん、いじめについては、どこまで細かく報告するかによって数字が大きく変わることは確かだ。仮に子ども同士の小さないざこざまで「いじめ」と認定して行政に報告していることで数字が膨らんでいるのだとしても、いじめを発見しようとする大人の視線を子どもは浴び続けているわけで、子どもにとって学校が窮屈な空間になっていることがうかがえる。

子どもの自殺者数に目を転じてみよう。小学生は一九九〇年度五人から二〇二〇年度七人でそれほど変化していないが、中学生の増加が深刻だ。一九九〇年度三五人から二〇二〇年度一〇三人、約二・九倍である。なお、中学生の自殺の原因の第一位は学業不振、第二位は親子関係の不和である。

特別支援教育対象児童生徒の増加も顕著である。文部科学省の統計によれば、特別支援教育制度が開始された二〇〇七年度に特別支援学級在籍数は小学生約七万九〇〇〇人、中学生約三万五〇〇〇人だったのが、二〇二一年度には小学生約二三万二〇〇〇人、中学生約九万二〇〇〇人となった。少子化にもかかわらず小学生で約二・九倍、中学生で約二・六倍に増えている。

普通級に在籍しながら一部の時間だけ別室で特別の指導を受ける通級指導の対象児童生徒も増加している。二〇〇七年度に小学生約四万三〇〇〇人、中学生約二〇〇〇人だったのが、

0－1　登校拒否・不登校児童生徒数の全児童生徒数に占める割合の推移（1966～2022年度）

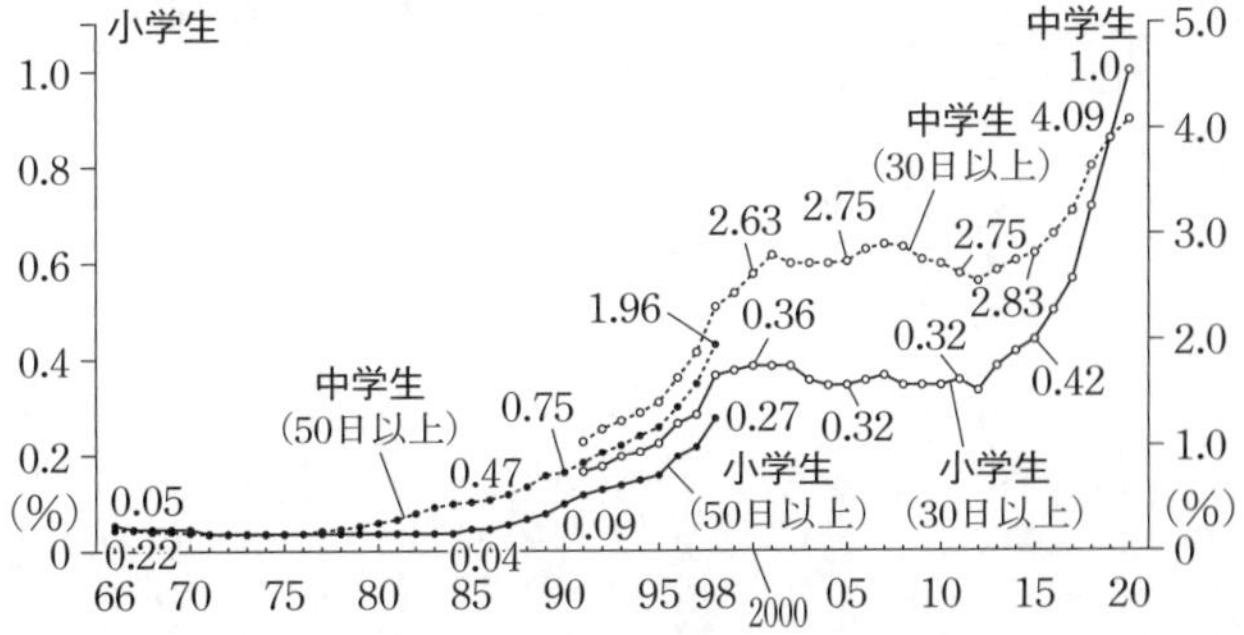

註記：国・公・私立小・中学校．2010年度は東日本大震災の影響により回答不能であった学校を除く
出典：母子愛育会愛育研究所『日本子ども資料年鑑2022年』（KTC中央出版，2022年）

0－2　通級による指導を受けている児童生徒数の推移（1993～2019年度）

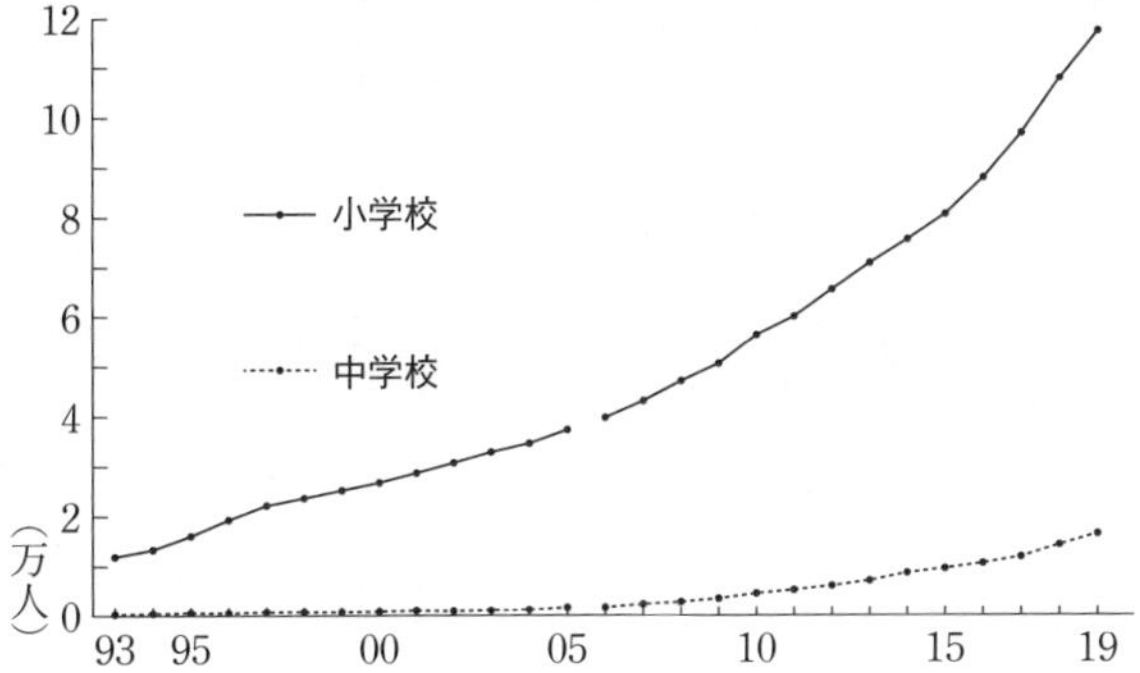

註記：2006年度から，自閉症・学習障害・注意欠陥多動性障害の児童生徒を含む．通級による指導とは，小・中学校の通常学級に在籍している障害の軽い子どもが，ほとんどの授業を通常の学級で受けながら，障害の状態などに応じた特別の指導を特別な場（通級指導教室）で受ける指導形態
出典：0－1と同

二〇二一年度には小学生約一四万人、中学生約二万三〇〇〇人へと増加した。小学生で約三・二倍、中学生で約一一・五倍だ（以上、文部科学省『特別支援教育資料』より算出）。

背景には、日本での発達障害の子どもの増加があるとされる。そして、この特別支援教育対象者の増加を、個別のニーズに応じた教育制度が充実した教育制度の発展と考えるのか、学校における事実上の排除の拡大とみるのかは論者によって意見の分かれるところだ。

ただし、子どもの権利条約の各国での履行状況をモニターしている国連子どもの権利委員会は、二〇一〇年に日本での発達障害の子どもの増加について「著しい数の子どもが情緒的ウェルビーイング〔幸福で肉体的・精神的・社会的すべての面で満たされている状態〕の水準の低さを報告していること、および、親および、教職員との関係の貧しさがその決定要因となっている可能性がある」ことを指摘し、次のような勧告を日本政府に行った。

「この現象が主として薬物によって治療されるべき生理的障がいと見なされていること、および、社会的決定要因が正当に考慮されていないことを懸念する」（『子どもの権利条約から見た日本の子ども』）

つまり、発達障害の増加は、家庭と学校の環境要因によるところが大きいというのが国連子どもの権利委員会の見立てである。となると、同じ時期に不登校やいじめ、自殺が増えているのと同じように、学校教育の行き詰まりの一つとして「発達障害」とされ、特別支援教育対象者とされる子どもたちが増えている可能性を疑う必要がでてくるだろう。

本書では、このような学校教育における深刻な行き詰まりを念頭に置き、あらためて一九四七年に誕生した戦後教育がどのように展開してきたのか、さらにそれぞれの時代でどのような問題を抱えてきたのか、学校教育のいかなる可能性が閉ざされたままに展開してしまったのか、について描いていく。

こうした問題関心を前提として、本書では、通史的な叙述と問題史的な叙述を組み合わせる。単に歴史を振り返るだけでなく、今日の、いや、未来の学校教育を考える手掛かりとしたい。その際、焦点を当てるのは、小学校・中学校の義務教育である。高等学校の歴史については、限定的に言及するにとどめ、高等教育や生涯学習については言及の対象から外していることをあらかじめお断りしておきたい。あくまでも、本書が対象とするのは、それぞれの時代で主に一〇代前半までの子どもたちが受けた学校教育の問題群である。

以下、本書の構成について述べておこう。本書は終章を含む全一二章で構成している。第1章・第2章では戦後教育改革の起点を扱う。敗戦の混乱と焼け野原のなかで戦後教育がスタートした。

第3章から第5章までは一九五五年以降から七〇年頃までの教育を扱う。日本社会は保守対革新という五五年体制の下で高度経済成長を突き進む。そのなかで学校教育は、産業人の育成を課題として制度化されていった。

第6章は、本書のなかではやや特異な章となる。一九六〇年代末の学園闘争における学習権思想の高まりと、七〇年代における養護学校義務化反対闘争、そのなかの共生教育思想の展開を取り上げる。

第7章は、高度経済成長以降の一九七〇年代から八〇年代を対象とする。高度経済成長後の労働者管理の手法が学校教育にどのように導入されたのかを検討する。

第8章以降は新自由主義教育改革に焦点を当てる。第8章で一九八〇年代、第9章で一九九〇年代半ば以降、第10章で二〇〇〇年代以降の展開をそれぞれ描き出す。

第11章では、特別支援教育を事例に現代の教育問題を検討する。

終章では、これまでの検討を踏まえたうえで、現代の学校教育に提示されている二つの選択肢を提示し、進むべき道を読者とともに検討してみたい。

ほとんどの読者が国内の小学校・中学校に通学した体験を持つはずだ。一部の読者は、保護者として学校に関わったり、さらには教師として勤務する経験を持っている場合もあるだろう。それらの体験は、楽しさ・嬉しさ・感謝といったポジティブな感覚、あるいは悲しさ・憤り・挫折などのネガティブな感覚とともに思い出されることになるのではないか。

本書は、読者の個々の体験を歴史のなかにあらためて位置づけ直す機会を提供するとともに、学校教育を子どもたちの幸福追求の場として再生する道筋を展望してみたい。

目次

戦後教育史

凡例

- 引用文は、旧字・旧仮名遣いを新字・現代仮名遣いに、カタカナはひらがなに改めている。
- 年号については基本的に西暦で統一した。
- 引用文中の〔 〕は筆者による補足である。
- 引用文中、資料の項目などで現在では不適切な表現があるが、資料の正確性を期すためである。他意はない。
- 敬称は略した。

第1章　敗戦後、学校はどう改革されたか

一九四五年八月一五日の終戦によって、日本の学校教育が急に変化したわけではない。では、新たな学校教育の法と制度はどのように制定されていったのだろうか。

これまでの教育史の叙述では、一九五〇年代半ば以降文部省による教育統制が厳しくなることを描き出すために、戦後教育の民主化に焦点を当てて、その長所が強調される傾向があった。しかし、実際には、戦前と戦後で、その思考には連続性がある。そして、教育制度の急速な改革によって、多くの教育現場に混乱があった。戦後教育がどのようにスタートしたのか、できるだけ当時の実相に迫ってみることにしよう。

1　戦前期を引きずる文部省

道徳心の振興

一九四五年八月一五日、文部省の一日は敗戦の日にもかかわらず静かに暮れていったよう

だ。ポツダム宣言に教育のことが触れられていないこともあり、教育体制の急激な改革の必要はないものと予想していたからである。そのこともあって、占領政策開始前の文部省の対応は、八月一五日の敗戦をはさんだ「戦前」と「戦後」の連続性を浮かび上がらせている。

文部省は八月一五日、教育関係者に「終戦に関する件」という訓令を出している。そこで文部省は、無私の「誠」や「報国の力」の欠如による「皇国教学の神髄を発揚するに未《ま》だしきもの」があったことを敗戦の原因と分析している。教師たちには、「国体護持の一念に徹し」、学生・生徒と一体になって「祖孫《そそん》一体道」を求めて「教学」を再建し、「国力」を焦土に回復して天皇の「聖慮に応《こた》え」よと説諭していた。

国体の護持、そのための道徳心の強化が、敗戦への対応として文部省が何よりも重視した施策だった。

「正史」の編纂

国体護持の具体的方策として、文部省が道徳心強化とともに取り組んだのが国家の正史編《へん》纂《さん》事業の強化だった。八月一七日、文部省は国史編修院の設置を決めている。そもそも一九四三年に「皇国史観の徹底」を目的として、戦争完遂・戦意高揚のための国民必読の「正史」の編纂が計画され、国史編修院設置は一九四五年八月一日に閣議決定されていた。

興味深いのは、文部省は国史編修院の設置事業を進めようとしただけでなく、「国史を編修し国体護持の信念を図るは終戦後に於《お》ける最も必要とせるもの」として国史編修に従事する職員の増員まで計画した点である。敗戦直後の文部省にとって修史事業は、最優先事項の一つだった（『「皇国史観」という問題』）。

ちなみに、国史編修院は連合軍最高司令官総司令部（以下、GHQ）の教育民主化施策のなかで一九四六年一月二五日閣議により廃止される。しかしのちに見るように、歴史教育を通して国体護持を図るという教育方針は、道徳の強化とともに一九五〇年代以降の教育施策のなかに事実上継承されていく。

科学教育の振興

道徳・歴史教育の強化とともに敗戦当初の文部省が強調したのは、科学教育振興だった。『朝日新聞』（一九四五年八月二〇日）は次のような記事を掲載している。

> 科学立国へ
>
> われらは敵の科学に敗れた、この事実は広島市に投下された一個の原子爆弾によって証明される、前田〔多門〕新文相は就任に当り科学を含めた広い文化の復興を図りたいと科学立国の熱意を述べた、科学振興こそ今後の国民に課せられた重要な課題である。

当時新聞では連日のように原子爆弾の猛威が報道されていた。前田多門文相は八月一八日文部省初登庁の際に、「原子爆弾をただ凌駕《りょうが》するものを考えていくというようなことでなくもっと大きなものを築いていき度《た》い」と原子爆弾を引き合いに出しつつ、科学振興の必要性を強調していた。

ただし科学振興は戦後になって強調されたわけではない。特に一九三九年のノモンハン事件で機械化されたソ連軍に敗北を喫して以来、科学技術振興は重要な教育施策だった。大学の理工系学部や付置研究所を大増設し、文系学生の学徒出陣の影響もあり、敗戦時には大学生の九割までが理系学生だった。

さらに『朝日新聞』(一九四五年八月二六日)によれば、文部省要職者はインタビューに応えて今後の方針として、次のように話している。「学校教育の弊である記憶万能教育を捨て去るべき」こと、「科学の生活化、生活の科学化といういい古された言葉だがこれを本当にやり能率本位の教育に力を入れる必要がある」。

記事は「新生日本の教育」という見出しが付けられていたが、「科学の生活化、生活の科学化」は戦後の新たな教育理念ではなく、「いい古された言葉」との紹介が記事中にあるように、一九四一年国民学校令の理念でもあった。科学戦での敗戦がいっそう科学教育に注力することを動機づけたのである。

このように国体護持のために道徳と歴史の教育を、さらには国力増強のために科学教育を重視することが敗戦直後の文部省の課題だった。文部省が九月一五日に示した「新日本建設の教育方針」にも同様の主張が行われていた。

占領政策が本格的に展開する一九四五年一〇月以降、いったんこれらの教育施策は中止されるが、一九五〇年以降になって、いわば通奏低音のように、これらは文部省の教育行政の特徴を織りなしていく。

2 焼け跡の民主改革――アメリカ主導への抵抗

敗戦直後の状況

戦後の教育改革は焼け跡からはじまった。焼失した学校は国民学校から大学まで合わせて三五五六校、延べ面積にして三〇〇〇万坪だった（『日本教育年鑑１９４８年版』）。特に東京・大阪など大都市区部と沖縄の被害が甚大だった。

また、戦争は社会的弱者である子どもに特に大きな被害をもたらした。東京を例にとれば、そもそも空襲で死亡した者は一〇万人、近年の調査では二〇歳以下が四〇％を占めるとされる（ＮＨＫ首都圏ネットワーク、二〇一四年二月二六日放映https://www.nhk.or.jp/shutoken/net/report/20140226.html）。そして、戦争の終結によってすぐさま子どもたちに幸福がもたらされたわけでもなかった。

街を放浪する浮浪児は、一九四七年時点で全国で約七〇〇〇名いた（『読売新聞』一九四七年四月一一日）。一般的に浮浪児は戦災で身寄りをなくした孤児とされるが、家出児童も多かった。背景には戦争で兵士として心の傷を負った父親たちによる家庭内虐待があったとされる（『戦後教育の功罪』）。さらに、親たちによる少年少女の身売りも一九五〇年代を通じてしばしば新聞を賑《にぎ》わした。

家庭があっても栄養状態すらままならなかった。お弁当を持って行ける子どもばかりでなく、子どもたちは学校のなかで、さらには登下校時に、弁当泥棒・弁当強盗に気をつけなければならない状況だった。

では、このような状況でいかなる改革が構想されたのだろうか。

広島での青空教室，1946年

機会均等と地方分権

学校教育に即して考えると、戦後教育改革の焦点は教育の民主化、より具体的には機会均等と地方分権の実現にあった。占領軍による本格的な教育改革の始動は一九四五年一〇月以降である。

まずGHQの民間情報教育局（CIE）は、「日本教育制度に対する管理指令」（一〇月二二日）をはじめとする「四大指令」といわれる命令を年末までに次々と発し、超国家主義・軍国主義の排除を指示した。

具体的には、①教科書の該当部分への墨塗り、②教員の思想傾向の検査と軍国主義教員の排除、③神道を学校で教えることの禁止、④修身・歴史・地理教育の停止などである。

さらに一九四六年五月には「教職追放」を目的とした教職員の適格審査に着手した。ただし審査によって追放されたのは二六二三人と比較的小規模にとどまり、審査によらず不適格者とされた二七一七人と合わせても五〇〇〇人強が追放されただけだった。全国約六四万七〇〇〇人の一％に満たなかった。

民主化への大きな転機となったのは、一九四六年三月初旬の米国教育使節団の来日である。心理学者でニューヨーク州教育長を務めたジョージ・D・ストッダードを団長とする二七人からなる米国教育使節団は約一ヵ月の滞在の後、報告書を三月三〇日付けでマッカーサー宛に提出した。調査を援助するために日本側教育家委員会が結成され、そこには天野貞祐《あまのていゆう》（第一高等学校長）・務台理作《むたいりさく》（東京文理科大学長）・南原繁《なんばらしげる》（東京帝国大学総長）・田中耕太郎《たなかこうたろう》（文部省学校教育局長）・柳宗悦《やなぎむねよし》（日本民芸館長）ら総勢二九名の学者・官僚・文化人が参加した。

提出された報告書では、序文で日本再建の期待を次のように子どもに託すところからはじまっている。

われわれの最も大きい希望は子供にある。実際子供は、将来という重責を担うものであるから、重い過去の遺産によって圧《お》しつぶされてはならないのである。それ故、われわれは、誤った教授をやめさせるとともに、教師および学校に子供の心を硬化せしむることなく、活《い》き活きと開発せしむるような地盤を与え、出来うる限り子供達が教育をうける機会を平等にもたせたいと思う。（鈴木清訳『日本教育改造案　米国教育使節報告書』）

米国教育使節団報告書は、教育の機会均等・自由主義・男女平等・地方分権・画一化の排除などを柱として、教育の目的、学科課程、教科書、修身・倫理、歴史・地理、国語改革、文部省・地方の学校行政の改革、教授法ならびに教師教育など学校教育に関する広範な事項についての提言を行い、教育の民主化と地方分権に関する基本的な方向を指示した。

ただし、英語と日本語のニュアンスの違いなどをうまく利用し、日本側は教育の民主化と地方分権に一定の歯止めをかけようとした。以下、具体的にみていこう。

教育基本法の成立

米国教育使節団報告書を受けて、教育における最高法規としての教育基本法の制定作業が憲法改正作業と同時並行で行われた。

教育基本法の原案は、内閣総理大臣の所轄下に一九四六年八月一〇日に設置された教育刷新委員会が作成した。同委員会は、同年一二月二七日に内閣総理大臣に答申、翌一九四七年三月五日に政府が教育基本法案を上奏し、枢密院での可決後、衆議院・貴族院での可決を経て三月三一日に公布・施行される。

教育の目的は次のように第一条で規定される。

教育は、人格の完成をめざし、平和的な国家及び社会の形成者として、真理と正義を愛し、個人の価値をたっとび、勤労と責任を重んじ、自主的精神に充《み》ちた心身ともに健康な国民の育成を期して行われなければならない。

教育の目的を「国民の育成」とすることは、実は戦前からの連続である。一九四一年の国民学校令でも、「国民の基礎的錬成を為《な》すを以《もっ》て目的とす」とし、国民の育成を学校教育の目的として規定していたからだ。ただし戦前の教育が「皇国の道に則《のっと》り」天皇制の理念の教化を目指したのに対して、戦後の教育は、平和・真理・正義・自主性といった民主主義の観念の教化を目指した。

このほか第三条で、「すべて国民は、ひとしく、その能力に応ずる教育を受ける機会を与えられなければならない」と、機会均等の理念を規定する。さらに男女平等、授業料無償の原則、「全体の奉仕者」としての教員の使命、政治的教養の尊重、宗教への寛容性の尊重、教育行政の責務などを規定し、学校教育が進むべき新たな道を具体的に規定していた。

ただし、第一〇条の「教育行政」の成立過程をみていくと、教育の民主化と地方分権化に文部省が一定の歯止めをかけようとしていたことがうかがえる。

意図的な訳し分け

そもそも教育基本法制定当時の田中耕太郎の回想によれば、終戦後まもなく学校教育局長になった田中は、「教育行政を一般地方行政から分離独立し、教育及び教育者の自主権を確保する」という教権独立を課題としていた(『教育委員会――理論と運営』)。

田中は教権の独立を教育基本法の草案に次のように盛り込もうとした。以下、特に断りのない限り、『資料教育基本法五〇年史』からの引用である。

　教育行政は、学問の自由と教育の自主性とを尊重し、〈民間の有識者の意見を聞き〉教育の目的遂行に必要な諸条件の整備確立を目標としなければならないこと。

問題となったのは、「教育の自主性」である。一九四六年一一月一二日、CIEは関口隆克文部省審議室長を呼び出し、意見交換を行っている。席上、「教育の自主性 autonomy of education」を強調する関口に対し、CIE教育課員のモンタ・L・オズボーンらは、次のような指導を行った。

> 関口氏に、教育における自主性 autonomy の意味を質問したところ、彼は、政治からの自主独立 autonomy of politics を意味すると答えた。われわれは、その言葉は、教育者がだれにも干渉されるべきではないことを意味することもあるので、危険であると指摘した。教育は人民に責任を負うという事実をわれわれは強調した。

　これと関連する、米国教育使節団報告書における教育の地方分権を明確に規定する箇所をみてみよう。以下は当時の文部省訳である。

> 学校が強力な民主政策の有効な手段となるべきものならば、それは国民にとって親密なものでなくてはならぬ。教師や学校長や、地方教育課長などは、上位の教育関係官吏の支配や制御を受けないことが大切である。なお、あらゆる程度の学校の学校行政を直接受け持っている教育者は、その奉仕する民衆に対して責任を持つこともまた大切である。
> 〔傍点筆者〕

米国教育使節団報告書でも、学校がより上位からの官僚的支配を受けないこと、ある種の教育の自主性を強調している。しかしそれは、学校が「奉仕する民衆」に対して直接に責任を持つことを重視したからである。

引用に傍点を振ったのは、米国教育使節団報告書を和訳する時点で、日本側の意図的な訳出があるからである。

それは英文での「the people」である。その訳が、「国民」「民衆」などとバラついている。実は「国民」とすべきか「民衆」とすべきかは、当時きわめて重要な相違があった。

第一に「国民」とするならば、日本国籍保持者のみが対象となるのに対して、「民衆」とするならば、国籍の非保持者も対象となる。第二に、学校が責任を持つ対象が、その学校が所在する地域の「民衆」なのか、広く「国民」全体に対してなのかという相違が生じる。「国民」と捉《とら》えるならば、結果として、「国民」全体の意思を恣《し》意的に解釈する余地を残し、独善的な教育が行われる可能性を生むだろう。

地方分権を強調するアメリカの意図からすれば、ここは「国民」ではなく「民衆」、より明確には「地域住民すべて」とでも記載する必要があったはずだ。

先に引用した関口隆克文部省審議室長によれば、総司令部内での「いろいろあった結論は、つまり、いい言葉で経済は中央が統制するのが一番皆のためだと、教育文化は地方のレーマン・コントロールに分権するのが一番いいと」いうものだった。「レーマン」（layman）とは素人を意味する。住民が教育に権限を持つことをアメリカは理想としていた。それは文部省が保持してきた機能の事実上の解体を含意する。文部省としては中央集権的な要素を教育制度に残して、戦前の機能をできるだけ維持し、省解体の危機に抗する必要に迫られていた。

占領下にあって、文部省はGHQの要求を呑《の》まなければならない状況にあった。文部省調査局で教育基本法制定に携わった安達健二によれば「今あるような条文を、いわば向うで書いて、こういうことで是非行ってもらいたいというような、命令に近いような形で現在の第一〇条の一項というものができ上った」という（「教育基本法の成立事情」『教育基本法文献選集一』）。

にもかかわらず、文部省が条文化したのは以下のような文章だった。

第一〇条（教育行政）
教育は、不当な支配に服することなく、国民全体に対し直接に責任を負って行われるべきものである。
教育行政は、この自覚のもとに、教育の目的を遂行するに必要な諸条件の整備確立を目標として行われなければならない。

ここで、最終段階においてGHQに示したものと比較すると、たとえば「教育行政」は英文で「school administration」となっている。これは米国教育使節団報告書の文部省訳では、「学校行政」と訳していた。このことからすると、教育基本法での英文と日本語文との違いには、意図的な意味のずらしがあると推測されよう。同様に「the whole people」は「住民全体」と訳すべきところを「国民全体」と訳すことになった。

実のところ英文を見る限り、教育基本法第一〇条は、学校が一種の行政体として教育についての責任を地域住民全体に果たす責務を負っていると読める。それに対して日本語の教育基本法第一〇条は、国家の教育制度を論じたものであり、学校教育が総体として、国民全体に責任を持つことを規定していると読める。

教育学者の佐藤学によれば、教権の独立というアイディアは一九三〇年代に成立し、天皇の教育大権を基礎とするものだった。田中耕太郎は、軍国主義教育への反省という点から教権の独立を構想したが、「総司令部が懸念した通り、文部省の独善的な官僚的な統制を温存する結果を導いた」(「教育基本法の歴史的意味」『世界』二〇〇四年一月)。

文部省は、教育基本法成立過程での英語と日本語の巧妙な訳し分けにより、中央集権的統制を引き続き維持する芽を条文のなかに忍び込ませ、さらに権利の主体を人々ではなく、国民へと限定したのである。

3　六・三制へ——男女共学への批判と支持

新しい学校制度

一九四七年四月、学校教育法が施行され、小学校六年・中学校三年・高等学校三年という単線的な教育制度の運用がはじまった。学校教育法はCIEの助言を受けつつ教育刷新委員会で審議された。

戦前の教育制度について簡単に説明しておく必要があるだろう。具体的には1-3を見てほしいが、戦前の教育制度は非常に複雑だった。

国民学校（一九四一年以前は尋常小学校）初等科六年の卒業後、男子は、中等学校・国民学校高等科など進学先が分かれる。中等学校進学者がさらに上級学校に進学する場合は、高等学校から大学へ行くか、中等学校卒業後に専門学校へ行くことになっていた。また国民学校高等科卒業者の進学先は青年学校だった。このように、中等教育以降は、進学先によってその先の上級学校への進学先まで規定される、分岐型だった。女子の場合も、国民学校初等科六年を終えて進学する場合、進学先は国民学校高等科・実業学校・高等女学校などへと分かれる。

男女別学が原則であり、一緒に学ぶのは小学校のみであり、その小学校もしばしば高学年

1-1　学制，1944年度

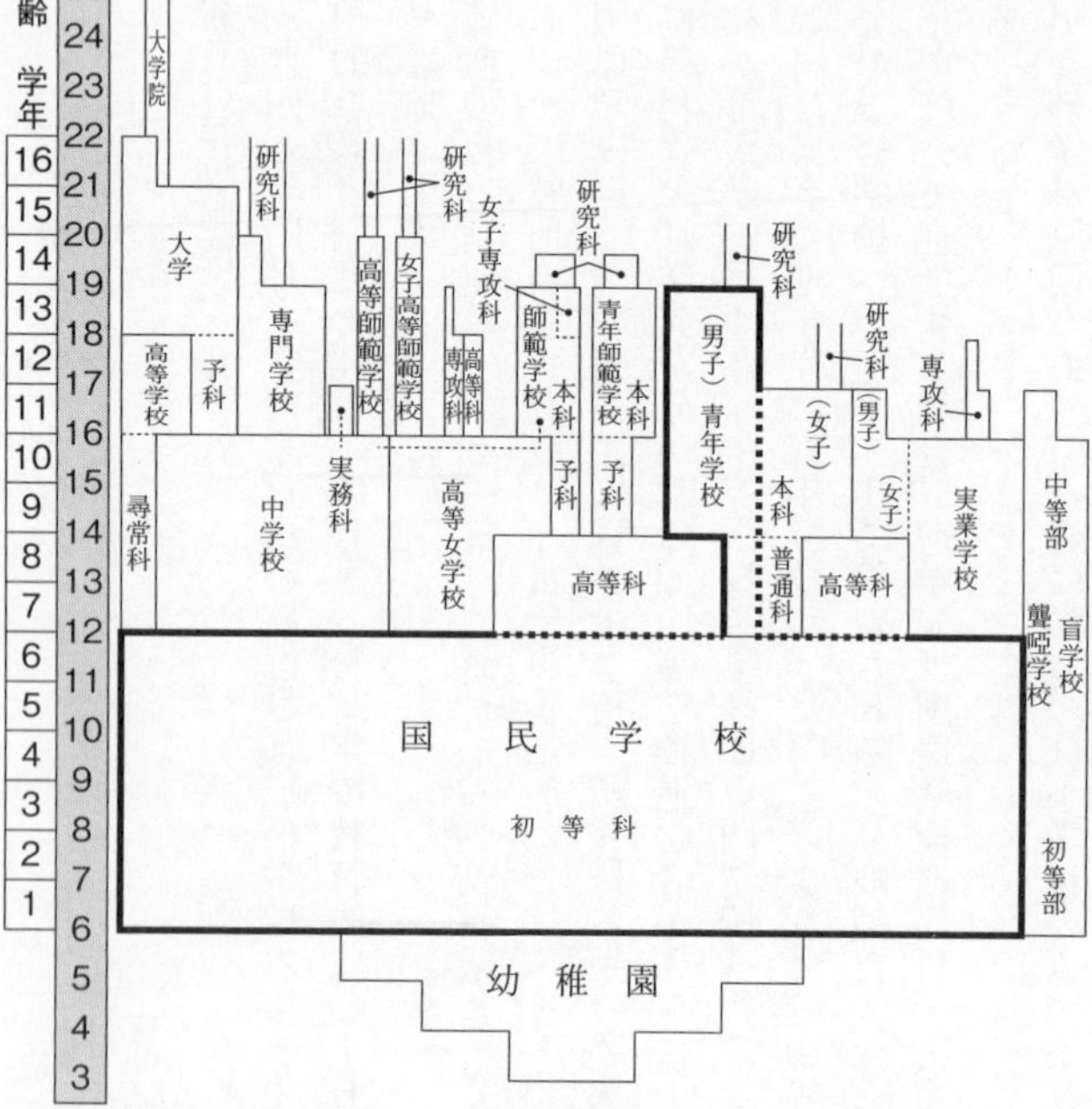

出典：文部省『学制百年史』
https://www.mext.go.jp/b_menu/hakusho/html/others/detail/1318188.htm

では男女別に学級を編成した。

戦前期は障害児の就学義務は基本的に免除、または猶予されることになっていた。一九四一年の国民学校令制定過程でも盲聾《もうろう》唖《あ》教育の義務化が構想されたものの財政難から実現が見送られ、養護学級・養護学校の設置が認められたにとどまっていた。

それに対して学校教育法第二二条（就学義務）は、「保護者は、子女の満六才に達した日の翌日

1－2　学制，1949年度

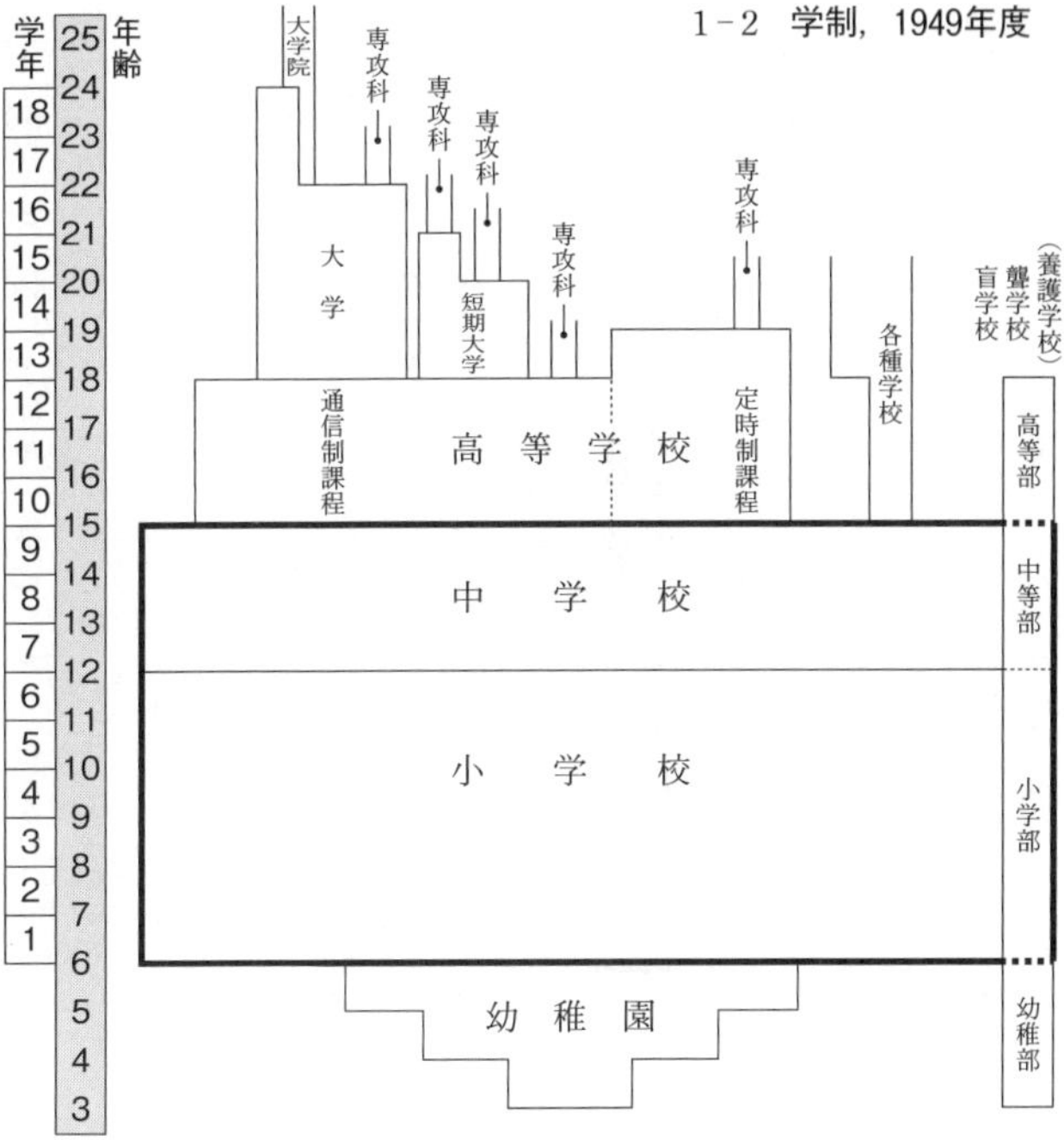

出典：1－3と同

以後における最初の学年の初めから、満十二才に達した日の属する学年の終りまで、これを小学校又は盲学校・聾学校若《も》しくは養護学校に就学させる義務を負う」と、義務教育の内容を具体的に規定し、障害を持った児童の教育を受ける権利を保障していた。

六・三制改革の背景

六・三制の義務教育実現には、米国の強い意志が働いていたと考えられてきた。米国教育使節団報告書のなかで、「最初の六か年は現在と同様小学校において、次の三か年は現在小学校の卒業児童を入学資格者とする各種の学校の合併後改変によって創設されるべき『初級中等学校』において、修学することを我々は提案する」と、単線的な六・三制が明確に示されていたからだ（『近代日本教育制度資料』第一八巻）。

しかし、日本でも戦前期、教育界にとって義務教育年限の延長は悲願だった。一九〇七年に義務教育年限が四年から六年に延長されてからも、たとえば二四年に義務教育を八年に延長する文部省案が文政審議会に上程されたことがある。しかし若年労働者の減少を危惧《きぐ》する資本家らの反対によって実現しなかった。

一九三〇年代には、機械工業と金属工業など高度な産業部門が発達するなかで、資本家からも労働者の質向上を図る観点から義務教育年限延長が支持されるようになる。一九三八年の教育審議会では、小学校を国民学校として改組し、初等科六年・高等科二年の計八年を義務教育とすること、さらに保護者の貧困による就学義務の猶予や免除制度の廃止が答申される。この時点で義務教育年限八年への延長と、貧困児童の就学義務化という機会均等の徹底とが実現されようとしていた（「隠蔽《いんぺい》された記憶」『現代思想』一九九五年一月号）。

義務教育年限の八年延長は、戦争が激化して実現されなかったものの、一九三一年九月に勃発した満州事変以降、就学率自体は大幅な上昇があった。たとえば一九二五年と四〇年とを比べると義務教育未修了者が一一・三％から一・七％へと激減しただけでなく、高等小学校卒業以上が三八・八％から七五・二％へ、さらに実業補習学校または青年学校卒業者は九・二％から五〇・六％へと急激に増加する（「六・三制度の問題点」『新しい学校』一九五一年一〇月号）。

小学校六年・中学校三年という、いわゆる六・三・三制の考えは、東京帝国大学文学部教育学科教授だった阿部重孝《あべしげたか》の「学校系統改革の私案」のなかですでに表明されていた。阿部は一九二〇年代のアメリカ留学中に中等教育改革に触発され、中学校と実業学校の区別を廃止して一様に中学校とし、小学校六年・中学校三年を義務教育とする単線的な教育体系を構想していた。さらに占領下でも、青年学校関係者を中心に、六・三制実現への強い支持があった。

米国教育使節団は当初、従来の六・五制の維持を構想し、六・三制は考えていなかったが、むしろ日本の教育関係者の希望を容《い》れる形で六・三制の実現を報告書で勧告したのだ（「六・三・三制とアメリカ教育使節団報告書」『教育』一九八四年一一月号）。

校舎不足と教育の混乱――戦後一〇年を経ても

使節団報告書を受けて、日本側の制度改革は驚くほど短期間に行われた。

教育刷新委員会が学校体系について審議をはじめたのが一九四六年一〇月。正式な六・三制採用の決定が一二月末、委員会の答申を受けた帝国議会の審議を経て学校教育法が成立したのが一九四七年三月三一日、翌四月一日が施行日で、かつ新年度のスタート時期にあたっていた。

文部省の方針では、小学校高等科や青年学校を、場合によっては旧制中学校の一部を新制中学校に改組することになっていた。教室不足があったとしても七万六〇〇〇教室程度が事前予想だった。しかし実際には、戦災で使えない教室や引き揚げによる人口増加などさまざまな理由で、初年度である一九四七年度に約一六〇万人分の教室が不足していた。敗戦後の混乱期で校舎建設の予算は乏しく、一九四九年度には校舎建築のための国費予算が超均衡予算を勧告するドッジ・ラインによって突然全額削減されるなど、財政は混乱を極めていた。

ここで注目しておきたいのは、さまざまな地域で公費不足を補って校舎建築を進める民衆の試みがあったことである。

山形県のある中学校では、生徒・教職員ともに三年間の継続計画で校舎建設のための郵便貯金を毎月行ったほか、養兎《ようと》基金として生徒一人が平均四羽程度のウサギを飼育して売却益を出したり、山菜採り、杉皮・薪の運搬、乾草・縄・イナゴの販売、国有林の下刈作業などありとあらゆる作業のなかで、住民負担を軽くする工夫が行われた。

ただし、このような熱心な取り組みによっても教室不足は容易に解消されなかった。そのため、午前・午後といった二回に分けて生徒を収容する「二部授業」や、教室以外の廊下や物置を教室にするなど、さまざまな臨時対応がとられた。教室不足はなかなか解消されなかった。一九五五年段階でも、新聞報道によれば全国で九四〇〇教室が不足しており、文部省は五七年度までの三年計画で「二部授業」解消の計画を立てている（『読売新聞』一九五五年五月二七日）。教室不足が解消するには、新学制のスタートから一〇年の年月を必要とした。

足りない教員

教師不足も深刻だった。一九四七年度の新学期開始時点で全国で不足する教員数は五万三〇〇〇、四八年度には新たに二万八〇〇〇、四九年度にはさらに四万一〇〇〇人、と三年間で合計一二万人の不足を文部省では見込んでいた（『読売新聞』一九四七年四月二三日）。

敗戦当初の極度なインフレの下で教員は生活自体困難だった。『読売新聞』を見ていくと、「許嫁者《いいなずけ》に見せたくない赤貧　五人養う女教官が出来心の空巣」（一九四七年一二月一七日）「貧に負けた女の先生　教壇から窃盗容疑で逮捕　足立区梅島校」（一九五〇年二月一二日）といった、貧しさに耐えかねて窃盗を働く教員の存在を確認することができる。生活苦が深刻ななかで、二〇代・三〇代の教員の転退職が増えていた。

ただし教員不足の深刻さについては、占領軍の次のような見解もあったことを付け加えておく必要がある。

教員組合や教育関係当局者は教員の不足をうったえているが調査した結果によれば実際

は多くの学校で教員が余っていることが明かとなった、義務小学校及び中学校の教員は一日僅《わず》か四時間足らずの授業しかせず、また一部の担任教員と称するものも実際は日に二、三時間教えるだけにすぎない、一日四、五時間が事務にあてられることになっているとしても、多くの教員は教員室でブラブラしているだけだ。

（『読売新聞』一九四八年一二月三一日）

待遇の悪さから士気の低下も推測される。いずれにせよ、生徒たちにとって教育環境がよくなかったことは確かだろう。注目したいのは、必ずしも順調な船出ではなかったが、新学制は多くの国民の支持を獲得していった点である。

一九五二年四月の『読売新聞』による世論調査では、六・三制を「このまま続けてよい」が約六一％、「改正した方がよい」が約二一％、「どちらでもよい」「わからない」がそれぞれ約九％だった。『読売新聞』によれば、前年九月の調査では新学制の支持者は約三五％で「六三制支持者が増加している」状況にあり、「支持者は都市に多く自由業者が最高、年齢では若いものほど、学歴では高いものほど支持している」という（一九五二年四月二四日）。

背景には、子どもたちの可能性の広がりがあった。学制改革の前年、一九四六年度の旧制中学進学者は全体のわずか二四％であり、それが新制中学では義務教育として小学校卒業者全員が進学することになった。同時に、旧制中学などが新制高等学校へと改組されたため、高等学校の数が大幅に増え、これまで旧制高校に行けなかった子どもたちが新制高校には通えることになった。

この時期、「新制高校生が、一時的ではあったが、急に洋服の腰にきたない手拭《てぬぐい》をぶらさげたり、ほお歯の下駄で学校に通ったりして、昔の一高生なんかを気取るようにな」ったという関係者の証言は、これまで特権的だった高校がより多くの子どもに開かれたことに由来する新制高校生の解放感をうかがわせる（『十年の歩み』）。新学制になって、のちにみるが高校以上の就学率は急速に上昇する。

男女共学の実現とその混乱

戦後教育改革の重要な特徴である男女共学の実現もまた、混乱のなかでのスタートだった。従来の教育制度では、先述したように、国民学校は共学だったが、中等学校に進学できるのは男子のみ、女子の進学で可能だったのは高等女学校から女子専門学校であり、女子の進学を認めていた大学は、東北帝国大学・早稲田大学など公私立を合わせても一部に過ぎなかった。

戦後は、まず憲法第一四条で「すべて国民は、法の下に平等であって、人種、信条、性別、社会的身分又は門地により、政治的、経済的又は社会的関係において、差別されない」として男女の法の下の平等が規定された。そして憲法規定に則して教育基本法第五条で「男女は、

きらわれた"男女共学"

全国中学、高校の"男女共学"が発足してから約三年、その成果は各方面から注目を浴びているが昨年十月文部省初等中等教育局で行った全国的調査が卅一日まとまった、それによると教師、父兄の賛成論に反し中学、高校とも生徒自身は"男女共学絶対反対"の声が意外に強く、文部省ではこの調査結果に驚き、原因の調査および対策に乗出すこととなった

中学生は大反対

文部省 対策に乗り出す

中学はむずかしい

男女共学への反対意見を伝える報道（『読売新聞』1950年2月1日）　急激な変化に戸惑う生徒たちは多かった

互《たがい》に敬重し、協力し合わなければならないものであって、教育上男女の共学は、認められなければならない」と男女共学の原則が定められた。

男女共学については、当初は世論の支持がなかった。文部省が行った男女共学の調査によれば、生徒の声を学校ごとに集計すると中学校は賛成四四校、反対一三六校、高校は賛成八六校、反対一〇五校で、特に新制中学では反対の声が圧倒的だった。

これに対して、教師の意見は、中学で賛成一八七校、反対九校、高校で賛成一七二校、反対二〇校、保護者は、中学で賛成一〇〇校、反対三五校、高校で賛成三六校、反対一七校と、生徒の声と教師や保護者の意見とは対照的だった。『読売新聞』はその背景として、「性に目ざめるころであり、互いに異性として意識しはじめ、これが最初反発の形をとるという心理的な理由」に加えて、数学・理科は男子が、国語は女子が得意でいずれかが劣等感を抱きやすい、女子用便所・裁縫室などが不足している高校が多い、などの問題を指摘していた（一九五〇年二月一日）。

男女共学の実現が、すぐに男女平等意識を根付かせたわけではなかったことは当然のことだろう。群馬県の中学校長の新聞への投書には、「男生徒がストーブのまわりで雑談をしているのに、女生徒は、だまって教室の掃除をしている。男生徒も女生徒も、なにか、それが普通のことのようなしぐさである」「女生徒は、男生徒を呼ぶのに「何々さん」と呼んでも、男生徒は、女生徒を「おい」と呼ぶ」といった根強い封建意識が指摘されている（『読売新聞』一九五四年四月一三日）。

しかし、男女共学のメリットを主張する高校生の声も新聞には紹介されている。たとえば、『読売新聞』が東京近県に住む女子の高校生を集めて開催した座談会では、「圧倒的に共学賛成者が多かった」として、次のような座談会の模様を掲載している。

本社　文部省が急に共学を廃止しろと言われたらどうしますか。

小野　絶対反対します。私の学校は全校八百人のうち、男子は五十人しかいないので、自然男子が小さくなっていますが、生徒会などの積極的な男子の活動をみていると教えられるものがあります。

林　私も廃止には反対です。男と女とは勉強の仕方が違うのです。女はなんでも手を出して、結局どれ一つ「もの」にならないことが多い。男子は一つ一つ丹念に掘り下げて研究している。どこまでも一緒に勉強したいと思います。
宮沢　でも女子はいくらがんばっても男子には勝てないわね……。
高田　そんな考えは古い。私はやはり共学で両性の理解を深めることに賛成だ。
小野　確かに男子から見た女性観を意識しながら進むことはいいことです。

生徒会などで積極的な男子の様子を間近で見ることで刺激を受け、「共学で両性の理解を深めること」に前向きで、男女平等感覚に覚醒《かくせい》しつつある状況を描いている（一九五二年三月二五日）。

最後に、男女共学の実現の意義を教育行政の観点から考えておこう。一九五三年に『女子学生の生態』を出版した永井徹は、次のような興味深いエピソードを紹介している。

戦後の女子の上級進学状況と戦前の状況を比較しようと思い、資料を探したが、戦前は男子の中学から上級学校進学状況は分るが、女子の高等女学校卒業者の上級学校進学率は文部省でも調査してなく、統計がなかった。このことを係の人に尋ねたら、昔は、女子学生の卒業状況の調査は文部省としても問題にしていなかったため、行わなかった、とのことで、戦前は、国としても女子の上級学校進学について考えてなかったのである。

この挿話は、女子の高等教育進学の権利がいかに文部行政の下で軽視されていたのかを端的に物語る。

教育における男女平等の実現は、行政が男子と女子に等分の配慮を払うことからはじまったのである。

第2章　混乱の子どもたち——学校と人権

この章が対象とする時期は、第1章とほぼ重なる。本書を貫く問いとして、子どもの人権はどのように扱われてきたのかがある。焦土と化した日本で、その人権がもっとも脅《おびや》かされたのは、社会的弱者としての子どもだった。この第2章では、戦後改革期に子どもの人権がどのように社会的に認知され、保障されるようになっていったのかについて、主に学校の外での生活に焦点を当てて描いていく。

1　教育を受ける権利の成立

子どもの権利の戦後改革

子どもの人権は戦前期でも大日本帝国憲法（以下、帝国憲法）によって保障されていた。帝国憲法は、帝国臣民への権利を保障していたので、国籍を所持する子どももまた、帝国臣民としての人権を保持していたからだ。

ただし、明治民法には「親権」の項目はあっても「子どもの権利」に関する項目はなかった。民法第八七七条「子は其《その》家に在る父の親権に服す」という条文によって、子どもは親、それも父親の親権の下にあることが規定されていた。そのことが、親によって子どもが児童労働や人身売買の対象とされやすい状況を生んでいた。行政による児童保護も、両親がいない子どもなど特別なケースのみを対象としてきた。

戦後改革が子どもにもたらした影響として特筆すべきは、初めて教育の権利主体として子どもが法律のなかに登場したことだろう。帝国憲法には教育に関する規定が存在せず、教育勅語が理念法としての最高法規の役割を事実上果たしていたからだ。

教育学者の本田和子によれば、一九四八年、国連の「世界人権宣言」第二六条で「すべて人は、教育を受ける権利を有する」ことが宣言される。子どもを単なる「保護」「教育」の対象でなく、一人の「権利主体」として認定し、かつ親の養育責任や代替的養育の確保を子どもによって要求されるべき「彼ら自身の権利」と捉えるようになるのは、世界的にもこの時期、つまり二〇世紀後半だった（『子ども一〇〇年のエポック』）。

憲法第二六条の成立

憲法改正過程は概略次の通りである。

マッカーサーが幣原喜重郎首相に憲法改正を指示したのは一九四五年一〇月のことである。

指示をもとに憲法問題調査委員会が設置され、日本政府は改正作業に着手した。ただし、国務大臣松本烝治《まつもとじょうじ》を委員長とする憲法改正案はマッカーサーを満足させるものとはならず、一九四六年二月にGHQ民政局によって憲法草案が日本側に手交《しゅこう》されたことはよく知られている。

日本側はこれを受けて、松本を筆頭にマッカーサー草案を整理して憲法条文を作成した。憲法案はGHQの了解を得たうえで一九四六年六月に枢密院本会議で可決、八月に衆議院で一部修正を経て可決、一〇月には貴族院で可決され、最終的に天皇の裁可を経て一一月三日に「日本国憲法」として公布される。

日本国憲法のなかで教育に関する権利がどのように規定されていたのか。その条文を引用してみよう。

第二六条　すべて国民は、法律の定めるところにより、その能力に応じて、ひとしく教育を受ける権利を有する。
2　すべて国民は、法律の定めるところにより、その保護する子女に普通教育を受けさせる義務を負う。義務教育は、これを無償とする。

重要なのは、第一に、「能力に応じて」との限定が付けられながらも、親の財力や身体的な障害にかかわらず、教育を受ける権利を「ひとしく」持つと教育の機会均等が明示されたこと。第二に、親が子どもを就学させる義務を明示し義務教育を無償とする、国家の保障を明確にしたことだ。

それは、就学を国家への義務と定めていた戦前期からのいわば一八〇度の転換だった。また、教育の機会均等の規定は、六・三・三制度という単線的な教育体系について憲法が裏付けを与えたことを意味した。前章で触れたように、戦前期は、小学校卒業後は、一部の指導層のための学校体系と民衆のための学校体系とに二分されていたからだ。

ベアテ・シロタ案の可能性

ただし日本国憲法の規定も、制定の過程で別の条文となる可能性があったことにも注目しておきたい。日本国憲法の下敷きとなった、マッカーサー草案の第一次試案には、次のような注目すべき教育規定が存在していたからだ。

21. すべて子は、その出生の条件のいかんにかかわらず、個人としての成長のため平等の機会が与えられなければならない。この目的のため、公立の小学校により八年間にわたる無償の普通義務教育が実施されなければならない。中等及び高等の教育は、それを希望するすべての能力ある学生に無償で提供されなければならない。教材は、無償とする。国家は、資格のある学生に対し、その必要に応じて援助を与えることができる。
22. 私立の教育機関は、教科課程、施設及びその教員の学問的修業の水準が公立機関につき国の定める水準を下回らない限り、活動することができる。
23. 公立であると私立であるとを問わず、すべての学校は、常に民主主義、自由、正義及び社会的義務の原理を強調しなければならない。また、平和的な進歩が極めて重要であることを説くとともに、その教授内容のなかで常に真理の尊重並びに科学的な知識及び探求を主張しなければならない。

（「憲法26条の制定過程」）

この試案を書いたのは、ベアテ・シロタ・ゴードンという当時二二歳の女性だった。シロタは東京音楽学校の教授だったロシア出身の父レオ・シロタとともに一九二九年から三九年までの一〇年間を日本で過ごした経験を持つ。彼女はのちにこの条文を書いたときの気持ちを次のように回想している。

当時の私は、お手伝いの美代さんや母を通じて、昭和の時代に入っても、農村の子供が口減らしに子守に出されたり、丁稚《でっち》奉公に出されていることを知っ

ベアテ・シロタ・ゴードン
（1923～2012）

ていた。そういう子供たちは、学校も低学年で止めさせられて、半年に一回着物を貰《もら》うだけで賃金はないという事実も教えられていた。〔中略〕私は、日本の国がよくなることは、女性と子供が幸せになることだと考えていた。だから、いろいろな国の憲法を読んでも、その部分だけが目に入ってきた。日本が本当に民主主義国家になれるかという点で不安を持っていた。だからこそ、憲法に掲げておけば安心といった気持ちから、女性や子供の権利を饒舌《じょうぜつ》に書いたのだった。

（『1945年のクリスマス―日本国憲法に「男女平等」を書いた女性の自伝』）

シロタの筆による試案（以下、シロタ試案）は、「無償の教育」などの詳細な規定が日本側の反発を招くと懸念する声があったことなどから、改稿され、最終的には次のような文案として日本側に手交される。いわゆるマッカーサー草案である。

第二四条　有らゆる生活範囲に於て法律は社会的福祉、自由、正義及民主主義の向上発展の為に立案せらるべし
無償、普通的且《かつ》強制的なる教育を設立すべし
児童の私利的酷使は之《これ》を禁止すべし
公共衛生を改善すべし

社会的安寧を計るべし
労働条件、賃銀及勤務時間の規準を定むべし
（「憲法26条の制定過程」）

限定された教育権規定

シロタ試案、マッカーサー草案、成立した日本国憲法第二六条の正文、三つの条文をここで並べてみたとき、アメリカ側で提示したものと比較して、日本国憲法の教育規定はいくつか後退した点を読み取ることができるだろう。

第一に、特にシロタ試案が出生の条件にかかわらず、「すべて子」が保障されるべき権利として社会保障の観点から教育を受ける権利を明確に規定している点である。

マッカーサー草案でも権利主体に「国民」としての限定はない。しかし日本国憲法では、権利の保持者が「国民」に限定されて、国籍の非保持者に対しては、教育を受ける権利が保障されていない。

憲法学者の永井憲一らによれば、マッカーサー草案で「すべて国民は」が棒線で消され、「何人《なんぴと》も」と訂正される。さらにそれが棒線で消され、結局「すべて国民は」と書き直されていた。ただし正文となった「すべて国民は」も、英訳では「every person」となっており、占領軍と日本政府との微妙な駆け引きのなかで、日本側は権利主体をすべての子どもではなく、「国民」に限定したのである（「憲法26条の制定過程」）。そのことによって、在日中国・

朝鮮人、さらに占領下で多く生まれた「混血児」といわれた子どもたちの教育保障が著しく不安定なものとなった。この規定は今日でも有効であり、ニューカマーの子どもたちの教育保障を制約している。

先に、第1章で教育基本法の制定過程のなかで、「people」の和訳を「民衆」「住民」とせず、「国民」とすることで、教育権保持者を制限した問題を述べた。すでに憲法制定過程で同様のことが起きていたことになる。

第二に、シロタの案では教材も含めての無償制を謳《うた》っていた。また中等・高等教育への学費援助も盛り込んでいた。それらの表現は憲法作成過程で後退する。

枢密院の審議で「学用品の費用等も無償とするのか」「第二十四条の『能力に応じてひとしく』とは経済的事由による就学上の困難に対する国の救済を含むと解して可なりや」といった議員質問に対し入江俊郎《いりえとしお》法制局長官は、「授業料の意味である」「国の救済は含まず」とそれぞれ答えている(「憲法26条の制定過程」)。経済格差に基づく教育機会の実質的不平等という今日に続く問題は、憲法制定過程に胚胎《はいたい》していたといえるだろう。

第三に、マッカーサー草案では、教育を受ける権利は、労働権や社会福祉の保障と同じ条文で論じられていた。それに対し日本国憲法では、教育条項が独立している点を指摘しておきたい。

条項の独立は、教育権がより強く保障されることになったとも言い得るが、労働や福祉の問題から切り離したことは、何のために教育があるのかという問題を曖昧《あいまい》にさせることになりはしなかったか。一九七〇年代以降の政治主導の教育改革が迷走する原因の一端を、ここに見ることができるように思われる。

発展していく児童福祉

明治民法第八七七条で、親権は「1項　子は其家に在る父の親権に服す。但《ただ》し独立の生計を立つる成年者は此限に在らず」「2項　父が知れざるとき、死亡したるとき、家を去りたるとき又は親権を行うこと能《あた》わざるときは家に在る母之《これ》を行う」とされていた。それに対して日本国憲法発布に伴って改正後の条文では、新たに次のように規定される。

（親権者）

第八一八条　成年に達しない子は、父母の親権に服する。

2　子が養子であるときは、養親の親権に服する。

3　親権は、父母の婚姻中は、父母が共同してこれを行う。但《ただ》し、父母の一方が親権を行うことができないときは、他の一方がこれを行う。

〔第八一九条省略〕

（監護及び教育の権利義務）

第八二〇条　親権を行う者は、子の監護及び教育をする権利を有し、義務を負う。

重要な改正点は、従来、原則親権が父にのみあったのが、第八一八条で「父母」とされたことであろう。ただし、親の権利のみを記し、子の権利を明確にしなかった点で、改正された民法もまた、戦前の民法における親権制度を基本的に引き継ぐものだった。

戦後は児童福祉が発展し、養育における国家や地方行政団体の義務を定めた法体系もまた整備される。そもそも一九世紀の日本で児童保護・救済は国家が関与すべき事業とは見なされておらず、民間の篤志家《とくしか》による慈善事業に委《ゆだ》ねられていた。

一九一〇年代から二〇年代半ばにおける社会運動の展開の影響もあって、二〇年代末から三〇年代にかけて救護法、少年救護法、児童虐待防止法、母子保護法などが次々と制定され、一四歳以下の児童を対象として不良の早期発見、児童の分類収容、虐待防止、貧困母子への経済扶助などが定められた。

一九三八年一月には厚生省が新設され、そのなかに児童課が置かれるなど児童の保護育成政策はいっそう進む。ただし総力戦体制のなかで兵力と労働力の育成策として展開されたために「健民運動児童愛護」が課題とされ、関心が一般児童にまで及ぶ一方で、貧困や虐待、身体障害に苦しむ、いわば「特殊」な児童への関心は低下した。

戦後になると、日本国憲法第二五条で「健康で文化的な最低限度の生活」を営む権利が保障されたことによって、福祉国家建設の理想が児童福祉行政のその後の基盤となった。

厚生省には、児童福祉対策にのみ責任を負う部署として児童局が設置され、一九四七年一二月に児童福祉法が制定され、四八年一月から施行される。当初法案は、「児童保護法」とされる予定だったが、児童保護の国家保障の明記、法の対象の全児童への拡大、法に明朗積極性を与えることを目的として児童福祉法と改めた経緯がある。

成立した法律は、「満十八歳に満たない者」を児童と定義し、「国及び地方公共団体は、児童の保護者とともに、児童を心身ともに健やかに育成する責任を負う」として国家と地方自治体の養育責任を明記した点に特徴があった。

児童憲章の成立——「子どもの日」の制定

一九五一年には児童憲章が制定された。児童憲章は全一二条からなる以下のような文面で子どもの権利を具体的に表現した、いわば国家の宣言というべきものだった。

われらは、日本国憲法の精神にしたがい、児童に対する正しい観念を確立し、すべての児童の幸福をはかるために、この憲章を定める。

児童は、人として尊ばれる。

児童は、社会の一員として重んぜられる。
児童は、よい環境のなかで育てられる。
一、すべての児童は、心身ともに健やかにうまれ、育てられ、その生活を保障される。
二、すべての児童は、家庭で、正しい愛情と知識と技術をもって育てられ、家庭に恵まれない児童には、これにかわる環境が与えられる。

厚生省児童局編『児童憲章制定記録』(一九五一年)によれば、児童憲章は「児童を次世代の社会の一員にふさわしく育成することが我々の責任であり、又いわゆる問題児を保護することは、協同社会の責任であるという考え方を徹底させる必要」から、アメリカの児童憲章を参考にして作成したものだった。

児童憲章は一九五一年五月五日に制定され、その制定を記念して五月五日を「子どもの日」と定めた。また五月五日を中心に「全国児童福祉週間」を定め、新聞・ラジオ・ポスターなどによる啓発宣伝に加えて、孤児写真展、赤ちゃんコンクール、児童相談などの各種催しを開催し、児童福祉理念の周知徹底に努めた。

2　激増する孤児・浮浪児、減らない身売り

社会問題化する浮浪児たち

法の制定によって徐々に子どもの養育環境は改善されていった。だが、当時の子どもが抱えた困難をすぐさま解決できたわけではない。当時の子どもたちが抱えた困難に法による保護が必ずしも届かなかった状況ついて、点描してみることとしよう。

敗戦当初、戦災で家を焼かれたり、朝鮮・台湾など海外からの引き揚げで住む家を持たない人が多かった。敗戦から二年が経過した一九四七年八月時点でも家を持たない人が一三〇〇万人、住宅四〇〇万戸が不足し、家不足が解消されるまでに六〇年が必要との観測が新聞で報じられていた（『読売新聞』一九四七年八月一七日）。そのような状況のなかで、家なき子どもは、厚生省調べでは一九四八年時点でも全国で一二万三〇〇〇人がいたとされる。

戦争をきっかけとして両親を失った子どもの総数は不明だ。親類縁者など引き取り手のない子どもは児童保護施設に送られた。厚生省の調査によれば、一九四七年度に要保護児童として施設に収容されていた一万七六六〇人のうち、孤児の総数は八一一九人だった（『児童福祉』一九四八年）。

また、浮浪児が街を徘徊《はいかい》し社会問題となっていたが、浮浪児のすべてが孤児だったわけではなかった。

当時、家があり、親が健在であるにもかかわらず、家出し、浮浪児になった者が多数存在した。厚生省児童局監修『児童福祉』によれば、浮浪児中に占める家出児童の割合は四〇％

とも七〇％以上ともいわれ、「いずれにせよ、最近の浮浪児のなかの多くが、家出児童だと云《い》うことは明らか」で、「戦災孤児の方は、もはや出るだけの数が出てしまい、次第に保護の手に落着いて、現に浮浪する者は減少の一途であるのに反して、家出児の方は、最近いよいよ増加の傾向を見せて、やや誇張的に云えば、今後いくら出て来るものやらわからない」状況だった。

家出した浮浪児は、知的に障害を持つ子どもも少なくなく、また貧困家庭・継父母・片親・家庭内不和など家庭に問題を抱えている場合も多かったようだ。

後者の点について宮城県の児童福祉司だった鈴木道太は、「最近の児童の家出が、非常に農村から多くなっているという事実は、戦後の社会なり教育なりから受けた影響によって、農村児童が示す封建的な家父長専制に対する抵抗であるとは見られないであろうか」と述べている。

鈴木によれば、戦争から帰還した父と子の間に比較的事件が多く、また虐待が多く起こっているのであり、その背後には「軍隊という典型的な上下のモラルに貫かれている封建社会のなかで訓練され、戦争の残虐な見聞で色あげされて帰った父が、日常生活の端はしに示めす《〔ママ〕》上からの強制が、戦後の民主社会で育った子どもには耐え切れぬ抵抗を感じさせ」ていた（「農村の社会と子ども」『戦後教育の功罪』）。

ただし付け加えておく必要があるのは、たしかに精神障害や家庭での虐待は児童保護の対

戦災孤児たち　東京・上野，1948年5月

2－1　施設に収容中の保護児童数（1947年）

	男	（孤児）	女	（孤児）	計	（孤児）
孤　児	2,595	—	2,001	—	4,596	—
浮浪児	3,134	1,680	945	467	4,080	2,147
被虐待児	96	16	83	31	179	47
要救護児	2,486	312	531	36	3,017	338
精神薄弱児	315	145	133	55	448	200
肢体不自由児	52	26	58	28	110	54
盲聾啞児	1,250	29	901	20	2,151	49
虚弱児	528	257	321	137	849	394
乳児院乳児	236	99	240	106	476	205
貧困児	894	36	860	33	1,754	69
合　計	11,586	2,600	6,073	913	17,660	3,513

出典：厚生省1947年6月調査．厚生省児童局監修『児童福祉』（東洋書館，1948年）

象とすべき事案ではあったが、当事者の子どもたちはむしろ浮浪児としての生活を謳歌《おうか》していたかに見える点である。

靴磨き、新聞売り、煙草《たばこ》巻き、闇屋《やみや》の使い走り、街頭売春婦の客引きなどに従事する彼らは、「成人の給料生活者の何倍かにおよぶ」収入を得、「外食券の闇買《やみ》いして白米の上に車海老《くるまえび》の天麩羅《てんぷら》の載った天丼《てんどん》をたべ、或《あるい》は今日一般には得がたい、本もののチョコレエト、チューインガムの類を間食」し、児童保護施設に収容されても繰り返し脱走する者もいた（『児童保護』一九五五年）。

戦後の無秩序な社会状況が彼らに解放感と生きる余地を与えていた側面もあったことには留意しておく必要がある。児童保護はいわば規制の秩序内に子どもを引き戻す治安維持の機能も持ち合わせていた。

新聞紙上に「浮浪児」の存在が取り上げられるのは一九六〇年までである。この頃までに家出児童が街を浮浪する光景は日本社会で見えなくなっていった。浮浪児の解消に最終的に影響力を持ったのは、一九五五年以降の高度経済成長における経済発展だったといえるだろう。

身売りされる子どもたち

浮浪児となる原因がしばしば家庭での虐待に耐えかねての家出、つまり親による子どもの人権侵害に由来していたのだとしたら、親による子どもへの人権侵害のもう一つの深刻なケースが人身売買だろう。子どもの人身売買は戦前期から広く日本の社会慣行ともいえるものだった。

当時「人身売買」の定義は多様だったが、朝日新聞調査研究室の志道好秀による『人身売買とその対策』によれば、「公共の福祉に反する契約、または金や物の給付を条件に不当に拘束する契約およびこれらを仲介するもの」だった。より具体的にいうと、その多くは、親が周旋人から前借り金を受け取り、あらかじめ定められた期間、子どもたちの行動の自由・職業選択の自由を奪い、低賃金または事実上の無給で労働に従事させるケースだった。ただし養子縁組によって家族として不当に拘束するケース、将来働かせる目的で現在は養育のみというケースなど多様だった。

厚生省が一九四九年五月現在でまとめた人身売買の疑いある児童は、全国一三県で約六二〇〇人（男二三三〇名、女三八九五名）である。ただし志道の前掲書によれば、一九四八年末から五一年六月までに二六七七名の被害者が保護されている。当時の取り締まり機関の不備などにより、実際にはその何十倍、何百倍の被害者がいたと推計されるという。

特に一九五〇年は東北の凶作により身売りが多かった。労働省が一九五〇年にまとめた人身売買事件に関する報告書によれば、人身売買の七〇％は一八歳未満で、最低は九歳、一四歳から一八歳が一番多かった。県別では福島県が全体の半数、次いで山形、栃木、新潟、秋田、長野、岩手の各県と続く。契約期間は七年間が多く、最低が三年、最高が一二年だった（『読売新聞』一九五〇年五月三〇日）。

また、労働省婦人少年局の調査では、一九五一年七月から五二年六月末までの一年間に一四八九名の少年少女が売られていた。女子が男子の八倍の人数で、売られた先は接客婦、売春婦、酌婦が多かった。出身地は栃木県が一番多く、次が山形県、福岡県と続いている。『読売新聞』（一九五三年六月八日）によれば、「身売りを出していない県は一つもない」状態だった。身売りの動機は家庭の貧困が三七・一％、求職中に甘い言葉をかけられて誘拐された者二〇・二％、家出六・二％、両親の依頼二・四％、本人の希望二％と続いており、両親の依頼や本人の希望は、「家庭の貧困を救おうというのがそのほとんど」だった。

なぜ減らないのか

たびかさなる取り締まりにもかかわらず、身売りが減らない背景には何があったのだろう。第一に指摘しなければならないのは、旧来の社会的な通念が強く残っていたことだろう。子どもを「家の宝」と見なして私物化する観念、さらに江戸時代以来の雇用慣行にも人身売買につながるものがある。人権尊重と年少者の保護についての意識は低かった。

法務省は一九五一年に子どもの奉公に関する意識調査の結果を発表した。報告書によれば、「全体の一割近い九％が前借で子供を年季奉公に出してもかまわないと答え」、農村では「さらに意識が低く、無条件でかまわないというもの一四％、全面的に否定するものは七％であって、このような状態では所謂《いわゆる》人身売買が絶えず、且《かつ》これに乗ずる悪周旋人の跳梁《ちょうりょう》ももっとも」だった（『人権思想の現状』）。

2-2 「親が金を前借りして、その代わりに子供を何年かきめて働きにやるというようなことについて、あなたはどう思っていますか」（％）

	東京	農村	総数
全く否定しないもの	2	14	9
弱い条件で否定するもの	8	32	20
強い条件で否定するもの	55	47	51
強く否定するもの	35	7	20

出典：法務府人権擁護局『人権思想の現状』（1951年３月）を基に筆者作成

子どもの人権尊重について意識が低いことは法制度の適用にも表れていた。たとえば、職を得た子どもが職業安定所を通さなかったという理由で職業安定法違反を適用されるとき、モグリ周旋人が処罰を受けるだけであり、一八歳未満の少女に淫行《いんこう》をさせた廉《かど》で児童福祉法違反を適用する場合も、雇い入れた娼家《しょうか》の経営者が検挙されるだけで、売り渡した親が処罰されることはほとんどなかった。

文部省児童文化審議会長だった神崎清は、一九五二年に「子を売る親を罰せよ」という論文を『婦人公論』（六月号）に執筆している。それによれば、「子どもを食いものにする親は、警察の訓戒や、道徳的な非難の対象にはなっても、きびしい法律的制裁をうけたことがなかった」。

第二に、子どもの人権を尊重する意識の低さの背後にあったのは当時の貧困だった。『読売新聞』（一九五四年六月三日）

の人生相談の内容をみてみよう。

三十八歳の主婦、夫は四十一歳の漁夫、二十歳の長女を頭に七児があります。夫の収入は少なくかつ不安定で長女の日給は二百円ですが家へはほんのわずかしか入れられず、そのため売り食いをするよりほかなく、いま住んでいる家と敷地だけ辛うじて残っています。長男は高校三年なのでぜひ卒業させてやりたく、次女もぜひ高校へ進ませたいのですが、米を買う金にさえ困っているので思うようになりません。借金が三十数万円あるので、この際五人の子供を一人十万円ずつに売れば借金もかえせ何とか暮して行けると思うのですが、どなたか子供を買いとって下さる方はないでしょうか。まさか子供らを殺して死ぬわけにも参りませんので〔後略〕。（青森・みね）

みねの苦境は察するに余りあるが、親子心中・身売りという選択肢がいずれも子どもへの人権の顧慮を欠いている。そして、ほかに選択肢がない厳しい貧困が背後にあることを想像させる。

当時、身売りされたほうが子どもの生活が楽になるといった事態も少なくなかったようだ。それについて先にも引用した鈴木道太は次のように述べている。

子どもは親のモノなのである。親の必要によって、子どもを売買することに全然精神的抵抗を感じない親なのである。しかも、さらに大きな問題は、過酷な労働が日常化している東北においては、売られていった子どももそれに不幸を感じないことである。

（「農村の社会と子ども」『戦後教育の功罪』）

圧倒的な貧困が実家での過酷な児童労働を日常化し、それが子どもたちの身売りの背景として機能していた。貧困の存在は、子どもの人権の実質的な保障を困難なものにしていたのである。なぜなら、法律による身売りの禁止が、場合によっては子どもの幸せを損ないかねなかったからだ。

新聞記事からは、子どもの身売りは一九六〇年代半ばまで続き、七〇年代以降になると日本における子どもの人身売買事件は影を潜め、代わって東南アジアに出かけた日本人男性を加害者とする現地の少女に対する人身売買が事件として報道されるようになっていく。

3　広島・長崎の子どもたち

放置される子どもたち

もう一つ、子どもの人権が深刻に毀損《きそん》された現場を報告したい。それは原爆が投下された広島・長崎で被爆した子どもたちの人権の問題である。

原爆の惨禍《さんか》は、そもそも占領軍の検閲によって、被害の事実自体がなかなか公にされなかった。わずかに文学作品としては原民喜《はらたみき》『夏の花』(一九四七年)、大田洋子《おおたようこ》『屍の街《しかばねのまち》』(一九四八年)が発表されたが、占領軍の干渉によってかなりの部分が削除されていた。自らの被爆体験を記した歌人正田篠枝《しょうだしのえ》『さんげ』、詩人峠三吉《とうげさんきち》『原爆詩集』は、自費出版などによって占領軍の監視の目をかいくぐり、ようやく世間に出すことができた。

原爆による子どもの被害を広く知らせるきっかけを作ったのは、教育学者の長田新《おさだあらた》が被爆した子どもたちの作文を編集した『原爆の子』(一九五一年)だった。

長田は「戦争を否定する正しい知識や美しい心情や逞《たくま》しい意志を芽生えさせ、進んでこれを育成強化させなければならない」という信念のもとにこの本を出版した。『原爆の子』に掲載された作文がさまざまな出版物に転載された。

一九五二年四月の日本の独立回復により、原爆の被害に関する記述は五〇年代前半の教科書にも掲載され、その被害は社会に広く認知されることとなった。ただし被害者救済は、ほぼ放置されたままであった。

一九五三年六月七日、「原爆症いたいけな児童を襲う」と題して『中国新聞』が次のような報道を行っている。

この症状はおもに八歳から十一歳程度の児童を襲い、最初は全身倦怠《けんたい》から紫色のハン点、極度の貧血、歯ぐきの出血などがおもな自覚症状の特徴となっているが、患者によっては必ずしも一様ではない。はっきりしているのは、いずれも骨髄を侵されて造血機能が破壊、白血球が激増または激減するということである。治療上の唯一の希望は「連続造血」となっているが、これとて実際は〝淡い望み〟にしかすぎず決定的な効果は現われていない。〔中略〕広島赤十字病院やＡＢＣＣ〔原爆傷害調査委員会：Atomic Bomb Casualty Commission〕当局は、これが原爆に関係ありとはまだ学問的には決定していないが、関係なしとも断定していない。要するにすべては〝目下研究中〟であって、慎重なメスを加えているわけだ。

『中国新聞』はこの記事のなかで遺族の話として、「研究、研究といっているあいだに次々と子供は死んでいるのだ。毎日輸血するにしても一回が千円も二千円もかかっては、一体われわれのどこにそんな大きな金があるだろう。……日一日と生命をむしばまれてゆく現状をどうしたらよいか分らない」という談話を紹介している（『平和を求めて　長田新論文・追想記』より再引）。

そもそもアメリカが設置した原爆傷害調査委員会は治療のための組織ではない。原爆症患者の症状を調査しデータを蓄積しても治療を行うのではなかった。日本政府もまた診断と治療のための有効な対策を立てられていなかった。
日本政府は、患者への無償医療の保障を拒む一方で、一九五三年に東京大学に原子核研究所を七億円かけて設立し、原子力の「平和的利用」を推進しようとしていた。

死の恐怖

放射能に侵された子どもは、なすすべもなく、じっと自らの死の恐怖と向き合わざるを得なかった。被爆した少年は詩を以下のように綴《つづ》っている。

うつむいて／一生懸命ノートしている授業中／いきなり／ポタリと鉛筆のさきへ鼻血がちった／とめどもなく／ノートの字を染めつぶして／血はいつまでも止まらなかった
死／すきがあれば／心のすみのどこからか／頭をもたげようとすることば／死
だが僕は死なない／あの原子爆弾のために／だまって死んでしまえるものか／原子爆弾が地球のいたるところに／光って落ちて人の命をうばって／地球上のいたるところに／
僕のような運命をむりやりにせおわされて／悲しい人びとができていいものか
僕は死ねない／そっと腕をまくってみる／まだ斑点《はんてん》は出てこない
（『平和を求めて』）

被爆者の健康診断と医療の給付を目的とする原爆医療法が制定されたのは一九五七年のこ

とである。約二〇万人に被爆者健康手帳を配布し、認定医療への給付を開始した。一九六八年に各種の手当てを含む支援策が創設される。死の恐怖にさらされる子どもたちに対する政府の支援体制が整備されるまで二〇年以上を要した。

健康を回復しても、多くの被爆者は周囲の好奇の視線にさらされて傷つけられた。『原爆の子』にも、被爆の後遺症に人知れず悩む少女たちの悲痛な思いが語られている。

藤岡悦子

私の傷あとは、一生かかっても、とれないものであった。なぜこのように傷あとを気にするのでしょう。それは、みんなから『ピカドン傷』といってからかわれ、またののしられ始めたからです。その時私は、こんなことぐらいと思って、父にも母にも言わないでだまっていた。〔中略〕また広島に舞いもどってきた。そこでも私は、近所の人や同級生や下級生までに馬鹿にされ、いじめられた。新制中学に入学してから、又しても悲しみがふえた。〔中略〕これから先のことを考えると、生きていくことが恐ろしい。

少女たちは幸いに命はとりとめたものの、十分な治療も受けられないなかで傷跡をのこし、周囲の人々からの心ない揶揄《やゆ》や嘲笑《ちょうしょう》を浴びせられる。

記憶の消去

やや議論を先取りすると、広島県被爆教師の会によれば、一九五一年以降、社会科教科書に戦争体験や被爆体験記が詳しく掲載された。しかし一九五八年の学習指導要領改訂以降、項目的に整理される記述が増加し、戦争に関する詳しい記述が消えた。原爆被害に関する教育は広島の学校現場でも一種のタブーとなっていく。

教師たちが行った「原爆意識」調査では、被爆について「同情はするが、自分には関係ない」、「原爆かっこいい」と答える子どもが合わせて一〇%、広島市に原爆が投下された日を正しく答えられない子どもが三〇~四〇%だった(『原爆をどう教えたか』)。教育を通した記憶の消去が進むなかで、被爆者への差別を再生産したのではあるまいか。

子どもの人権は前進したが

戦後改革で子どもの人権について、たしかに顕著な前進が見られた。教育を受ける権利が初めて憲法で明文化され、児童福祉面でも児童福祉法や児童憲章の制定があった。

とはいえ、教育を受ける権利は、当初のマッカーサー草案よりも後退し、児童福祉の法整備が行われたとはいえ、現実の子どもたちは生活苦から身売りの対象とされ、家庭での虐待を逃れて家出する者も後を絶たなかった。

第3章　教育の五五年体制――文部省対日教組

焼け野原の混乱を経て一九五〇年代半ばからは、一転して高度経済成長の時代へと日本は突入する。戦前の教育政策が富国強兵と殖産興業という国家的使命を背負っていたとしたならば、敗戦を経て日本国憲法第九条によって平和主義を唱えた戦後日本では、国家の経済成長への寄与こそが教育政策に求められた。

その前提には、一九五〇年六月の朝鮮戦争勃発の影響を受けた政治の保守化があった。さらに一九五五年には、左派と右派に分裂していた日本社会党の統一と自由民主党の結成とにより、「五五年体制」と呼ばれる、保守対革新の政治体制が成立する。

この章では、まず政治の保守化に伴う教育政策の変化を概観したうえで、そのような政治に対応する子どもたちの姿を描いていく。

1 教員の組合運動――日本最大の組合へ

日教組の登場

戦後教育の大きな特徴の一つは、教員組合が教育政策の一方のステークホルダーとして登場したことにある。以後、一九九〇年代まで文部省対日教組（日本教職員組合）という構図のなかで教育政策が決定される基本構図ができあがった。

日本における教員組合運動の成立は敗戦後まもなくだった。一九四五年一二月一日に全日本教員組合（全教）が、翌二日に日本教育者組合（日教）が結成された。賃上げをしてもインフレに追いつかない極度の経済不安のなかで、教員組合の運動は全教が中心となって待遇改善の賃金闘争、教育関係者の戦争責任追及、飢餓突破大会開催を行うなど全国に広がった。

他方で、羽仁五郎《はにごろう》が委員長となった全教は共産党の支持を受け、賀川豊彦《かがわとよひこ》が委員長となった日教は社会党の支持を受け両者の統一は困難だった。

合同の動きが活発化したのは、一九四七年のいわゆる二・一ゼネストがマッカーサー指令によって中止になってからだ。六月八日、両派合同による日本教職員組合結成大会が奈良県の橿原《かしはら》神宮外苑《がいえん》で開催され、以下のようにその結成を宣言した。

大達茂雄文相（中央右）と日教組代表による文部省内での会見，1954年1月20日

われわれはいまここに全日本の教職員五〇万の総意によって大いなる歓喜と期待のうちに日本教職員組合を結成した。〔中略〕われわれはいまここに結びえた五〇万教職員の総力をもって教職員待遇の合理的改善とその社会的・政治的地位の向上をはかるとともに、ひろく全日本および全世界の労働者・農民諸君と手をたずさえて、わが国に残存するあらゆる悪条件とたたかい、これを徹底的に打破して豊かな民主主義教育・文化の建設に邁進《まいしん》することを誓う。

（『日教組二〇年史』）

教職員の待遇改善にとどまらず、「民主主義教育・文化の建設」のために「わが国に残存するあらゆる悪条件」、いわゆる封建遺制の克服を目指すとしたその運動方針は、その後の日教組の政治活動への躍進をうかがわせる。事実、一九五〇年の参議院選挙では日教組は荒木《あらき》正三郎《しょうざぶろう》・小笠原《おがさわら》二三男《ふみお》をはじめ公認候補から合計三一名の当選者を出した。

「日教組にしてやられた」

さらに、一九五三年四月の参議院選挙でも日教組の情報誌『日教組教育情報』は、以下のように記している。「日政連（日本教職員政治連盟）は公認五八名中三八名の当選者を出し、平和勢力の拡大発展のために、大きな成果をあげた。都道府県の教育委員選挙には公認六八名中五八名の当選者を得た」。文部省は、教育委員、都道府県・市町村の議員を含めると、「日教組の息のかかった議員は、二千数百におよぶものと」推定していた。

戦後の国政選挙では、保守党の落選代議士は、こぞって「日教組にしてやられた」と語ったという。そのいい例が、社会党の進出で三分の二の議席が獲得できず、自民党の憲法改正の夢が敗れた一九五五年七月の参議院選挙直後、鳩山一郎内閣の根本《ねもと》龍太郎《りゅうたろう》官房長官の次のような発言だ。「今度の選挙は社会党に敗れたのではなく、日教組に負けたのだ」。

当時、日教組は日本最大の労働組合であり、保守政党にとって大きな脅威だった。後述する教育二法の制定は、日教組の脅威への保守政権による対抗措置でもあった。ただし教育二法以降も日教組は政治的な力を持ち続けた。

日教組は、一九五一年に結成していた政治団体日本教職員政治連盟に依拠し「勤労青少年の教育のために努力してもらえるか」「教員組合の運動に協力してくれるか」など立候補者に事前にアンケートをとるなど、さまざまな戦術を駆使し影響力を保持しようとした（『戦後教育史の断面』）。

五五年体制の下、文部省対日教組という対立の構図が成立する背景には、このような日教組の大きな政治力があった。

2　政治運動規制と勤務評定闘争

教育の保守・反動化

占領下の一九四八年頃より、教育の「保守・反動化」と呼ばれる時代へと突入する。背景には東西の冷戦構造の成立によるアメリカの対日占領政策の変化があった。ケネス・C・ロイヤル米陸軍長官の「日本を共産主義に対する防波堤に」という反共政策として、まず展開されていく。

一九四九年四月、団体等規正令により政治団体を登録制とし、五〇年には吉田茂内閣によって共産党中央委員二四人（うち国会議員七人）を公職追放としたことを皮切りに、報道機関・教育機関・大企業で共産党思想の持ち主の「追放」、いわゆるレッド・パージが行われた。その総数は民間企業で一万一〇〇〇人、公務員一二〇〇人に加えて小中高の教員一二〇

○人も「赤い教員」として教壇を追われた。

このような反共政策と同時期に、教師たちの政治運動の規制を意図する政策が展開される。たとえば、一九五三年に政府は「義務教育に関する国の責任を明らかにする」〔第一条〕という目的のもと、義務教育学校職員法案を国会に提出する。事実上教師の政治活動を政府が禁止できるものだった。それに対して日教組は「われわれは一斉賜暇《しか》〔休暇〕を含む強力な実力行使を敢行して、教育防衛のために徹底的に闘う」とし、一九五四年三月にはスト宣言を行った。

法案は廃案となったものの、政府や与党による日教組への攻撃は次々と展開される。日教組攻撃に格好な事件が当時起こったことも見逃せない。たとえば、一九五三年には夏休みの宿題用として山口県教組発行の「小学生日記」「中学生日記」にソ連寄りの記述が掲載されていたことが問題となった。

もう一つ、政治利用されたのが一九五三年から五四年に起きた京都の旭丘中学校事件である。この事件は、旭丘中学校の一部保護者が、教師の思想教育が行き過ぎている、授業が不熱心である、生徒のしつけが不徹底である、と校長に抗議したことからはじまった。京都市教育委員会が生徒の指導方法や教員の組合活動の制限などの勧告書を出し、指導的立場にあった組合系教員の転出を命じたが、命じられた教員が転出を拒否したことから騒動は拡大する。

事件は全国紙でも報道されて混乱を極めた。まず市教委が旭丘中学の休校と教職員の自宅研修を命じ、生徒たちを別の場所へバスで輸送し、そこで補習授業を開始した。一方で免職された教師たちや教師を支持する生徒たちは自主的に登校して学校を運営する。事態は異例の「分裂授業」へと発展した。京都府教育委員会が斡旋《あっせん》に乗り出して一〇日目にして学校の休校が決定し、全教員を異動させ、新校長・新教員の下で学校が再開されることとなった。

「政治的中立性」による規制

騒動が拡大した背景には、当時の日本共産党の活動方針も影響していた。東西冷戦構造の激化のなかで、一九五一年にはソ連支持派が主導権を握り、アメリカの対日占領を批判し、「反帝・民族独立の任務を重視し、民族解放民主統一戦線の結集」を呼びかけた。

一九五二年には皇居前広場での大規模デモ、電産・炭労スト、五三年には内灘《うちなだ》・浅間《あさま》・妙義《みょうぎ》など全国各地での軍事基地反対闘争や三井鉱山首切り反対闘争、五四年には日本製鋼室蘭《むろらん》闘争、原水爆禁止運動などを共産党員が組織した。学生党員たちは山村工作隊として、農民たちを説得して山村根拠地を建設しようとした。

「極左冒険主義」と呼ばれた、このような戦術を共産党がとっていたほぼ同じ時期に、山口県の日記事件、京都府の旭丘中学事件が起きていた。政府与党は、組合運動への規制強化への格好の口実としてこれらの事件を利用した。ただし教育社会学者の広田照幸によれば、当時の日教組は非共産党系の組合員が多数を占め、「日教組＝共産党」「日教組＝暴力革命」といった像は、日教組への支持を低下させるために「保守・右翼の側から作為的に作り出された虚像」だった（『歴史としての日教組』）。

一九五四年、政府は中央教育審議会の「教育の政治的中立維持に関する答申」をきっかけとして、教育二法の改正、すなわち「教育公務員特例法の改正」と「義務教育諸学校における教育の政治的中立の確保に関する臨時措置法」の制定を実施する。

前者は、「教育公務員の政治的行為の制限を地方公務員法ではなく「国立学校の教育公務員の例による」ことを規定したものだった。つまり、地方公務員法であれば都道府県における政治的行為が禁じられたにとどまるが、国家公務員法を適用することによってその禁止範囲を拡大することが企図された。

後者は、「教育を党派的勢力の不当な影響又は支配から守」ることを目的とし、特定政党を子どもが支持したり、反対するような「教唆《きょうさ》、又はせん動」を禁じていた。これは教師の萎縮《いしゅく》効果を狙《ねら》っていた。

さらに一九五六年には、「教育三法」が政府によって国会に提案される。教科書検定の強化を企図した「教科書法案」、教育委員会制度を改正する「地方教育行政の組織及び運営に関する法律案（以下、「地教行法」）」、「臨時教育制度審議会設置法案」である。法案は野党からの反対の声も強く、国会を唯一通過した法案は地教行法だった。

この地教行法によって、教育行政全体の管理が強化される。具体的には、従来、公選による選出だった教育委員が首長の任命制へと変わる。市町村教育委員会教育長は、都道府県教育委員会の承認を、都道府県教育委員会教育長は文部大臣の承認を得ることが定められた。教職員の任免は、それまで市町村教育委員会によっていたが、今後は都道府県教育委員会が行うことになった。

勤務評定闘争

法改正により教員の政治的活動が制約されて以降も、文部省対日教組の構図は続いていく。一九五〇年代に、日教組がその政治力をもっとも発揮し、行政と激しく対立したのが、いわゆる勤務評定闘争である。具体的には、教職員に対する勤務評定の実施への日教組による反対闘争だった。

一九五六年、愛媛県が財政再建団体になったことを契機に、教職員の三割を昇給ストップするため勤務評定の実施を計画した。田川精三編『愛媛教育残酷物語』によれば、人件費削減は口実であり、「組合員と非組合員との間を決定的に差別」し、「男女間も差別され、一般的に女教師は劣位におかれ」、「明らかに教師間に溝をつくり、競争をあおり、相互の分裂をはかり、組合を破壊し、各教師をバラバラに分散させようとする」ものだった。

勤務評定実施の過程で校長の多くは組合を脱退したばかりか、「校長は、教育事務所、地教委〔地方教育委員会〕と組んで誰を脱退させるかというリストを作り、執拗《しつよう》に脱退工作を行い、何人脱退させたかを報告した」。結局、愛媛県では脱退しない教師を僻地《へきち》校に飛ばす人事が横行し、勤務評定後の七年間で一万二〇〇〇人いた組合員は一四〇〇名に激減した。

校長の監督権強調、教頭職の創設

勤務評定が行われたのは愛媛県だけではない。一九五七年に文部省は全国で教職員の勤務評定を行う方針を定めた。それに対して日教組は非常事態宣言を行い、勤務評定阻止の闘争を組んだ。

すでに一九五六年に文部省は校長を教師の「職務上の上司」として教師への校長の監督権を強調し、五八年から管理職手当を支給し実質的な裏付けを与えた。また、一九五七年には「校長を助け、校務を整理する」ことを目的に「教頭職」を設置し、教頭職に一九六〇年から管理職手当を支給した。これ以降、管理職手当支給の下で、校長・教頭への組合脱退が行政によって働きかけられていく。

議論をやや先取りすれば、国際労働機関であるILO第八七号条約〔結社の自由及び団結権の保護〕批准に伴う国内法改正により、一九六六年には校長・教頭の組合加入禁止が法的に規定される。管理職が非組合員となっていくなかで、勤評闘争は学校ぐるみで教育行政に反対することが可能だった、いわば最後の事件だった。

日教組の教育研究集会

戦後日本の教員組合運動の大きな特徴は、教員組合が教育研究に影響力を行使してきたことだろう。

日教組は一九五一年五月、第八回定期大会で「教育研究大会の開催」を提案し、同年一一月、日光で第一回教育研究全国大会（以下、教研大会）を開催した。

全国から参加した組合員は正会員五五二名、傍聴者二五〇〇名で、「地域における六・三・三・四を通ずる教育研究と研究協力の組織化を如何《いか》にするか」「基礎学力の低下の実態とその対策を如何にするか」「平和教育を如何に展開するか」など一一の分科会に分かれて研究発表と討議を行った。教研大会には大学の教員が講師団として参加した。その一人、東京大学教授宗像誠也《むなかたせいや》はその成果を次のように総括している。

従来の教育研究の会合はしばしば定められた教科の枠のようなものによるテーマの設定が多かったのでありますが、この度のテーマは教育の問題、日本の政治・経済・社会等の現実に即してとられたという点が非常な特色であったと思います。〔中略〕私どもはあくまでも教育の問題を政治・経済・社会との関連の上に捉えるということの度の考え方の筋を進めて行きたいと考えるものであります。

（『日教組二十年史』）

日教組教研全国集会　分科会で討論する教員たち，1971年１月

宗像は、「よりよい社会を実現する」ための教育研究を行うべきであるとしたうえで、第一回の教研大会は、そのことが初めて本格的に成立した大会として評価している。そもそも教育が次世代形成を担う点からいえば、いかなる社会を理想として構想するかに応じてあるべき教育像が変わってくる。その点からいえば、教育研究は価値中立的に行い得ない。宗像が賛辞を送ったように、政治・経済・社会との関係を踏まえて教育問題を研究・討議しようとする姿勢は、脱政治化している教育研究の今日との対比でもあらためて評価すべきだろう。

また教育学自体も、東京大学教育学部の教授の多くが日教組の講師団に名を連ねたことに象徴されるように、労働組合側に立つ研究が優勢だった。戦後日本の教育学が、政府の教育政策への対抗運動の側に立っていたことは、戦前期の教育学がいわば御用学問として教育政策の正当化にもっぱら寄与していたこととときわめて対照的だった。

付け加えれば、文部省側の教育研究もまた反日教組というスタンスが明確だった。そもそも日教組による教研集会自体、文部省の肝いりで各地で組織されていた教育研究協議会への対抗という側面を含んでいた。

勤評闘争が全国的に激化する直前の一九五七年には、自民党が文教対策委員会を発足させ、「日教組対策の具体的方針」を立て、「教育研修会などの教育研究会を文部省主催ないし、教育委員会との共催で活発に行う」ことを自民党各県連合会に指示している（『管理された教師たち』）。また、勤評闘争のなかで各県で日教組の切り崩しが企図される。それは愛媛県の「愛媛県教育研究協議会」のような研究協議組織の結成を通して遂行されるケースがあった。

五五年体制の下では、政治課題を解決する手段として教育が位置づけられ、教育研究は政治課題に基づいて教育問題を議論する傾向を持つことになる。

ただし、歴史社会学者の小熊英二は「左派の民族教育論は、じつは保守派の父兄の心情とも、連続したものであった」と評している（『〈民主〉と〈愛国〉』）。現在から振り返るならば、五五年体制下の文部省対日教組という対立の構図は、「国民教育」をはじめとする多くの前提を共有し合うものでもあった。

3　政治に目覚める子どもたち

子どもたちの政治的主張

学校教育が政治化されていく五五年体制下にあって、この時期、子どもたちが政治的な主体者として登場する。これは、子どもたちが脱政治化されていく一九七〇年代半ば以降の状況との対照で興味深い。

象徴的なのは、先に述べた京都の旭丘中学校事件だろう。旭丘中学では、左翼文化団体である洛北《らくほく》民主協議会に生徒による新聞班が校長や生徒会の許可を得ずに参加するなど数々の「偏向教育」が問題となった。ただし、旭丘中学を取材した文芸評論家の臼井吉見《うすいよしみ》は、子どもたちが政治意識を覚醒させることは自然であると述べている。

この学校にしても、教室が足らず、運動場も狭すぎる。なぜこんなに教育方面に金がまわらないのか。生徒の父兄には西陣織《にしじんおり》の下請職工が多いが、業者は不況のため生産を半減におさえているありさまで、その日暮しにも困っているのに税金はどしどしとりたてられる。国家の税金はどこへいくのか。調べてみれば、それが再軍備の費用に流れていることがわかる。そのように社会科の授業をまじめに進めていけば否応《いやおう》なく社会の矛盾、政治への疑問に生徒の眼がむけられざるをえないし、そこからまた新しい自覚が生れてくることになる。

生徒がまじめに勉強すればするほど、政治に関心をもってくるのは当然のなりゆきであって、この学校の生徒は、朝起きて、顔を洗う前に新聞にかじりつく。しかも第一面の政治記事をむさぼるように読んでいる。かれらの政治に対する要求は強く、したがって手きびしい批判を加えることにもなる。

（「『旭ケ丘』の白虎隊《びゃっこたい》」『文藝春秋』一九五四年七月号）


このような生徒たちの登場の背景には、「一家庭の中、一クラスの中でも、もめごとがあれば、すべて話し合いで仲よくやっていくという態度」を重視し、「大人になればどんな社会をつくればよいか、どうすれば世界の国々と手をつなぐことができるか、それを教材に即し、その扱い方を通して考えさせていく」という戦後の「平和教育」があると、臼井は指摘している。

社会科をはじめとする戦後の民主教育のなかで、子どもたちは稚拙《ちせつ》な表現だったかもしれないが、自らの政治的な主張を展開していく。

勤評闘争に参加する高校生

高校生に眼を転じれば、より組織的な政治行動の展開があったことが知られる。杉本恒雄・山本修『高校生奮戦記』は、高知県の勤評闘争における高校生たちの「奮戦」を記録にとどめている。

一九五九年に勤務評定書の提出を拒否した校長が処分されたのに対して、校長の処分撤回を求めて、山田高校では生徒七七〇名が、窪川高校では四五〇名、丸の内高校では生徒一四〇〇名が生徒総会を開催して抗議した。さらに全県下から五八〇〇名の高校生が高知市丸の内高校に結集して「不当処分撤回の高校生集会」を開催し、さらに整然とデモを行って「県庁をとりまいた」。なかには夜を徹して八〇キロの悪路を自転車でやってきた室戸高校の生徒たちもおり、「その大半は女生徒であった」とされる。

だが、権力は容赦《ようしゃ》なかった。高校生が県庁を取り巻いた日の夕刻、「警察官百数十名が、青い鉄カブトの武装で出動し、おおくの女生徒をまじえたなかにはいって実力行使をかけた」からである(『高校生奮戦記』)。

ただし、高校生たちが常に教師の側に立って行動したわけではない。高知県の例に即せば、高校生による勤評闘争は「学園の民主化運動」へと発展し、「『学園の主人公は生徒だ』という自覚と認識」を生む。そのなかで安芸高校生徒会は次のような二七項目にわたる要求を学校側に提示した。

勤務評定反対と教育環境改善を訴え，京都府会議事堂で気勢をあげる子どもたち，1958年

（一）学力のおくれた生徒に学力をつけるようにしてもらいたい。
（二）進学コースと就職コースで差別教育をやめてもらいたい。進学生には熱を入れるが、就職生には、はじめからバカにして、いいかげんにあつかい、熱を入れてくれない。
（三）母子家庭や、めぐまれない家庭の生徒をべっ視してもらいたくない。
（四）生徒の身になって指導してもらいたい。人権を無視して刑罰主義、摘発主義をやめてほしい。
（五）生徒に信頼される教師になってもらいたい。

（『全書 国民教育第五巻』）

このような高校生の政治参加は、六〇年安保闘争、学力テスト反対闘争、ベトナム反戦運動、七〇年安保へと続いていく。

高校生たちの政治意識をこのように覚醒させたのは何だったろうか。

民主主義教育の可能性

あらためて考えてみると、旭丘中学校事件に即して臼井吉見が述べていたように、戦後の学校教育自体は子どもたちを民主的主体へと育てようとする意図を含んで改革が進められていた。そもそも敗戦直後の文部省は、公民教育のために学校運営への生徒の「参与」について積極的だった。

たとえば、一九四九年に文部省によって出された『新制中学校・新制高等学校 望ましい運営の指針』のなかでは次のように記されている。生徒が校長や教師を任免する権利を持つとする「自治権」については否定しつつも、「生徒は投票することによって投票ということを学び、実際に指導者を選ぶことによっていかにして指導者を選ぶかを知」るとして、「よい公民となるに必要な資質」には「学校の事柄に参与することによってのみ、培われる」として、校長からの権限委任という限定付きながらも生徒の「参与」の意義を強調している。

さらに、教科の教育でも変化があった。戦後に新設された社会科は現実の問題を取り上げて学ぶことを重視したため、教師が平和憲法についての所信を問われたり、憲法第一条の天皇の地位と主権在民についての所見、戦争放棄の法解釈について質問を受けた。歴史の授業でも教師の歴史観を問うような議論が、生徒によってしかけられることが全国どこの学校でも見られた。

高校の生徒会活動では学校内の民主化をテーマとし、クラブ活動では社会科学研究会（社研）・新聞・弁論・歴史学研究会（歴研）などの部活動が目覚ましかった。社研ではマルクス、エンゲルス、レーニンなどの古典を読むことからはじまり、商業新聞・政党機関紙などの比較分析を行い、さらに歴研でも唯物史観・歴史哲学の研究を行い、これら文系クラブが生徒会による学校内の民主化を支援した（『高校生の政治活動』）。

中学でも、活動の自由は高校よりも制約されたとはいえ、生徒会などの活動が活発化した。生徒たちのクラブ活動・生徒会活動はまさに社会における民主化の機運や労働運動の盛り上がりとも一体であり、戦後の教育改革におけるカリキュラム改革の成果と合わせて、一九五〇年代の中学生・高校生たちの政治参加を可能にしていたのである。

第4章　財界の要求を反映する学校教育

戦前の学校教育が、強い兵士を軍隊に供給することを重要な使命としていたのだとしたら、戦後の学校教育は、優秀な労働者を産業界に供給することを事実上重要な使命としてきたかに見える。

では、学校教育に産業界の意向が反映されるシステムは、どのように準備され、発展していったのだろうか。この章ではそれを具体的に描き出してみよう。

1　産業重視の教育改革――学校に理科実験室を

学校に理科実験室を

今日、小学校から高等学校に至るまで、どの学校にも存在する理科実験室。それが整備されるようになったのは、科学振興策が発端だった。

一九五一年に農業・工業・商業・水産業その他産業に従事するために必要な知識・技能・

態度を修得させることを目的とした「産業教育振興法」が、さらに五三年にはその発展として「理科教育振興法」が、どちらも議員立法によって制定された。文部省監修『理科教育振興法とその解説』（一九五五年）の「まえがき」をみると、いかに産業教育とその基盤となる理科教育への期待が強かったかが明瞭《めいりょう》に示されている。

そこではまず、「資源に乏しく、その上狭い国土に多くの国民を擁するわが国は、もしこのままで放置すれば近い将来には自滅のほかはない」と危機感を募らせ、産業立国こそが「八千余万の国民の糧を得る唯一無二の方途」として産業教育振興法の制定を伝え、さらに次のように述べている。

産業の振興のためには、産業教育の振興とともに科学教育の振興を図らなければならない。窮地に追いつめられている八千余万の国民を救い、その国民がさらに文化的国家を建設するためには、国民のすべてが合理的に事物を処理し、生活を合理化し、勤勉に働くことよりほかに道がない。小学校・中学校・高等学校においてじゅうぶんにその修練を行い、完全にこれらを身につけることが絶対的に必要である。小学校・中学校・高等学校にはいろいろな教科が置かれているが、この要望を最もよく満たすものは理科の教育である。理科教育の生命は実験と観察にあるが、全国の小学校・中学校・高等学校の全般について通覧するとき、理科の施設設備は皆無に近いといいうる状態で、たかだか二〇%程度の保有量である。それも激しい戦争に直面して補給の道が絶たれたことから古物となり廃品に近いものであって、とうていこの要望にこたえることはできない。

空襲により焼野原となり、植民地を失った戦後日本で産業振興のみが唯一の国家生き残り策であって、そのためには理科教育の振興、その基盤としての実験室の整備が喫緊の課題と述べている。

ただし、一九五〇年代初頭は、学校や教室自体が不足し、三部授業・四部授業といった変則的な学校運営も行われていた時代である。通常教室すら不足している状況下、理科教育振興法は、文部省内に理科教育審議会を設置するとともに、小学校から高等学校までには理科教育のための設備の国庫補助を、大学には理科教育の教員養成のための設備補助を定めた。

興味深いのは、学校で備えるべきとして定めた備品のリストである。巻き尺・メスシリンダーから顕微鏡・滑車・風力計・気圧計・蒸気タービン・人体骨格に至るまで、百数十品目にわたる実験品目の設置とその国庫補助を規定した。

産業振興のための理科教育重視は、国家生き残りをかけた国家プロジェクトだった。付け加えれば、占領下、アメリカも文部省の科学振興政策を後押ししていた。東西冷戦構造の成立、朝鮮戦争勃発による兵站《へいたん》基地としての日本の重要性が高まるなか、朝鮮戦争開始二ヵ月後の一九五〇年八月に来日した第二次アメリカ教育使節団は、その報告書のなかでおおむね次のように述べている。

「公教育のために支出される費用は、自由国家がなしうる最良の投資である」という教育投資論を説きつつ、「日本がみずからを自立した産業国家とするためには、教養人のみならず、熟練した技術をもつ者も必要とする」。産業立国のための技術者養成の重要性を強調していた（『戦後教育の原像』）。

日本を産業立国として復活させることを国是とし、まだ教室自体が十分でないなか立派な理科実験室をいち早く整備していくこととなった。

財界の主導

文部省が産業立国のための科学振興策を展開するうえで、それが国家主導という形をとりながらも、政策立案過程では財界の意向が色濃く反映されていた。

財界団体は、一九四六年に経済同友会や経済団体連合会などが設立され、それらの連合組織として日本経営者団体連盟（日経連）が一九四八年に発足する。設立当初の日経連は労働組合対策に追われたが、一九五一年に教育政策への戦後初の要求として「中央教育審議会設置に関する声明」を発表し、五六年頃からその要求を強めていった。

興味深いのは、学校教育についての最初の要望が中央教育審議会設置だったことだろう。なぜなら、戦後、財界は審議会行政を媒介とし、自らの教育要求を政策に反映させる道筋をつくっていたからである。

一九五二年に設置された中央教育審議会は、「広く社会の意向を十分に反映し得る組織たらしめる」ことを目的として「教育関係者が半数をこえないようする」ことが当初構想され、財界からの意向が反映しやすい仕組みだった（『中教審と教育改革』）。

財界の基本的な要求は、実業高等学校の充実や新大学制度の改善などによる産業人育成の強化にあった。財界は、「新教育制度の再検討に関する要望」（一九五二年）、「当面教育制度改善に関する要望」（五四年）、「新時代の要請に対応する技術教育に関する意見」（五六年）、「科学技術教育振興に関する意見」（五七年）など矢継ぎ早に意見・声明を発表していった。

一九五五年頃からはじまる高度経済成長のなかで、鉄鋼・機械・石油化学・重化学など急速な技術革新が進行していた。そのような時代のなかで、理科や職業教育の振興、企業内訓練と定時制高校との連携、工業高校と理工系大学の拡充・充実、あるいは専科大学構想、高等専門学校の構想、さらには単調になりがちな工場労働に適応し得る勤労道徳の確立など、産業振興を助ける人材作りの教育施策を財界は具体的に要求していた。

産業振興政策の本格的展開

一九六〇年七月に発足した池田勇人内閣は、所得倍増計画を閣議決定した。所得倍増計画は、輸出増進による外貨獲得により国民所得を倍増させ、完全雇用を実現しようとするものだった。その特徴は、経済成長の必要性を「所得倍増」という国民の経済的な豊かさの実現として提示した点にあった。この所得倍増計画の下で経済成長のための教育が強調されていく。

以下に引用するのは、池田首相の下で文部大臣を務めた荒木万寿夫《あらきますお》が全国知事会議で重点施策を説明したものである。

所得倍増計画による高度の経済の発展についても、文教の振興がこれを達成する前提となるものと考えます。私はこの考えのもとに、文教の諸施策を進め、努力をいたす所存であります。

荒木は、「所得倍増計画による高度の経済の発展」の前提に「文教の振興」が不可欠であるとした。さらに、この説明の後で、道徳教育の徹底や科学技術教育の充実などの教育課程の改革をすでに実施し、全国一斉学力調査を行う予定であると述べている。これら施策は、教育投資論と教育計画論によって根拠づけられていた。

文部省が唱える教育投資論

教育投資論は、教育を経済発展の関数と見なし、その投資効果を最大化するために、いかなる教育制度が必要かを議論するものだ。

文部省が教育投資論を明確に唱えたのは、文部省調査局が出した一九六二年の教育白書『日本の成長と教育――教育の展開と経済の発達』からだ。ここでは、「教育の発達が経済発展の重要な基礎であること」を具体的な数字によって裏付け、さらなる経済発展のために「長期総合教育計画」が重要としている。

興味深いのは、「きたるべき社会が何を教育に求めるか、また、教育が新しい社会の形成のためにいかに貢献するかの観点に立って、究極において、国民の福祉増進のために、長期的展望のもとに公共投資の一環として教育投資の計画化を図ることでなければならない」と記していることだ。

つまり、教育を公共福祉の一環と位置づけつつも、国家の経済成長、ひいては国民経済の向上に資する点に教育の意義を限定していた。

教育を社会的投資と見なす考え方は、日本固有のものではない。ヨーロッパでも一九五八年頃から基礎的な研究の成果が発表されている。ただし、たとえば先進国クラブと称されるOECD（経済協力開発機構）の報告書『経済発展と教育投資』（一九六三年）では、教育投資の目的として、「自己の発達をねがう個人の要求をみたすこと」と「全体的な発展をめざす社会の要請にこたえること」とし、後者についても「産業界だけでなく、文化面や公共部門に対しても、その要請する基本的な知識と技能を身につけた人材を育成し、供給しなくてはならない」と規定している。

この定義と、先に引用した荒木文部大臣の談話とをあわせると、いかに日本で教育投資の問題が産業界の人材養成に応える目的に焦点化されていたのかがわかる。

日本では、学校教育への公共投資が、産業界の発展を目的として正当化されている。経済効率を優先する議論が社会に浸透するなかで、国民一人ひとりの教育への投資も、高卒と大卒の生涯賃金を比較して、授業料の投資効果を測定するなど、国民一人ひとりが、人生を成功させる投資として教育を見なす議論が優勢になった。

学校という場で共に学ぶなかで、人生の幸せとは何かを模索し、いかなる次世代社会を構築すべきかを模索する意識が稀薄《きはく》となる。個々人の学習動機についても、次第に個人の職業獲得による収入の安定・増加という個人投資の側面へと矮小《わいしょう》化されていく。

産業発展を前提とした教育計画論

戦後初期の教育計画は、住民や教師たちが主体となって構想し、地域の特性に合わせた教育課程の編成を目指そうとするものだった。

それに対して、一九五〇年代半ば以降は、むしろ国家規模での産業発展の計画を前提として国家の教育計画を立て、それに合わせて都道府県、市町村が教育のあり方を構想するという、トップダウン方式へと変わっていく。戦前が富国強兵のための総力戦だったとしたら、戦後はいわば産業発展のための総力戦であり、教育は、いわばその総力戦における〝銃後の戦い〟として位置づけられていた。

内閣総理大臣の諮問機関で、国の経済政策について民間の意見をとりいれて審議する機関として経済審議会がある。この審議会が一九六〇年に発表した「所得倍増計画にともなう長期教育計画」をみると、まず今後の倍増計画で、国民総生産が約九兆七〇〇〇億円（一九五六～五八年）から約二六兆円（一九七〇年）へと拡大することが示される。

4-1　**技術者および技能者の需要推計**（万人）

	大学理工学部	高　校（工業課程）
1959年に対する70年の就業者の増加数（A）	27	106
減耗補充数（B）	9	33
新規需要数（A）+（B）	36	139
現在定員による年平均供給数	2.7	8.6
1970年の不足数	7	44
計画期間の必要定員増	1.6	8.5

註記：定員増の期間は，大学理工学部が1960～66年，高校（工業課程）が60～67年
出典：『戦後日本教育史料集成』第7巻（三一書房，1983年）を基に筆者作成

所得倍増計画を達成するために、いかなる人材を育成するか。経済審議会の答申の文章に即せば、「経済規模の拡大のためには、経済諸政策とともに人的能力の開発が要請される」。具体的には、一九七〇年に科学技術者の不足は七万人であり、工業高校卒業程度の技術者は四四万人の不足と試算されている。

このような推計から、あとはパズルのピースをは

め込むような作業となっていく。すなわち、大学の理学部・工学部の定員を一万六〇〇〇人、工業高校の定員を八万五〇〇〇人分増設することが課題となり、各県でいかなる学校増設が必要なのかが次に検討される。

たとえば富山県である。毎日新聞社が出版した『教育の森 第7（再編下の高校）』（一九六七年）によれば、一九六一年に県の教育計画を策定し、普通科と職業科の割合を三対七とすることを定め、さらに多様な職業要請に合わせて、「業種の数ほどつくる職業課程の細分化」が行われた。

新たに登場した課程は、「工業では電子科、化学工業科、デザイン科、農業では農業機械科、食品加工科、女子の家庭では農業家庭科、食品化学科、被服科、看護科など」だった。各職業高校の内部をみるならば、非常に細かい小学科に分かれるのが通例であり、一九六六年現在で、二一八種類の小学科名が職業高校全体では存在していた。

高校の教育課程が産業の将来予測に対応する形で編成されたのである。ただし技術の進歩が急速だった当時、あまりに細分化した学科構成は、すぐに時代遅れになってしまう。産業発展を前提とした教育計画はいわば絵に描いた餅《もち》に過ぎなかった。

この時期の教育計画は、「人間資源の完全利用には完全雇用を必要とする」として、人間を「人的資本」「人的能力」と見なすだけでなく、その完全利用を目標としていた。もちろんそれは、労働者にとって「完全雇用」の実現による生活の安定と一体ではあったが、あくまでも産業側の要請をいかに満たすかという観点から立てられた計画だった。

能力主義の徹底

一九六三年に経済審議会が出した「経済発展における人的能力開発の課題と対策」では、産業発展に労働力の質と量が重要と、「能力主義の徹底」を教育に求め、なかでも「ハイタレント・マンパワーの養成」を重要な課題とした。

ここでいう「ハイタレント」とは、「経済に関連する各方面で主導的な役割を果し、経済発展をリードする人的能力」のことである。自主技術を生み出す科学技術者、イノベーターとしての科学技術者、労使関係を円滑に処理する労使の指導層などを意味している。エリートの積極的な養成のために経済審議会は飛び級制度の導入、入試改革、学習指導要領の改善、中高一貫教育の推進などを提案している。

この答申でも、いかに経済発展に寄与するかという視点から教育の必要性が語られている。たとえば、人間らしい生活を可能にさせる「全人教育の充実」は、高度成長下の機械化に対応するためだった。なぜなら、機械化が進むと人々は単調な労働を強いられてストレスを抱えてしまう。そこで労働者は「人間の全能力のバランスの回復」を職場外で行う必要がある。そのために、学校では、あらかじめ「全人教育」をして全能力をバランスよく発達させたり、「余暇の活用」ができる趣味の育成が必要になるという論理だった。

2 均質な労働力の要求――一九五八年学習指導要領改訂

学習指導要領の法的拘束力

財界を中心とした働きかけを効果的に教育に反映させることを可能にしたのは、学習指導要領の一九五八年改訂（以下、一九五八年改訂）だった。

学習指導要領は、学校教育法第一条に規定する学校のうち小学校・中学校・高等学校などが各教科で教える内容を、学校教育法施行規則の規定を根拠に教育課程の基準として定めたものである。一九四七年に最初の学習指導要領が発行された。この一九四七年版と五一年改訂版では、学習指導要領は「試案」と表記され、文部省著作として図書の形で公表されるにとどまっていた。現場でカリキュラムを編成する際のあくまで「参考」だった。

この学習指導要領に対して、授業時数の決め方に幅があり、地域による学力差が大きいことなどが問題となり、一九五八年に学校教育法施行規則が一部改正された。そこでは、学習指導要領を、教育課程の基準として文部大臣が公示するものと改めた。

一九五八年改訂からは「試案」という表記が消え、官報による文部大臣の告示として公表される。以後、学習指導要領は各学校現場に教育課程の基準として「法的拘束力」を持つと文部省によって説明された。

全国で均質な労働力を

産業界との関係で特徴づけると、一九五八年改訂には、三つの柱があった。

第一に、全国的な労働力創出の基盤が整備された点である。

一九五八年改訂によって、授業日数・時間数などの最低基準が厳格に定められた。従来は法的な拘束力を持たなかったため、「もっとも多く授業をやっていたところは二百六十日、最低百三十日というまちまち」で、「都会校と地方校との学力差は開くばかりでなく、都会でも優秀校とそうでない学校ができ、〝教育の均等〟という基本がくずれてしまっていた」(『読売新聞』一九五八年二月一六日)。

また、一九五八年改訂では、学力向上策の強化が謳われていた。たとえば、国語や算数、数学での「精選・充実」と授業時数の増加による基礎学力向上、中学校での数学・理科の授業時数増加、内容充実による「科学技術教育の向上」などである。これらが全国均一に遂行されているかを管理するために、のちに見るような学力調査が毎年すべての子どもを対象として行われることになった。

「ヒューマン・リレーションズ」への対応

一九五八年改訂の第二の柱は、道徳の特設だった。

高度経済成長下、工場の機械化が進み、産業界では「ヒューマン・リレーションズ（人間関係論）」への対応が課題となっていた。機械の導入で労働が単調化し、それに耐え得る人間的資質が新たに必要となった。同時に職場内で生産ラインを動かす協調力や、労使協調を可能にする資質の養成も重要とされた。

一九五八年改訂では、その課題に応えるべく、小中学校で新たに「道徳」の時間が特設される。ただし戦前の修身科復活を恐れる声に配慮し、「教科」ではなく「時間」であるとし、検定済み教科書も発行されず、副読本によって授業を行い、通信簿での評価も行わないこととなった。

中学校道徳が目指したのは、「整理整とんの習慣を身につけて、きまりよくものごとが処理できるようにしよう」「仕事を進んで行い、根気よく最後までやりぬく態度や習慣を身につけよう」「お互に信頼しあい、きまりや約束を守って、集団生活の向上に努めよう」「狭い仲間意識にとらわれないで、より大きな集団の成員であるという自覚をもって行動しよう」など、工場労働に資する徳目が多かった。

国民意識の涵養

一九五八年改訂の第三の柱は、国民意識の涵養《かんよう》だった。

社会科では、歴史・地理の系統的な知識の教授を強化し、「日本の歴史や産業が、どういう国際関係において発達してきたか、国際的視野に立って日本を見ていくこと」を目指していた（『文部時報』一九五八年一〇月）。先にみた「道徳」の特設も国民意識涵養に資するものだった。たとえば、中学の「道徳」においても「国民としての自覚を高めるとともに、国際理解、人類愛の精神をつちかっていこう」という徳目が掲げられていた。これら国民意識の涵養は、愛国心の涵養として軍国主義への回帰という文脈から左派によって批判されることになる。

ただし戦後、再軍備は領土拡張を目的とするのではなく軍需産業をはじめとする自国の産業発展を前提としていた。愛国心の涵養を教育課程の目標の一つとして取り込もうとする政策もまた、財界との利害の一致の下で行われていた。

このように財界の要求は、その後も学校教育の教育課程に反映されていくことになった。

全国学力テスト――学力の管理

子どもたちに指導要領で規定した学力を着実に定着させる役割として、一九六〇年代初頭には全国一斉学力調査が実施された。

学力調査はすでに一九五六年度から抽出調査として小中学校を対象に行われてきた。文部省はそれを一九六一年度から中学二年・三年のすべての子どもを対象とした悉皆《しっかい》調査で行うことを決定した。目的は「教育課程に関する諸施策の樹立、学習指導の改善」「自校の学習の到達度」「学習の改善に役立つ教育条件の整備」などにあるとし、同時に個人の成績は生徒指導要録に記録すると発表した。

ただし、前章で述べたように文部省対日教組の対立の時代にあって、全国一斉学力調査の実施は日教組の強い抵抗に遭う。日教組は勤評反対闘争の盛り上がりの余勢を駆り、「教育内容の国家統制、改悪教育課程の押しつけの手段」であるとして、労働者・父母・民主団体に訴えての反対闘争を繰り広げた。

一九六一年一〇月二六日の一斉学力調査では岩手県が九割以上の中止、北海道・高知県が六割以上の中止といった結果だった。反対闘争は地方公務員法第三七条（争議行為等の禁止）違反などの疑いで捜査の対象となり、任意出頭した組合員約二〇〇〇人、逮捕勾留《こうりゅう》六一人、起訴一五人、行政処分は免職二〇人、停職六三人、減給六五二人、戒告一一八九人の多数にのぼった（『日教組二〇年史』）。

悉皆調査に踏み切った文部省の意図は、能力主義の徹底のために進路決定・卒業・進学などで個々の学校を超えて客観的な判定をするための基礎的データを収集することにあった。しかし、学力テストは、能力主義による人材配分のための科学的資料の提供のためではなく、地方政治の名誉をかけた県単位の競争の手段を提供することに転化していった。

香川県教師集団『学テ日本一物語』は、県ぐるみで学テ成績向上のための準備教育に邁進する様子を描いている。香川県で準備教育が過熱した背景には、「全県的な大工場誘致、工業立県」という県政上の課題があった。県は高い学力を備えた青年を労働者として供給し得ることを企業に示したかったのだ。

成績向上の取り組みで特徴的なのは、あくまでも学校や教師個々の自主性・主体性による学力向上を目指した点だろう。自主的な全県規模の研究会を開催して学力向上策に取り組む、各学校単位で次年度の目標を立てさせる、さらには各教師の自主性を喚起するなどが重視された。その際、教育委員会は、市町村内の学校ごと、さらには学校内の学級ごとの平均点を出して競争意識を煽《あお》ったり、さらには暗に昇進や僻地への赴任とい

全国中学一斉学力テスト　日教組は反対運動を展開し生徒らのボイコットも相次いだ．学力テストを受ける生徒を教室外から眺める拒否組の生徒たち，京都府山科中学校，1961年10月26日

った事実上の賞罰を絡めた人事を行うなどによって、教師たちのやる気を喚起していった。「〝昼は輪転機の如く夜は採点機の如く〟働きガリを切る教師」と社会党の県議が揶揄したほど、補習のためのガリ版刷り競争が学校内で熱心に行われた。なお、ガリ版印刷とは孔版印刷の一種で、一九世紀末から二〇世紀半ばにかけて使われた、簡易印刷機である。

なぜ悉皆調査は三年間で終わったのか

『毎日新聞』は、一九六五年から「教育の森」というタイトルで教育問題について新聞紙上で連載をはじめ、それをまとめて六五年から六八年にかけて一二冊の単行本を『教育の森』として出している。一九六〇年代後半は、それだけ教育問題が社会的な関心を集めていた。毎日新聞社『教育の森 第4（教師とその周辺）』によれば、学力テスト競争が特に過熱したのは香川県以外では愛媛県だった。

学力テストの目的は教育行政の参考に資するためで、個々の結果は公表しないことが原則だった。しかし、たとえば愛媛県の場合、「全国学力調査結果の検討資料」というガリ版刷り資料が各学校に備え付けられ、学年別・教科別に、全国、県、県内の教育事務所管内、自校での平均点が一覧表になり、学校によってはさらに各学級担任の名前、クラス平均を出していた。資料をもとに、各教育事務所では平均点の低い学校にハッパをかけ、さらに各学校の職員会議でも校長が教員にハッパをかけた。一部の学校では作成した補習プリントの枚数を教師同士で競い、試験の練習を生徒により多く取り組ませようとした。

そのような学校では、ガリ版刷りのプリントは教師平均で一学期間に八〇枚、多い教師は一三五枚に及んだ。さらに、学力テストが行われる六月には連日のように準備のための試験が行われた。これらテスト準備は指導主事の指導の下、教育委員会と学校が一体となり「競争している」状況だった。

テスト準備はそれにとどまらない。事前に学力テストと同じ問題を何度も練習させる学校、テスト当日にできない生徒をできる生徒の横に並べカンニングをそれとなく奨励する教師、さらには試験監督の最中に答案を指で指して答えを示唆する教師、できない生徒を当日出席しないように指導する教師など、新聞への投書には不正の報告が後を絶たなかった。ここで教師の証言を引用してみよう。

〈教師の証言〉

・学力テストが終わったあと、校長のところに子供から投書がきた。「どうせ教えてくれるのに、なぜおそくまで補習しなければいけないのか」というもので、名前は書いていなかったが、大体の見当で呼びつけられた担任の教師が、校長から「平素の指導が悪い」とだいぶしぼられたようです。（松山市の小学校）

・上からいわれるとおり、四月からせっせと補習をやり、理科のテストを十回繰り返したが、いっこうに平均点があがらない。どうすれば平均点を引き上げられるかと同僚に聞くと「できん子は抜いてしまうんよ」とあっさりいうんです。抜くというのは事前にいいふくめてテスト当日学校を休ませたり、出てきても途中から便所にいかせて、テスト不能扱いにするのです。

（『教育の森 第4（教師とその周辺）』）

『毎日新聞』記者村松喬《むらまつたかし》によれば、教師たちは「自らを『教師失格』と嘆」き、「悔し涙に歯ぎしりしながら語」っていた。愛媛県の場合、「学力テストが年間の教育計画の中心」になり、「その成績が教師の勤務評定に直結している」ことが、「教師の意識と生活に重苦しく、のがれられないものとしてのしかかっているように見えた」と村松は同情している。

学力をめぐる競争が過熱していく様は、二〇〇七年以降に再び実施されることになる全国学力学習状況調査をめぐる光景と類似している。

人材開発政策のための基礎的データを収集しようとする文部省の意図は、皮肉にも地方教育委員会の過剰な競争によって有効に機能しなかった。文部省では一九六四年度で悉皆調査を中止し、翌年からは以前と同じように、一部の子どもをサンプルとして調べる抽出調査に戻した。

教科書検定の強化と採択

教科書検定の強化も、財界の教育要求を子どもたちに浸透させるうえで効果的な役割を果たした。

戦後、最初の教科書は一九四七年に出版された文部省著作教科書であり、民間会社による教科書の編集・出版は、四八年四月「教科用図書検定規則」の告示以降のことである。ただし、これまであまり紹介されてこなかったが、占領下、教科書の出版には文部省に加えてGHQの検閲があった。とはいえ、学習指導要領は当初「試案」として法的拘束力を持たないため検定も緩やかだった。

先述したように学習指導要領が一九五八年の改訂より法的拘束力を持つようになると、教科書検定も学習指導要領の指導目標に沿っているかどうかを文部省が厳しくチェックするようになる。

一九六二年に教科書無償法案が、翌六三年には教科書無償措置法案が国会で成立した。そもそも憲法第二六条には「義務教育は、これを無償とする」とあり、教科書の代金を国家が負担することは機会均等の実質化からしても重要だった。ただし、教科書無償法に付帯して成立した教科書無償措置法では、文部省によってあらかじめ指定された会社のみが教科書を発行できることになる。

また、教科書採択も郡市レベルに広域化された。従来も、全国の市町村の約八〇%は市町村ごとなど何らかの統一採択だったが、東京都をはじめいくつかの都道府県では各学校単位

4-2　主な中学校教科書の種類数の変遷（1962～76年度）

使用年度	62	67	76
国語	16	11	6
社会（地理）	14	8	8
社会（歴史）	14	8	8
社会（公民）	13	9	8
数学	17	9	6
理科	15	7	5
英語	12	11	4
音楽（一般）	9	6	4
美術	8	7	4
保健体育	13	11	5
技術家庭（男）	10	6	2
技術家庭（女）	11	6	2

出典：朝日新聞社編『いま学校で６』（朝日新聞社，1977年）

の採択だった。それが、教科書無償措置法により青森県の全県統一の一括採択（一九六四年度）をはじめ、地域的な統一採択が制度化されていく。広域採択が何をもたらしたのか、そのことを端的に物語っているのが4-2である。

4-2から、教科書無償法施行以降、教科書の発行点数が著しく減少していることがわかる。この表を作成した『朝日新聞』は、教科書無償法以降、「どの教科も上位の二社で『市場』の大半を抑え、相当な寡占ぶり」と記し、一九七〇年代後半には上位二社が市場の七〇から八〇%を占めるようになったと分析している。

教科書は予算の関係で文部省が定価の上限を決めている。そのため、コストを抑えるには部数をまとめる必要がある。「教科書は、内容より、むしろ販売力で売れる」といわれるが、教科書発行部数を増やすには営業が決め手となる。売れていない教科書は営業経費をかけられない。また、広域採択は選挙における「小選挙区」と同じで、次点以下が死票になってしまう。ゆえに個性的な教科書はその個性ゆえに採択されず、無難な教科書がむしろ営業からは好まれる傾向がある。

こうして広域採択制度の下で、民間企業である教科書会社に販売競争が無難な教科書づくりを促し、結果として教育内容の統制が営業的側面からも強まっていく。

3　なぜ障害児は急増したのか

戦前期の障害児教育

財界主導の教育体制が整えられるなかで、障害児教育も制度化されていった。

精神科医の石川憲彦は、そもそも「障害は、生業が変化するたびに新たにつくられてきた」という。「第一次産業から工業生産への移行が、『知的障害』や『精神障害』を生み出し」、さらに「第三次産業が肥大化」するなかで「LDやAD／HDのような発達障害がクローズアップされて」きた（『「発達障害」とはなんだろう？』）。

高度経済成長の下では、機械操作が可能かどうかという点で知的障害がクローズアップされることになる。ただし機械操作が可能か否かが直接問われたのではない。学力重視の教育のなかでの、低学力児童生徒の排除・周縁化という形で進行した。

前提として、日本における障害児教育の歴史を概観しておこう。

障害児教育は、一八七二年の学制成立時における「廃人学校」の規定に遡《さかのぼ》る。障害児教育が戦前期にもっとも充実するのは国民学校期である。盲学校・聾学校は「国民学校の課程と同等以上と認むる課程」とされて国民学校と同等と位置づけられた。また、身体虚弱・精神薄弱など特別な養護が必要な者には「特に学級又は学校を編成することを得」と規定され、障害に応じた特殊学級・特殊学校の設立が許可された。

障害学を研究する堀正嗣によれば、ドイツでもファシズム下、障害児教育が充実した。ドイツでも日本でも、「価値ある障害児には特殊な教育を課し、『無価値なものは除去する』ための『貯水池』としての役割を担ってきた」という。「無価値なもの」の「除去」とは、通常学級の教育を円滑にするための精神障害・知的障害者の隔離を意味する。背景には、戦争遂行のための工業化があった(『障害児教育のパラダイム転換』)。

戦後の障害児教育

戦後になると一九四七年制定の学校教育法により、盲児・聾児・重度身体障害者が通学する盲学校・聾学校・養護学校の義務教育化が実現する。また、さまざまな障害児の教育の場として特殊学級を制度化することになった。盲学校は、視覚障害者を対象とし、聾学校は聴覚障害者、養護学校は知的障害者と肢体障害者を対象とした。特殊学級の対象者はより広く、情緒障害者、知的障害者、聴覚障害者、視覚障害者、言語障害者、肢体障害者、病児・健康障害者となる。文部省は一九五三年に養護学校か特殊学級かのどちらに措置するかの判断基準を示している。

障害児への就学義務の「猶予規定」は戦前から継承された。堀正嗣はそれについて、「障害児を『教育可能』なものとそうでないものとに選別し、『教育可能』なものには障害の種類と程度に応じた分離教育を義務づけるという戦前の障害児教育の体制が戦後の障害児教育において基本的には継承され、全面展開されている」と評価する（『障害児教育のパラダイム転換』）。

障害者への教育機会平等の名の下の排除・周縁化が本格化したのが一九六〇年代だった。一九五九年中央教育審議会答申「特殊教育の充実振興について」に基づき、養護学校と特殊学級の計画的増設を文部省は進めていく。

急増する学級数・生徒数の理由

４－３は、特殊学級数とそこに在籍する児童生徒数の推移である。答申の一九五九年以降在籍者数が着実に増加したことがうかがえる。一九五九年には二万人台だった在籍者数が六七年には一〇万人台となり、一〇年弱の間におよそ四倍に増加している。明らかに人口増と比べても大きい。この増加について、当時、東京都大田区の小学校教師として障害児教育に取り組んだ北村小夜は次のように回想している。

4-3　特殊学級数および児童生徒数（1949〜79年）

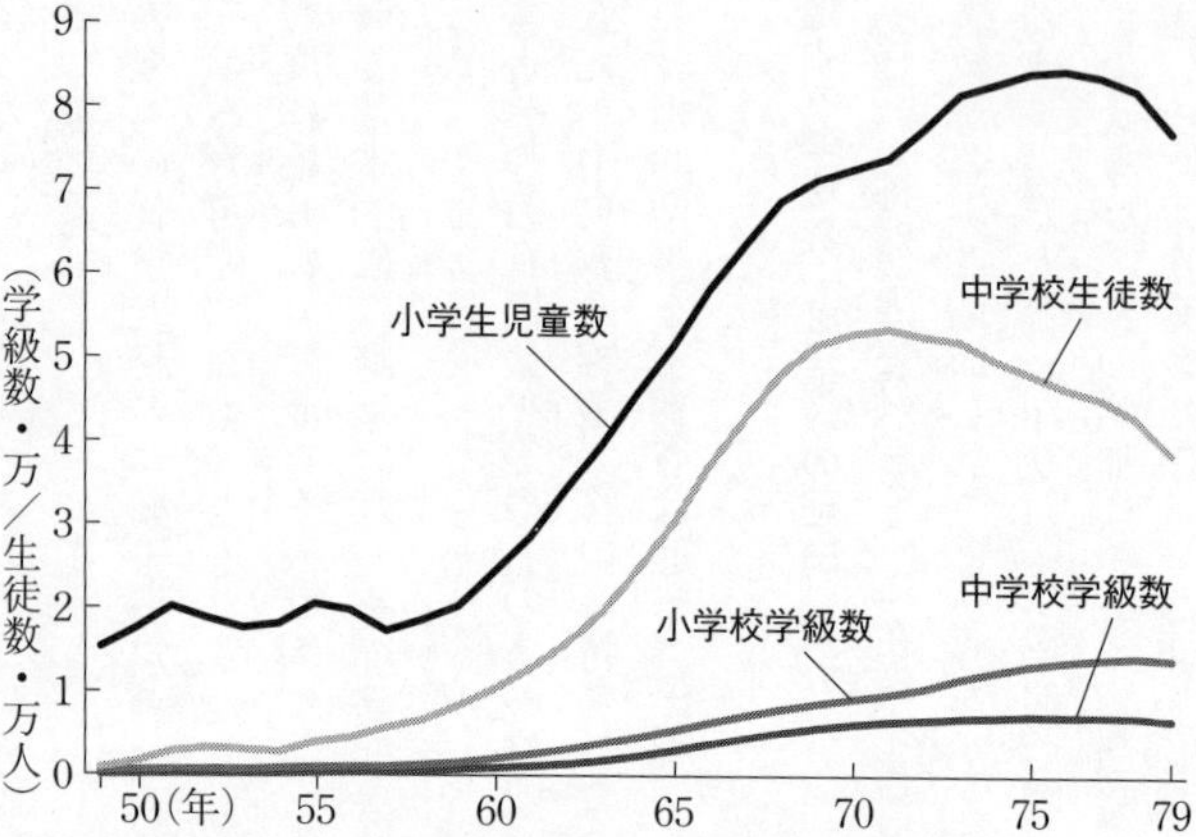

出典：文部科学省『特別支援教育資料』（2021年）を基に筆者作成

当時は第一次ベビーブームが終わって、現場では教室や教師に余裕が出てきたところでした。大田区に限って言えば特殊学級は全部空き教室を使って始められました。一校だって例外はありません。

教育の中身を変えて、勤務評定を実施して、教師達は競争させられます。いきおい教師は、（いまでも物語風に愛媛や高知や徳島の話がよくなされるわけですが）できの悪い子どもを休ませたり、わざとカンニングをさせたりします。さらに、一人でもできない子どもを特殊学級にやってクラスの成績を上げようとする。特殊学級の子どもは精神薄弱とみなされて、学力テストの対象ではないとされます。事実、全国的に言えば、全国学力テストの成績のよい県ほど特殊学級がたくさんできました。（『おもちゃ箱ひっくり返した』）

第一次ベビーブームは一九四七年から四九年の出生者である。小学校の場合、生徒数の急増は一年生は一九五四年から五六年、六年生は五九年から六一年に起こった。北村はベビーブームが終わった空き教室に特殊学級が設置されたこと、その背景として学力テスト競争による「できの悪い子ども」の排除があったと回想している。

同様の指摘は日教組の『教育白書』にも見出すことができる。『白書日本の教育1971』は、「文部省が、学力テストを強行した頃、特殊学級の性格が一変してきました。普通学級からしめ出した子どもを入級させるために特殊学級が悪用されたりしました」。ここでも、学力テスト競争の激化による成績の悪い子どもの排除が特殊学級の通級者数増加につながったとする。

この北村や日教組の認識の妥当性を傍証するのが、文部省が一九六一年に出した『わが国の特殊教育』だろう。同書で文部省は、「五十人の普通の学級の中に、強度の弱視や難聴や、さらに精神薄弱や肢体不自由の児童・生徒が交じり合って編入されているとしたら、はたしてひとりの教師によるじゅうぶんな指導が行なわれ得るものでしょうか。特殊な児童・生徒に対してはもちろん、学級内で大多数を占める心身に異常のない児童・生徒の教育そのものが、大きな障害を受けずにはいられません」として、次のように述べている。

特殊教育の学校や学級が整備され、例外的な児童・生徒の受け入れ体制が整えば、それだけ、小学校や中学校の、普通学級における教師の指導が容易になり、教育の効果があがるようになるのです。

ここで言わんとしているのは、「心身に異常のない児童・生徒」の成績向上に能率的な環境を作るためにも、「障害」を持つ子を隔離することが重要だということだろう。

こうして、障害児教育は、障害児の教育機会の保障を建前としながらも、同時に普通学級の教育環境の向上のために「障害」を持つ子の排除を正当化する装置として機能した。

教育政策が学力テストに傾斜すればするほど、現場で特殊学級の在籍者が増えたという一九六〇年代。この歴史的事実は、近年の学力テスト体制下、なぜ特別支援対象児が増えているのか、その理由を照らし出している。

第5章　高度経済成長下、悲鳴を上げる子どもたち

一九五五年以降の高度経済成長は、第3章、第4章でみてきたような教育政策の変化と相まって、子どもたちの学校生活が閉塞《へいそく》的なものとなっていく。同時に、子どもたちを過剰なまでの受験戦争へと駆り立てることとなった。この時期には、子どもたちによるさまざまな異議申し立てがはじまる。

高度経済成長は、歴史学者の色川大吉《いろかわだいきち》が『生活革命』といってよいほどの空前の大変化」と形容したように、人々の生活意識に大きな変化をもたらした。この章では、社会の変化の概要を述べたうえで、学校教育と子どもたちがどのように変化していったのかを描いていく。

1　一億総中流の不幸

大規模な人口移動と総中流

一九五五年の神武《じんむ》景気から石油ショック後の世界不況に陥る七四年まで、日本の約二〇年

間は、史上空前といわれるほどの高度成長の時代だった。焼け野原の戦後復興からはじまったその発展は、イギリス・ドイツを追い抜いて、アメリカに次ぐ資本主義世界第二位の経済力を誇るに至る。歴史学者の宮本憲一によれば、この時期、国民総生産の実質成長率は、年平均約一〇%、明治から戦前にかけての成長率の約三倍、戦後の欧米諸国の成長率の約二倍だった（『経済大国』）。

急速な発展は日本の産業構造を、また人々の生活を大きく変貌《へんぼう》させた。周知のようにこの時期は機械工業・金属工業・化学工業という重化学工業が急速に発展した。石炭から石油へという燃料革命を背景としながら、太平洋沿いに工業地帯を形成していく。

その間、第一次産業就業人口は、一九五五年の一六〇〇万人から六五年一一〇〇万人、七五年七〇〇万人へと、一年間で約四〇万人から五〇万人ずつ減少する。代わって第二次産業就業人口は、一九五五年の九二〇万人から六五年には一五〇〇万人、七五年には一八〇〇万人へ、第三次産業就業人口も、一九五五年の一四〇〇万人から六五年二〇〇〇万人、七五年二七〇〇万人へと急増する。

就業人口の変化は、人々の大規模な移動と、サラリーマン化を伴った。一九六八年の雇用動向調査によれば地域別流出・流入学卒者・転職者の合計で、流出率が高いのは東北・北関東・北陸・山陰・四国・北九州・南九州で、流入率が高いのが南関東・東海・近畿・京阪神だった。いわば「周辺から中核への労働移動があった」（『高度経済成長下の生活世界』）。そして、就業者の七割までが被雇用者という「サラリーマン社会」を出現させる（『高度成長と日本人』２）。そのなかで、学歴を通してのみ階層移動が可能になる社会が、一九七〇年代までに成立する。

高度経済成長下には受験熱の高まりが顕著だが、その背景には、サラリーマン社会の成立に加えて、「一億総中流」といわれる、均質な社会意識の成立があった。

総理府が実施した「国民生活に関する世論調査」によれば、「お宅の生活程度は世間一般からみて『上、中の上、中の中、中の下、下』のどれにはいると思いますか」という質問事項に、「中の中」という回答が一九五八年には三七％、七〇年には五七％になる。さらに「中の上」「中の中」「中の下」を合計すると一九五八年には七二％、七〇年には八九％にまで達する。

背景には所得の高い世帯と低い世帯、都市と農村とで所得・消費支出の格差が著しく縮小したこと、テレビの普及により大衆ドラマの影響で均質な消費情報が浸透したことなどがあった（『現代の中流階級』）。

経済が人間価値の評価へ

中流意識が高まる一方で、幸福な生活をすべての人々が謳歌したわけではない。一九七一年に出版された『現代の中流階級』によれば、生活意識面での中流階級意識の増大にもかかわらず、「三C」（カー、クーラー、カラーテレビ）を持ちたいという欲望と現実の所有率、また理想の貯蓄額と現実のそれ、持ち家願望の高まりと現実の持ち家率とのギャップは拡大している。「新中流階級は、〝欲求不満の固まり〟へとだんだん成長してきた」のだ。

社会学者の見田宗介《みたむねすけ》は、名著『現代日本の精神構造』のなかで、「不幸の諸類型の全体制的な構造連関図」を描き出している。見田によれば、官庁および大企業ホワイトカラーは、安定した生活と引き替えに「大機構の部分品化」し、「労働に於ける主体性の喪失」を抱えている。そして「同僚間・近隣間の地位競争・対面競争は当然落伍《らくご》者の側の不安と焦燥をもたら」し、「マスコミにおける規格化された〈成功〉〈幸福〉イメージの撒布《さんぷ》」によって不幸が増幅されている。見田はそれが親たちの教育熱を過剰なまでにかき立てたとして、次のように指摘する。

> 敗北者・逸脱者のがわの劣等感と、「将来」への不安・焦燥は、子弟の「出世」、ことにその「学歴」への期待と関心を募らせて、この階層の青少年に無形の重圧となっている。それがまたこの階層のつぎの世代に、一般的な閉塞感と倦怠感、規格化された〈成功〉と〈幸福〉のイメージへの価値観の固着、「将来」への不安と焦燥、さまざまな孤独と不信をうえつけている。

ここで見田が過熱する教育熱について指摘しているのはホワイトカラー層についてのみだが、ブルーカラーや農業者も例外ではなかった。

見田が描き出す中小企業労働者・下層農民の「不幸」は、「相対的・絶対的な窮乏と、そのための顕在的あるいは潜在的な欲求不満の慢性化」や、社会保障制度の不備と相まっての「一般的な生活不安」があるだけではなかった。経済的価値の所有が人間評価の一般的な尺度として受け入れられ、それが「劣等感や屈辱体験の機会」をつくり、「〈都会〉や〈大企業〉〈大労組〉へのあこがれと反発をともにはらんだ、一種のやるせないアンビヴァレンスを形成してい」たからである（『現代日本の精神構造』）。

以下にみるような高校進学のための教育が過熱する背景には、保護者たちの、いわば自らの境遇のやるせなさが一つの動機として機能していたと思われる。

2　進学率の急上昇と教師の使命感

急伸する高校進学率

高度経済成長期に、高校進学率は急上昇する。一九五五年にはほぼ五〇％だった進学率は六〇年には五七・七％、六五年に七〇・七％、七〇年八二・一％、さらに七五年には九一・九％となった。ちなみに大学進学率も一九六〇年には一七・二％だったのが七〇年には二

5－1　高校進学率（1950～2021年度）

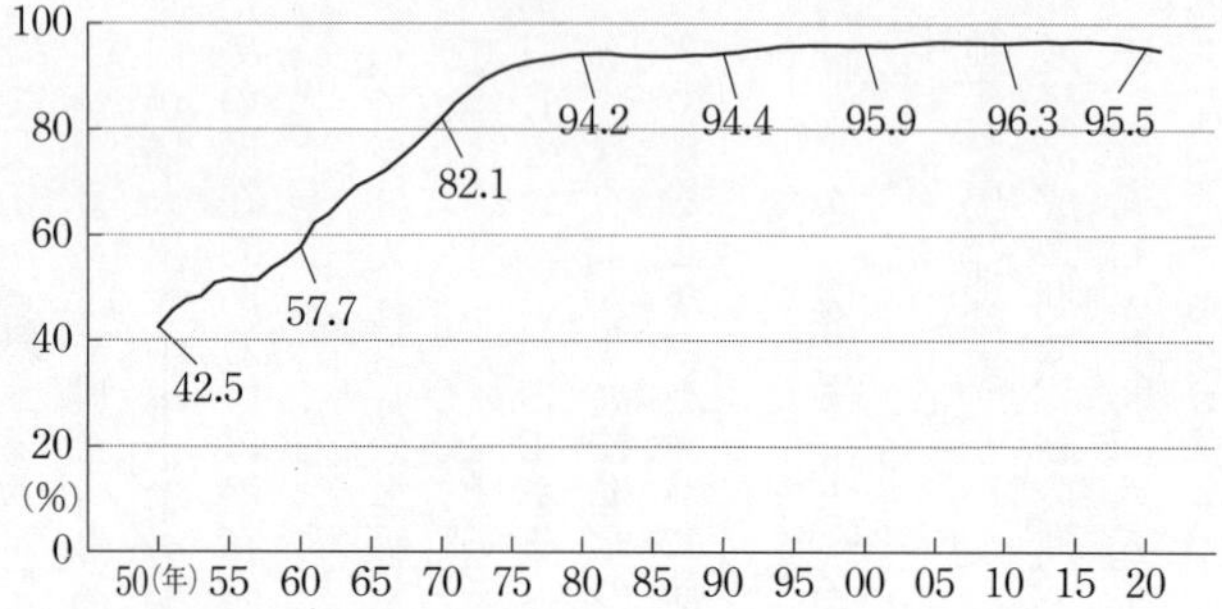

出典：文部科学省『学校基本調査』よりダウンロード

四・三％、七五年に三七・八％と上昇する。

この数字は単なる進学率の上昇を意味しない。一九四七年から四九年の第一次ベビーブームに生まれた子どもたちが高校受験に入る六二年以降は、同年齢人口の急拡大という問題が加わり、高校受験が過熱したからだ。

この進学率の上昇は、学校にどのような変化をもたらすことになったのか。一九六四年に刊行された国民教育研究所『受験体制と子どもたち』は、千葉県のいくつかの地域の学校の変化を次のように描き出している。

大都市近郊農村のK中学校では、卒業生の進路は一九五六年頃までは家業七〇～七六％、進学一〇～二〇％、就職二〇～三〇％。一九五七年から六〇年頃までは家業二〇～三〇％、就職四〇％前後、進学三〇％前後だった。それに対して一九六一年以降は家業一〇～二〇％、就職二〇～三〇％、進学五〇～六〇％となり、さらに六三年の卒業生は家業八％、就職二八％、進学六四％となった。戦後の変化は「家業従事型から就職型へそして最近は進学型へとはげしく動いている」という。

また京葉工業地帯のG中学校では、地域の変貌過程のなかで父母の職業転換すら余儀なくされ、高校進学が急激に増加していた。一九五九年の高校進学率は五〇％、六〇年六三％、六二年七二％、六三年八〇％となっている。「工場が来たので工業高校への希望者が増加したかと思われるが、普通科への志願が大部」で、「ホワイトカラーを目ざす地元農漁民の職業意識の一端がうかがわれる」という。

同じような変化は、工業化とは無関係にも見える九十九里《くじゅうくり》浜《はま》の半農半漁村地域にあるT中学校も及んでいる。一九五五年頃までは進学率が二〇～三〇％だったのが、六〇年代前半には五〇～六〇％へと上昇したからだ。

進学教育の過熱

進学率の上昇は、日々の学校生活にも影響を及ぼす。半農半漁の地であるT中学校ですら受験準備の補習には七割近くが参加し、二学期頃から午後七時まで行い、中学校三年生のテストでは全部順位をつけて廊下に貼り出し、ある学級では「机の席順まで成績順でかえられていく」有様だった（『受験体制と子どもたち』）。

農漁村部ですらこのような状況であり、都市部・都市近郊部を中心として、日々の学校教育は「進学教育」として組み立てられていく。その特徴は、第一に日常の授業が入試への合格を目標として組み立てられた点にある。結果として子どもたちの学校生活は、補習とテスト点数の重視になった。

先にも引用した『毎日新聞』の村松喬による『教育の森』全一二巻のうち第一巻は、進学問題を扱っている。そこで紹介されているのはテストに翻弄《ほんろう》される教師たちの姿だ。

たとえば愛知県教職員組合が一九六二年に行った県下公立中学校一八三校の調査では、五校以外はすべて「進学準備の補習授業」を行っていた。また、名古屋市内のある中学校では、「二学期に学年共通のテストだけでも九月に一〇回、一〇月に九回、一一月に七回、一二月に六回、クラス単位のものも含めると、ある月には登校日二六日のうち一六日もテストがあった」という。この傾向は小学校にも波及し、「標準テスト、定期テスト、不定期テスト、合わせて月に一六日もテストをした小学校があ」った。

このようなテストの多さは名古屋市内だけではない。宮崎県教職員組合県北支部延岡《のべおか》地区協議会が、一九六五年に行った調査でも「全校テスト、学年テスト、学期末テスト、月例テストなど、小学校で行なわれているテスト回数は平均して三二回」で、「年間の授業日数を二五〇日とすると、週に一、二回は必ずテストをしていることになる」とする。

ただし、これらは学年共通のテストのみの数である。高学年ではこのほかに担任の教師が「随時テストをしている」状況だった。しかもそのテストは、中学校の場合は廊下に順位を貼り出すところが多かった。小学校では廊下に貼り出すことまではしなくても、学級懇談会のときに教師がプリントにして手渡す場合が多かったという。

このような日々のなかで、表現力や思考力をじっくり鍛えるような授業は後回しになっていく。さながら受験予備校のような風景が公立の小中学校に現れていた。

教師の堕落

過剰なまでのテスト漬けの教育は、巨視的にみるならば政府による能力主義的な教育政策の反映だった。だが各学校で起こっていた現象にのみ注目すれば、文部省や教育委員会、さらには各学校の校長の指令によるものでは必ずしもなかった。むしろ担任となった個々の教師たちの強烈な使命感によってしばしば支えられていたからだ。中学でいえば、「三年の学年主任を中心に担任の先生方によって負わされた任務のようになり、あるいは一つの使命感のようなものとしてすすめられてい」た（『受験体制と子どもたち』）。

ただし、それはあえて厳しい言い方をすれば教師としての堕落と紙一重だった。そもそも学校で行われるテストの多くは業者が作成した市販テストであり、「自分で考えて問題をつくらない。したがって、ガリ版印刷をやることもない。テスト帳を業者から仕入れて子供に買わせて、そのテストを子供にやらせる。そして採点も外に出したり、子供同士でやらせるとなると、教師はなんの労力も払わないでテストをすることができる」状況も一部には現れ

ゆがむ先生の倫理

はびこる3ト（アルバイト リベート プレゼント）

追放運動もさかんだが

教育

かなぐり捨てた"聖衣"

テストと勤評の悪影響

教師たちの「3ト」への批判（『読売新聞』1964年2月17日夕刊）　勤評闘争以降，アルバイト，リベート，プレゼントの3トを求める教師たちに警鐘を鳴らした

ていた（『教育の森 第2（閉ざされる子ら）』）。

さらに、業者との癒着《ゆちゃく》も受験準備教育の日々の下で進行していた。教科書の補助教材は、市販テスト以外にも、テスト帳やワーク・ブック、解説書、学習参考書など数多く販売されていた。それらを学校に売り込む営業マンには退職校長や元指導主事などがしばしば雇われていた。義理と人情につられて教師たちが教室でその教材を販売する、いわゆる「教室販売」が盛んに行われた。リベートを教師がとることも常態化していた。

一九六四年三月には、文部省が都道府県教育委員会に対して、「補助教材や学用品などを学校で取り扱う場合、教職員が業者から手数料、寄付など名目のいかんにかかわらず、金品を受けいれることは望ましくない行為であり、学校として業者から金品などの寄付を受けることは適切でないと考えられる」という趣旨の通達を出したほどだった。

一九六五年一〇月に開催された文房具店の第四回全国総会では、「教職員の商行為を排除しよう」というスローガンが掲げられた。教師たちの商行為によって校門前の文房具店が苦境に立っているというのである。学校によっては個人的にリベートを受けとるのではなく、「教材会計係」「リベート係」を置いて、さまざまな会合費や教材費の補助に使用しているところもあった。教師の給与が低く、さらに学校には柔軟性のある予算が少なかったとしても、これらのリベートは保護者への間接的な搾取とする批判の声も強かった。

リベートだけではない。教師たちのなかには親からのプレゼントを受け取り、家庭教師などに精を出す者が後を絶たなかった。リベート、プレゼント、アルバイトは「三ト」と呼ばれ、当時の社会問題となっていた（『教育の森 第3（教師・その実情）』）。

進学至上主義による差別

さらなる問題は、教師たちができない生徒たちを結果的に疎《うと》んじたことにある。進学組に焦点を当て授業のスピードをあげようとしたとき、授業についていけない子どもの存在が障害となってしまう。結果的に「三割切り捨て」と呼ばれる事態が現れた。

『毎日新聞』の記者村松喬は、「進学準備の教育に力を入れる学校のなかで、超スピード授業についてゆけず、落後する生徒ほどみじめな存在はない。学力の差は開く一方で、授業の内容は手がかりもつかめない雲の上のことのように思われてくる」と、事実上排除された子どもたちを危惧している(『教育の森 第2(閉ざされる子ら)』)。

付け加えれば、学業不振な子や就職組の生徒に対して無意識であったとしても差別的な発言を行う教師もあり、子どもたちの不信や憤りを生んでいた。

先に引用した『受験体制と子どもたち』は、子どもたちの発言として「先生たちは、『そんなことで公立に行けるか』『お前はこうだからだめだ』などと、ハッパをかけたり、おどかしたりするけれども、結局は、自分のクラスや学科の成績をあげるためではないのか」、「受験校をきめる時でも、お前の実力では、ここは無理だと、頭からきめつけて、希望する公立高校の願書もとってくれなかった。公立の試験の時はむしょうに腹が立ったので学校を休んで、家でふとんかぶって寝ていた」といった談話を記録している。

そもそも戦後教育は、学校を通して民主主義を構築すること、子どもの人権を保障することを柱として成立したはずだった。しかし子どもの人権や尊厳は、教室のなか、それも教師による授業中の振るまいによって毀損されていたことになる。ここに、のちにみるような、一九六〇年代の学校を舞台としたさまざまな「荒れ」の一因があった。

親の教育熱という背景

ただし、教師たちにのみ責任を負わせることは当を失するだろう。教師たちが過剰なまでに熱心になった背景には、保護者の、特に母親の、これまた過剰なまでの教育熱があったからだ。

宿題を多く出すこと、テストでの成績の順位を発表して競争心を煽ることを教師に要求し、そのような教師を「いい先生」として担任につけてくれるようにと校長に要求する母親たちも少なくなかった（『教育の森　第5（家庭と学校）』）。

挙げ句の果てには、中学三年の男の子を持つ母親が、重要な試験の前日に息子に友達を呼んで勉強するようにすすめ、勉強に来た息子の友人に「みなさん、よく勉強ができて、いいわね」といいながら睡眠薬入りのコーヒーを渡し、息子にだけは純粋のコーヒーを飲ませて、息子だけが勉強できるようにしたという事件まで起きた（『教育の森その後』）。嘘《うそ》のような本当の話の背後には、追いつめられた母親の姿が浮かび上がる。「教育ママ」という言葉が新聞紙上を賑したのも一九六〇年代半ばのことである。

都市の新中産階層の成立が、生産労働から切り離され、専業主婦として子育てを自らのほぼ唯一の生きがいとせざるを得ない母親たちを登場させた。それが受験熱を過熱させた側面もあった。

3　増加する逸脱行動――学校恐怖症と非行

学校恐怖症

学校の教育体制は、子どもたちにとって重荷となり、この時期、早くも学校教育に由来する子どもたちの逸脱行動がさまざまな形で起きていた。

のちに「登校拒否」「不登校」といわれる学校長期欠席児童は、一九五〇年代から六〇年代にかけては「学校恐怖症」と呼ばれていた。文部省の統計調査では年間五〇日以上の欠席者を長期欠席者としてカウントしている（ただし一九九一年以降は年間三〇日以上の欠席者を対象。「はじめに」0-1参照）。

中学生の場合、戦後まもなくの時期一八万人を超えた長期欠席者は、一九七〇年代半ばまで減り続け、その後上昇に転じている。ただし一九六〇年代にはその欠席理由が変化したことが認識されてきた。

一九五〇年代は貧困による就労、親の無理解などが長期欠席の背景にあった。それに対して一九六〇年代からは「学校ぎらい」がその主な理由にとって代わる。東京都の統計調査でも、公立中学の長期欠席者に占める「学校ぎらい」の割合が増加している。文部省の学校基本調査でも一九六六年から「学校ぎらい」を理由とする長期欠席者の統計がとられることとなった。

ここでいう「学校ぎらい」とは、東京都の説明では「学業不振〔中略〕教科内容の高度化につれて消化しきれず、過重負担となって学校ぎらいをきたす場合である。〔中略〕学校教育という規則的な生活に耐えられず、学校ぎらいになる場合等である」とされていた（『長期欠席生徒調査報告書』）。

受験準備が最優先される学校では、進学競争から脱落した子どもたちは「勉強に対してばかりではなく、何事に対しても積極性を欠き、笑うでもなく、怒るでもなく、学校が終るとさっさと帰りたがる」傾向があった。勉強ができなければクラブ活動で活躍できるかといえばそうではなく、成績が悪いと部活に参加させない学校もあり、クラブ活動もまた成績の上位・中位の子どもたちが活躍する場となった。そのような状況が「学校ぎらい」を生んでいた（『受験体制と子どもたち』）。

登校拒否の歴史を研究した加藤美帆によれば、一九五〇年代の長期欠席は、貧困や児童就労の問題として、社会福祉・児童福祉の対象となり、社会問題化された。それに対して一九六〇年代の長期欠席は、子どもの性格傾向や周囲との関係、保護者の養育態度が検討対象となり、「人間の内面や家庭の内部に踏み込んだまなざしが顕在化している」という（『不登校のポリティクス』）。

「学校ぎらい」による長期欠席者は社会的弱者として救済の対象となるのではなく、個別化の眼差《まなざ》しのなかで統計的に理解され、しばしば「情緒障害」として障害者と見なされ（たとえば『講座情緒障害児　4（登校拒否児）』）、社会的排除が正当化されていた。

増加する非行少年少女

一九五〇年代から六〇年代にかけて、少年少女の非行事件が増加している。東京家庭裁判所の調査官らによる現代非行問題研究会が一九七二年に執筆した本によれば、5-2にみるように、一九五〇年代半ばから六〇年代半ばにかけて少年非行で検挙された人数は増加している。

この人数の増加は、第一次ベビーブームによって一〇代後半の人口が増加したことに比例しているが、人口比の検挙人数を調査した5-3をみるならば、一九六〇年代半ばにかけては人口比でも増加が認められ、単純にベビーブームによる一〇代人口の増加だけでは説明できない。

背景には高度経済成長による消費社会の本格的な成立があった。

当時、電気掃除機・テレビ、自家用車が普及し、団地やスーパーマーケットが建設されるといった新しいライフスタイルが浸透していく。少年少女の世界では、一九五〇年代後半からエルビス・プレスリーの人気の影響を受けた「ロカビリー」という新たな音楽ジャンルが流行をみせ、「ロカビリー旋風」が吹き荒れる。一九六〇年代半ばにはエレキギターとモン

5－2　主要刑法犯少年（14～19歳）検挙人員の推移（1947～69年）

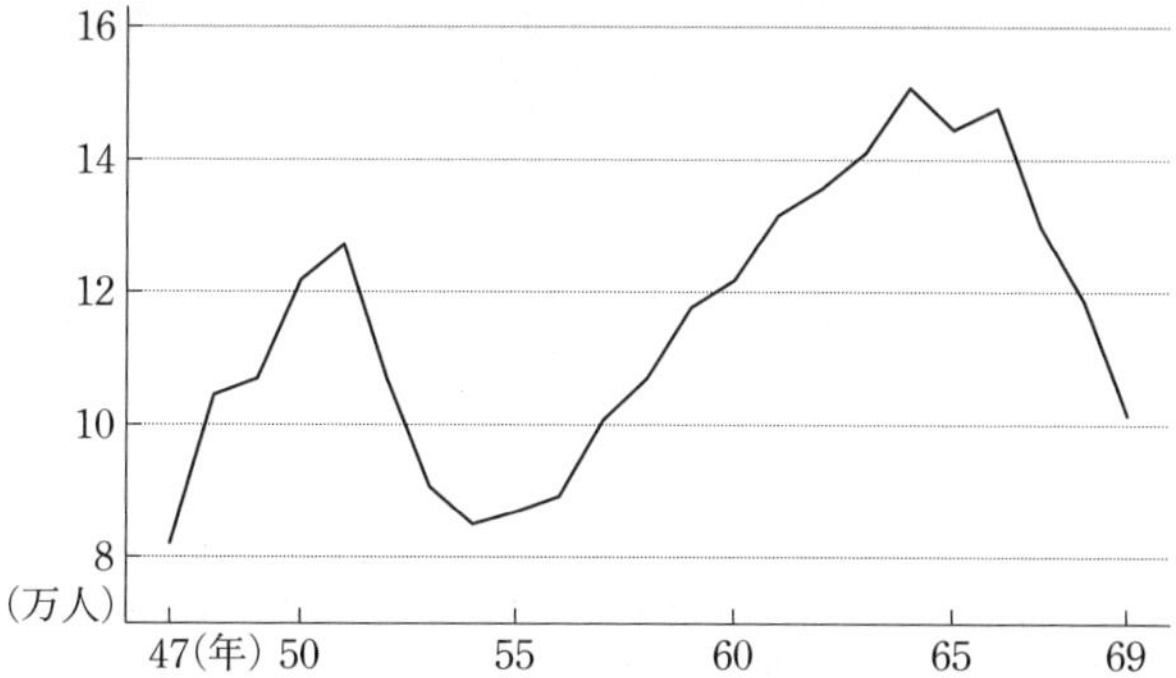

出典：『繁栄の落し子たち』（大成出版社，1972年）を基に筆者作成

5－3　主要刑法犯少年検挙人員少年人口1,000人比の推移（1949～69年）

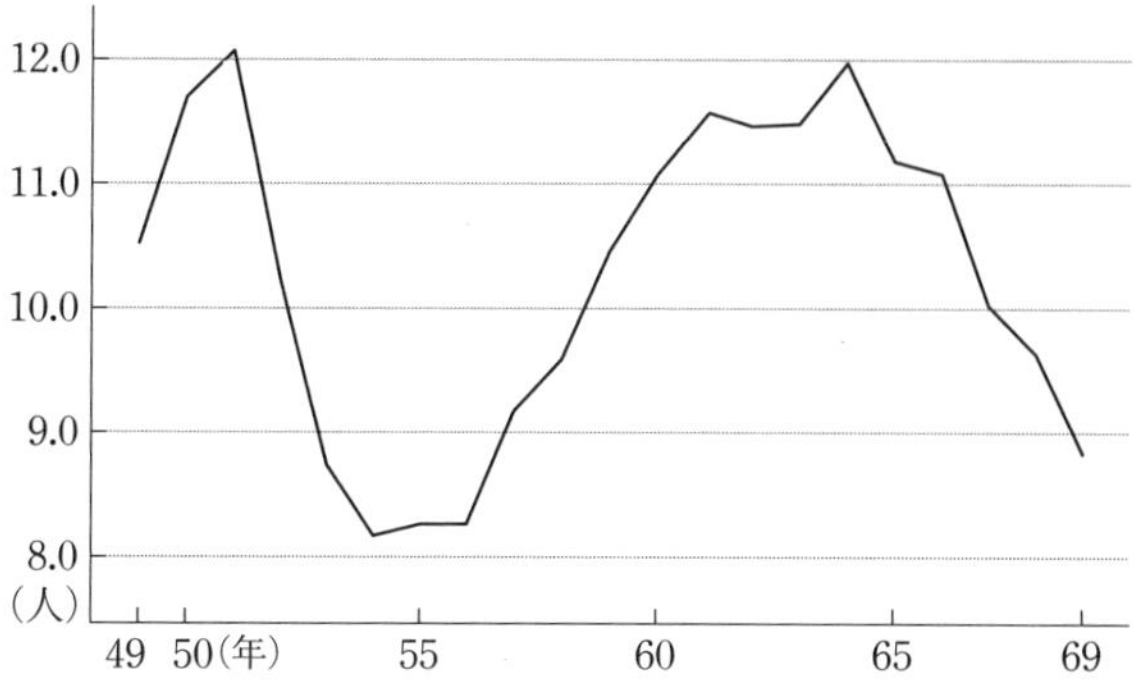

出典：5－2と同

キーダンスが流行、さらに六〇年代後半には六六年のザ・ビートルズの来日を頂点にグループサウンズが大流行するなど、メディアを経由して次々と新たな音楽が流行した。コーヒーの麻袋をバッグ代わりにした「みゆき族」が現れ、長髪にラッパズボンでサングラスをかけた「フーテン族」など、異装の若者たちの登場もこの時期の特徴だった。

若者たちによる新たなライフスタイルの主張と非行とはセットだった。深夜喫茶にたむろして睡眠薬遊びや煙草の火を押しつけるお灸《きゅう》遊びに明け暮れる少年たち、さらにシンナー、ボンドの流行、家出、窃盗、不純異性交遊、売春などである。

高度経済成長以前の非行は主に貧困を理由としていたが、高度経済成長以降は、必ずしも貧困を理由としたものではなく、中流家庭の子弟の非行が増えたのも特徴だった（『繁栄の落し子たち』）。

荒れる学校、教師たちの行動

学校自体も少年非行の舞台となっていた。その背景に教師たちの行動の問題があることも認識されはじめていた。

たとえば、一九六〇年代には卒業式で「お礼参り」と称して卒業生たちが、教師に暴力を振るうことが頻発していた。『読売新聞』（一九六一年二月二〇日）は、「卒業期と生徒の暴力」という社説を掲載している。

それによれば、「毎年卒業期に近づくと、高校、中学での生徒の暴力ざたがきわだって多くなる」とし、「暴力卒業式」との呼び名がつけられていることを紹介している。暴力の形態は、教師への暴力のほか、進学組と就職組との決闘、上級生の下級生への暴力などさまざまだった。この社説は、「いずれもまず教師と生徒との人間的な疎隔《そかく》から発生している。一人一人の生徒が、教師を中心に教育愛によって緊密に結びついているかぎり、例年のような卒業期の暴力事件は起こりようがあるまい」と述べている。続けて進学実績をあげようとする教師の努力が、より切実な願いを持つ父兄によって「拍車をかけられる」なかで、就職組の差別感情を助長させていると指摘した。

『毎日新聞』記者の『教育の森』もまた、「教師や学校に対する腹いせに暴力をふるう底にあるものは、教師と学校への徹底した不信である」とし、興味深いエピソードを紹介している。それによると、東京都内のある中学校で卒業式に生徒が教師を襲撃する計画があることが事前に発覚し、襲撃対象となっている教師のリストが見つかった。

そのリストには、日頃生徒を口やかましく、しかり飛ばしたりする教師だけは対象から外されていたという。それについて生徒は、「あの先生はけっして差別をしなかった。生徒の様子がちょっとでも変わっていると、どうしたんだ、とだれにでも声をかけて励ましてくれた」と取材した記者に述べていた（『教育の森　第2』）。

この時期、同和教育校での校内暴力もしばしば指摘されている。たとえば、兵庫県の公立学校教師玉本格は同和地区を初めて訪問したときの衝撃を次のように記している。その地区の中学校では「音楽室の机・腰掛がめちゃめちゃに壊され、ピアノも使用不能にされてしまった事件、一晩のうちに一〇〇〇枚以上の窓ガラスが破られたり、授業妨害や教師に対する反抗、とうとう木造校舎に放火して灰《かい》じんに帰してしまうという事態にまで到っていた」。玉本によれば、暴力行為の背景に、絶対的な貧困や、さまざまな社会的差別があることは確かだとしても、同時に指摘すべきは教師たちの問題だった。玉本は、同和校で生徒へのアンケートをとったところ、教師への声として次のようなものが寄せられたと述べている。

「先生が悪い悪いと思うから反抗する」「組全体がわるいのに俺らだけおこる」「勉強できないのを放ったらかしにされる」『出ていけ』には腹が立つ」「ちょっとくらい声をかけてほしい」「生徒のいうことを聞いてくれないから勝手に出ていく」「授業中、ユーモアぐらいいってくれ。一時間すわっとるのはつらい」『あの子とあそんだらあかん』といわれると腹が立つ」「しかるばかりでなく、みてくれる先生がええ」「先生はみな敵だ、信用できない」

(『部落と学校と変革と』)

生徒を能力主義的に選別しようとする教育政策が、教師たちの行動の背景にあったことは間違いない。生徒たちに直接見えるのは、教育政策を遂行する教師その人だった。職務に忠実たらんとする教師たちの心ない言動が、子どもたちの非行を助長していた。

ただし、非行問題について、当時は学校や教師がそれほど表立って批判されていなかったことに注意しておきたい。

非行の原因に関する世論調査では、一九五五・六五年の調査をみると（括弧内は一九六五年の回答結果）、「家庭」四九（三五）％、「友だち」一二（三三）％、「周囲の環境」二一（三一）％、「映画・雑誌・テレビ」六（二八）％、「本人の素質」九（一七）％、「学校」三（二）％である。

一九六五年は一〇年前と比較すると、家庭の比率が減少し、友だち、周囲の環境、メディア環境、本人の素質が増えている。この調査を行った中央青少年問題協議会事務局調査課は人々の認識は、「非行の原因が多様化し出している」一方で、「未だ教育・学校批判はマスコミに本格的には登場してきていない」と分析した（『戦後日本青少年問題考』）。学校批判・教師批判の展開は一九七〇年代以降のこととなる。

一九六〇年代の子どもたち

高度経済成長の時期、個々の家庭が経済力によって相互に比較可能になり、「一億総中流」のなかの「不幸」感情が醸成された。そのような社会感情が子どもたちの学歴獲得に向けた競争を下支えした。進学教育を通して、前章で描いた財界の考える人材需要にどう子どもたちを適応させていくかが教師や保護者の課題となった。そのなかで「学校恐怖症」といわれた登校拒否者や進学教育に積極的に抵抗する子どもも現れた。後の章との関係で強調しておきたいのは、次の点である。

第一に、子どもの目前の「敵」として教師が出現する構造が現れたことである。教師との人間的関係を求めているにもかかわらず、それが得られない逸脱者たちの不満の声は、この後の時代にもしばしば見受けられる。ただし学校批判・教師批判が世論に現れるのは高度経済成長終了以降だ。その点については後の章で取り上げてみたい。

第二に、この時代には、学校教育に抵抗する子どもたちがみゆき族、フーテン族など学校外で自らを表現する機会があったことである。だが、このような場は一九八〇年代以降失われていく。

第三に、登校拒否にしても非行にしても、学校教育に対する異議申し立てと理解することは可能だった。個々の教師たちのなかに、彼らの声を積極的に汲《く》み取ろうとする者がいたことは確かだ（たとえば『落第生教室』）。しかし教育政策で彼らの声に寄り添う施策はなかった。登校拒否も非行も「情緒障害」と見なされ、障害児として個別に治療の対象とされていった。

第6章　一九七〇年前後の抵抗運動——教育の可能性

前章では、高度経済成長下の急激な社会変動のなか、子どもたちがさまざまな悲鳴を上げはじめたことを取り上げた。この章では、学校教育の新たな可能性が同時期に生まれていたことに注目してみたい。

一九六〇年代は世界的にも人権意識が覚醒した時代として知られるが、日本もその例外ではない。哲学者の高桑純夫《たかくわすみお》が編集した『人権の思想』によれば、日本国憲法発布後も人権観念については「はなはだお粗末」な状況にとどまっていたが、教育二法、警察官職務執行法、安保条約改正などにより人権が奪われることを個々人が危惧し、「人権の危機が、かえって国民の人権意識を深化させる結果となった」という。

その際、平和権（平和に生きる権利）・環境権・健康権・情報権（知る権利）・地域住民の自治権など「新しい基本権の展開」が一九六〇年代に進行する。そのような流れのなかで、教育学でも学習権をめぐる教育権再構成の進展があった（『教育と人権』）。

この章で特に注目したいのは、人権意識が高まるなか、学校を舞台とした二つの抵抗運動による問題提起だ。

一つは、一九六〇年代末における学園闘争下での子どもたちによる学習権の主張。もう一つは、共生教育思想である。特に後者では、障害児やその親たちによる当事者運動のなかで提起され、実体験に即した新たな教育のイメージが模索されようとしていた。それぞれ具体的にみていこう。

1 学習権を主張する子どもたち

学習権思想の流れ

まず学習権思想が日本で登場した経緯を簡単に辿《たど》ってみよう。

学習権の提起は、大正期に教員組合を創始した下中弥三郎《しもなかやさぶろう》などにより戦前から行われていたが、本格的な提起は戦後に入ってからだった。それは、東京大学教育学部の宗像誠也や堀《ほり》尾輝久《おてるひさ》らによって、近代における人権思想の発展、とりわけ子どもの「発見」と子どもの人権思想の深化の歴史のなかに、憲法第二六条の教育を受ける権利を位置づけようとする主張だった。

堀尾輝久によれば、「学習の権利は、それ自体、子どもの基本的権利の一つとして、他の人権と並ぶ権利であると同時に、それは、生存権・幸福追求権・参政権等の諸権利を、将来にわたって実質的に保障し、あるいはその質を規定する権利であるという二重の意味をもっている」。その意味で「学習権は、まさに基本的な人権」だった（『現代教育の思想と構造』）。

この議論が一躍注目を浴びることになるのは、歴史学者の家永三郎による教科書検定訴訟の一九七〇年東京地裁判決だった。

三省堂から高校用日本史教科書を出版していた家永三郎は、一九六三年の文部省検定によって不合格処分となり、その翌年度には条件付き合格となった。しかし多数の重要箇所を「不当」に修正させられたのは日本国憲法・教育基本法への違反であると家永は国家賠償請求を一九六五年に東京地方裁判所に提訴した（第一次訴訟）。その後の改訂で再度検定不合格とされたことから一九六七年にあらためて提訴し（第二次訴訟）、さらに八二年の検定を不服として八四年に提訴した（第三次訴訟）。

一九七〇年には第二次訴訟に関する東京地裁の判決（いわゆる杉本《すぎもと》判決）があった。

杉本判決では、堀尾らの国民の教育権論を全面的に採用した。判決は、「子どもを教育する責務をになうのは親を中心とした国民全体」としたうえで、判決は「国家に与えられる権能は、教育内容に対する介入を必然的に要請するものではなく、教育を育成するための諸条件を整備すること」で「国家が教育内容に介入することは基本的に許されない」と断じた。検定不合格処分は憲法第二一条（表現の自由、検閲の禁止）及び教育基本法第一〇条（教育行政）に違反し「違憲・違法」という判断だった。

家永訴訟の弁護団に加わった、法律学者の新井章は、判決のインパクトについて、「無反省にも戦前と変わりない国家教育権思想に依然としてしがみつき、ことあるごとに教育の国家統制を強化しようと図ってきた政府・支配層に、魂も凍らんばかりの驚愕《きょうがく》と狼狽《ろうばい》を余儀なくさせた」とし、「旧来の支配思想に対して、いわばコペルニクス的転回を迫った」とのちに回想している。

判決の影響は広範な領域に及んだ。新井章によれば、「その後の教育裁判や各地各層における教育運動や教育要求の発展のうえに圧倒的ともいえる影響を及ぼした。また学校や地域における多くの教育現場でも、教師たちを力づけ、反対に昨日まで居丈高《いたけだか》だった校長や教委当局者の『確信』を揺るがすなど、まことに広はんな、底知れないインパクトを与えていった」(『体験的憲法裁判史』)。

ただし、ここでいう学習権は、国家対国民という対立構図のなかで提起された「国民の教育権」だった。国民の教育権は教師が受託されているとし、教師における教育の自由を正当化する論理として使われていく。その意味では、子ども個々が権利主体という学習権の主張は、次にみるような学園闘争のなかで同時期に成熟していく。

権利を主張する高校生たち

一九六八年から六九年にかけて、大学闘争の影響を受けて、高校でも学園闘争が展開され

卒業式闘争　「卒業式粉砕」を叫んで校舎を占拠．学内をデモする東京都立大学付属高校の生徒たち，1969年３月15日

た。高校では、「卒業式闘争」という呼称で、卒業式をいかに行うか、または粉砕するかが闘争の一つの焦点だった。卒業式が、卒業証書を授与するという点で、高校教育の権威を象徴する儀式と捉えられたからだ。

卒業式紛争は一九六九年二〜三月に高揚し、六九年九〜一一月にかけては高校紛争が激化し、学校のバリケード封鎖などへと発展した。警察庁の資料によると、一九六九年の一年間に高校生による学校封鎖事件は七五、警官の出動は一二都道府県下の二一校、二九回、出動警官は延べ二四〇〇人、検挙生徒は七八八人だった。さらに一九七〇年の卒業式紛争は全国で三五三校、高校全体の約八％で、六九年卒業式紛争の三・五倍だった（『日本教育年鑑１９７１』一九七〇年）。

すでに述べたようにこれら高校闘争の前史で

は、しばしば教師と生徒は共同して国家権力を批判した。だが、一九六〇年代末の高校学園闘争は、批判の対象が学校自体に向けられ、個々の教師たちの日常の言動、具体的には授業自体が攻撃の対象になった。さらに学校への批判は生徒たち自らの権利の侵害に基づくと捉えられるようになった。

都立竹早高校生徒会の主張

たとえば『読売新聞』の社会部記者だった中沢道明が執筆した『高校紛争の記録』によれば、都立竹早高校の生徒会は、「生徒権宣言」という形で一九六九年に「人間らしい教育」の実現を要求した。

我々は次のように考える。教師と生徒は人間として平等である。したがって我々の人間性は尊重され、その基本的人権を享有することができる。また、教師が真に生徒のための教育指導を行なうところにこそ、教師の権威はおのずから生ずるのであり、誤った権威主義は否定されなければならない。そして何よりも、我々は高校生として「個人の尊厳を重んじ真理と平和を希求する人間の育成を期する」(教育基本法)ような教育を受ける権利がある。……

①我々の一切の思想及び表現の自由、即《すなわ》ち言論、出版、掲示の自由は保障される。した

がって従来の検閲制は廃止され、校内の出版、掲示は生徒が管理する。また、我々が会合をもつこと、およびサークルを作り活動することは自由である。ただし活動に関する責任は生徒が負う。

②我々は教師の体罰や納得のいかない処遇、威嚇《いかく》に対しては、断固として抗議追及する。

③授業の内容、教師の講義方針に関しては、話し合いにより相互の納得のいく授業を求めていく。

④生徒に関する諸規則は生徒が定め、生徒が管理する。

「生徒権宣言」が出された直接のきっかけは、一九六九年五月に東京都教育委員会が旅行業者や写真業者から多額の現金を受け取っていた三四人の同校教師の処分を発表したことだった。

ただし『高校紛争の記録』の著者によれば、「同校の積年の悪弊《あくへい》からみれば、このリベート事件など、ほんのゴミのようなものであった」。

なぜなら、大学進学希望者が増加した一九六二年頃から同校では補習授業の本格的な「営業」に乗り出し、全生徒から強制的に補習費を徴収し、補習授業の参加を辞退する生徒には「成績が悪いくせに補習も受けないようでは、まともな内申書は書けない」「内申書の内容が悪ければ、とても一流会社への就職は無理だ」などと脅した。そして徴収された補習費は、学校の窓口を通すことなく、すべて学年会計の教師が管理し、「補習費のかなりの額が教師たちの飲食代にまわされ、当時、文京区初音町《はつねちょう》の料亭『M』は、一年中ほとんど同校教師で〝貸切〟だったといわれる」ほどだった。

「生徒権宣言」は、このような状況を背景として、生徒たちが学園民主化の要求として起草したものだった。各クラスから一名以上の代表と希望者で構成する「生徒会臨時委員会」で約一〇日間の討議を経て原案がつくられ、生徒総会で承認された。前文にある「誤った権威主義」とは教師たちの内申書における理不尽な統制やリベートを指す。

興味深いのは、「学校運営」の権利と「生徒としての権利」とに分けて記述されていることだ。高校生としての人権保障は、個々人の人権の保障にとどまらず、「学校」という組織運営への参画の権利の承認によって達成されると捉えている。また、③にあるような「授業の内容、教師の講義方針」については、教師と合議を行うことを「基本的人権」の一部と見なしていた。

ここに学習権の主体として自ら名乗り出て、新たな教育実践を創造しようとする高校生の登場を見て取ることができる。竹早高校のような形で具体的な綱領を宣言した生徒会は必ずしも多くないが、当時の高校では自主ゼミという名称で、生徒の希望、あるいは教師との相談の下でテーマを決め、学習会を組織したところは少なくなかった。そもそも大学闘争でも、既存の大学教育への絶望と新たな教育の希求があり、それが「自主ゼミ」という形で模索されていた（たとえば『叛逆《はんぎゃく》のバリケード—日大闘争の記録 増補版』）。

小学生たちの抵抗

付け加えれば、この時期には小学生すら自らの権利を主張し、学校への抗議行動を起こしていた。

たとえば、東京都台東区では、中学への進学を前に、六年生の父兄たちが大挙して指定校への進学を嫌い、ほかの中学への進学変更を申し出ている。その理由は、指定校が生徒に坊主刈りを強制するので、それを嫌ったためだったという。『高校紛争の記録』は次のように述べている。

小学六年生は長髪を禁止する中学校に抵抗した。抵抗の形は、両親を通じて別の中学校にかわる、という消極的な姿をとっている。坊主頭にされてもいい、という子どももいるのだろう。全員が抵抗したわけではないようだ。とすれば、一律な規則が嫌われたことになる。高校生の場合は、それがもっとはっきりしている。不用意にみれば、小学生と同じように「坊主頭はいやだ」「制帽着用はいやだ」とダダをこねているように、受けとれる。「たかが帽子。どうだっていいじゃありませんか」といった主婦の感覚は、それにちかい。だが、最初は、美的感覚の問題だったとしても、高校生の場合は、紛争を通じて、いわば根源的な問いかけに深まる。

「生徒一人一人を規格化する規則に反対する」と……。

小学生たちは必ずしも自らの違和感・抵抗感を理路整然とした言葉で表現することはできなかった。しかし、教育的管理に対する直観的ともいえる拒否感を、一部の子どもたちは直接行動の形で表現しはじめたのである。

ただし、文部省は一九六九年に「高等学校における政治的教養と政治的活動について（通知）」を出し、学校内で政治的な団体・組織を結成すること、政治的な文書の掲示や配布、集会の開催などの政治的活動を禁じた。さらに、放課後や休日における学校外の生徒の政治的活動までも制限・禁止し、違反した場合の処罰の検討を学校に求めた。

この通知は公職選挙法の改正により一八歳選挙権が実現する二〇一五年まで効力を持ち続け、長らく、高校生を含む子ども・若者の政治意識の低下に寄与した。

2　障害児教育の新たな展開

養護学校義務化反対闘争

一九六〇年代末から七〇年代にかけては、もう一つ、権利意識の高まりを背景として新たな学校教育の理念が提起された。養護学校義務化をめぐる反対運動が提起した共生教育思想である。

障害児の学習する権利もまた、一九六〇年代に大きく進んだ。そもそも戦後の憲法・教育基本法で保障されていた「教育を受ける権利」が障害児たちには実質的に保障されていなかった。視聴覚障害児については盲聾学校の義務化が一九四八年度より実施されたが、そのほかの障害児の多くは戦前から引き続き就学猶予・免除の扱いを受けていた。

特殊教育の制度的保障は漸進的だった。文部省は一九五三年に「特殊学級設置年次計画」を、さらに六〇年には「養護学校未設置県解消五ヶ年計画」を立てる。一九七三年には六年後の七九年度から養護学校義務制を実施することを予告した。

漸進的な障害児教育の制度的保障は、社会全般で人権意識が覚醒する一九六〇年代にあって教育を受ける権利のいっそうの充実という側面を持っていた。同時に、障害学を研究する堀正嗣によれば、高度経済成長下における慢性的な労働力不足の下で障害者を簡易作業が可能な労働者へと教育しようとする意図も働いていた（『障害児教育のパラダイム転換』）。

たとえば富山県教育委員会は、「特殊学級指導方針」で次のように述べている。

科学文明が進歩して機械構造の改革によりオートメ化した工場設備、そして高度な分業が盛んになり、ベルトコンベアーの一部の責任を負うような現代のメカニズムの中に生きる人間として考えられることは、単純な作業であっても、そこに自己の存在、位置を自覚できるような、しかも彼らなりの人生観を持った人間として作業に従事するという積極性が要求され、考慮されなければならない。――このような素地づくりが特殊学級・学校に課せられた使命であり、それをになっていくのが職業教育であり、社会の要請に応える道である。(『講座 発達保障への道3(発達をめぐる二つの道)』より再引)

要するに、「オートメ化」により過度に労働が単調化した工場で、生きがいを捨てず、単純労働に従事し続ける労働者を育てるのが、特殊学級・学校の「使命」だった。

高度経済成長下、一九七〇年代初頭には世界の産業ロボットの七〇%が日本にあったとされる。高度に機械化され工場労働が単純化し、若年層の離職が深刻化した。そのようななかで、単純労働の供給源として障害児教育が期待されていくのだ。

障害児の学校教育への包摂と排除

養護学校義務化を決定する以前の一九七〇年に全国一九九校だった養護学校は七七年には三九九校へとほぼ倍増する。さらに小中学校に設置された特殊学級数も一九七〇年には全国約一万五〇〇〇学級から七七年には二万一〇〇〇学級へと増加した。

臨床心理学者の篠原睦治によれば、一九六〇年代後半以降の「障害」の「重い」子どもたちの教育権獲得運動は、すべての「障害児」の学籍保障（不就学児ゼロ！）を実現しようとするあまり、「能力・特性に応じた教育」を前面に押し出す「就学指導」を正当化する。訪問学級・精神薄弱中度特殊学級・軽度特殊学級・情緒障害学級・普通学級という「能力主義的階層化、そして、それに対応する『判定』の強化・充実」が一九七〇年代にかけて進行していった（『地域の学校へ』運動と専門家の立場」『戦後特殊教育―その構造と論理の批判』）。

特殊教育の充実は、「就学保障」の進展という正の側面を持つ一方で、普通学級に就学していた障害児たちが養護学校への通学を事実上強制され、さらに障害児教育を媒介として、普通学校のなかでも排除のシステムが作られていくことでもあった。

その点について障害児教育の教師をしていた近藤原理は、各地の特殊教育推進地区を視察した経験から次のように述べている。

精薄施設がふえ、なかにはかなりちえ遅れの軽い子までそこに入っているということもあって、学校には思ったほどちえ遅れはいないものである。また、特殊学級に入級させたがらない親がいることだ。そんなわけで、いきおい、単に勉強ができないだけという学業不振児を無理にすすめて入ることになる。そして、ここでも貧しい家庭の子どもが占める割合は、普通学級のそれより高い。貧しい生活と低文化環境で、勉強をできなくさせられている子どもは、さらに差別・選別の教育体制のなかで、追いうちをかけるように「できない子・おくれた子」へ仕立てあげられる。

（『シリーズ70年代日本教育の焦点2　障害児その差別からの解放』）

ここで近藤は、学校教育が貧困層の子どもに「障害」というレッテルを貼り、普通学級から排除していると警鐘を鳴らす。障害者教育を通じた社会的排除の正当化は、戦後教育史における一貫した隠れた大きなテーマである。すでに述べたように、一九六〇年代の学テの際にも、テストの成績を上げるために特殊学級を増やした県があった。

今日でも、特別支援学級が増え続ける背後には、学力テストの結果を自治体が競い合うなかで生じる、学校での排除の強化がある。勉強ができない子の多くが家庭的な環境に恵まれない子であることは、教育社会学の知見により広く知られるようになった。問題は、その勉強のできない子たちが「障害」として医療化されることにより、通常学級の教育から排除されていくことである。そこでは、家庭の不安定を生み出す社会の問題が看過されてしまっている（『発達障害支援の社会学』）。

一九七〇年代の問題に話を戻すならば、障害児の就学保障のための制度改革は、近藤の言葉を借りれば「差別・選別の教育体制」を補強する役割を果たすことにもなっていたのだ。

普通学校への就学闘争

就学時健診による「障害」の発見と特殊学級あるいは養護学校への就学指導という行政施策が強化されるなかで、「ごく普通の子として育てたい」という親たちは、一九七〇年代に入ると子どもを普通学級に就学させる運動を展開する。運動を支えたのは、一九七〇年代における日本臨床心理学会の学会改革だった。

一九七〇年前後から、臨床現場で「障害」の判定に携わる人たちは臨床心理学による「障害」の判定の正当性を反差別・反選別の立場から批判しはじめた。学会員として臨床の現場に携わっていた、医師の渡部淳や先に引用した篠原睦治は、それぞれが中心となって「教育を考える会（がっこの会）」や「子供問題研究会」といった障害児の親や障害児本人と教育について考える会を一九七〇年代初頭に東京で立ち上げている。

がっこの会は、「どの子も地域の学校へ」と呼びかけ、個別の就学運動を支援し、「就学時健診拒否」運動を展開した。また子供問題研究会は、「共生・共学」あるいは「共生・共育」という概念のなかで、すべての子ども、さらには教師が「共に生き共に学び合う」関係を理想として掲げ、学級のなかでは子どもたちが障害を超えて学び合い、さらに地域では子どもだけでなく親、さらには教師やボランティアの学び合い・育ち合いの関係を重視した運動を行った。

運動は、「義務化阻止」を掲げて全国で展開し、一九七六年には全国障害者解放連絡会議（全障連）が成立し、各都道府県に養護学校義務化阻止共闘会議が結成された。

一九七八年には滋賀県にある重度障害者施設止揚学園の子どもたちが養護学校への強制転校措置への反対を訴え「文部省まで東海道歩いて五〇〇キロ大行進」を行った。都道府県レベルでも関係者は「発達診断表」批判を展開し、「親の選択権」問題を中心に対行政交渉を行った。

一九七九年には全障連の全国キャラバン行動、文部省糾弾連続闘争を行い、映画「養護学校はあかんねん」を製作し、全国で上映運動が進められた(『戦後特殊教育　その構造と論理の批判』)。

3　広がる共生教育思想――能率重視への懐疑

能力の発達を目指す「教育の場」ではなく、「生活の場」へ

ここでは、篠原が組織した「子供問題研究会」が出版した『俺、「普通」に行きたい』の序文の一節を紹介しよう。

私たちは、まずは私たちの日常生活、そこでの意識をみつめなおすことから、「共に生き共に学び合う」関係を創り出そうとしました。「できない」子のおやはかしこくずぶとくなりながら、教師たちはだきかかえて一緒に生きようとしながら、心理臨床家たち

はだきかかえず地域の学校、幼稚園などにつき出してそこで考えようとしながら、「共に生き共に学び合う」場を創り出そうとしています。学生たちはこれらの姿勢に共鳴しそれらを支えようとして、たとえば家庭や地域でおやと語りながら子どもたちと学び遊ぶ関係を創り出そうとしてきました。ですから、「くろうと」に「指導・助言」を求めてしまう姿勢から、「くろうと」も巻き込んで、「しろうと」同士で一緒に考え合い生き合う関係を志向してきました。

あらためて考えてみると、一九七〇年代は、後の章で見るように、日本の産業構造の再編により学校教育が能力主義的な編成を強めていく時期だった。労働者も子どもも、「能力」の差異を媒介として個々人が分断され、個別的な管理の対象に置かれていこうとする時代に、篠原らは新たな学校像、教師像を模索していた。

第一に、学校を能力の発達を目指す「教育の場」から、ともに育ち合う、ともに生きる「生活の場」としてあらためて置き直すことである。

そもそも人間は、地域でさまざまな人との関わりあいのなかで生きている。「みんな一緒に地域の学校へ」「みんなと一緒の教室で」「どの子も地域の学校へ」という形で地域の普通学校・普通学級で多様性から学び合うことを理想とした。その際、子どもの成長する場としては「能力」を発達させる授業よりも、子どもたち同士の多様な交流が自然に実現する登下校や休み時間の「共育」の意義を強調した。そこでは、障害児がいじめの対象となることも含めて、子どもたちの「自治能力」のなかで学び合い育ち合うことの肯定的な意味を追求していた（『サツキからの伝言』）。

第二に、共に育ち合い学び合う関係の実現は、「『しろうと同士』（とくに子ども同士）の『共育』にこそ賭《か》けなくてはならない」と篠原が述べたように、教師という専門家像への批判を前提としていた。

一九七〇年代は、教育学・心理学・医学がいっそう発展するなかで人々が教育依存・心理学依存・医療依存を強めていく時代だった。

そのようななか、教育学の発達研究批判、心理学の知能研究批判、医学の精神医学批判を通して、「子ども同士の、そして、おとなと子どもとの、『一緒に生き合い、支え合い、そしてそれ故にお互いの都合を出し合い、迷惑をかけ合う』生活を創造しようとする」営み、「教育＝共育」として学校教育を読み替えた（『「障害児」観再考』）。

教師は、教科内容に関する知識や教授技法について理解を深め、効果的な教授を行うことよりも、まずは目の前で起きている子どもたちの「事実」を見取る目を養うことが重要だと問題提起した。「できない」子が「できる」子と一緒に生きていくときに、子どもたちがさまざまに体験している「事実」そのものを、教師を含む大人がいかに理解し得るかということから出発しなくてはならない。つまり、大人の人間としての「質（思想性）」こそが問われなくてはならないと篠原らは考えた。

共生・共有の主張

「事実」を見取る「思想性」を強調することは、学校の現状に対する透徹《とうてつ》した批判に基づいていた。すなわち「障害の克服と改善」の結果としての社会的自立が理想とされる教育の現場で、ともすると友だちの「親切」は「おせっかい」と決めつけられ、自立の名の下にお互いの関係性を切断することが行われていた。

結果として障害児に「自主管理」を強い、「管理するおとなの側からいえば『管理されやすい』状態をつくることになる」。迷惑のかけ合い、もたれ合いを前提としたとき、教師に要求されるのは、まずそこで起きている事実に目を開くことだった。それは、学校に浸透している自立の思想に抵抗することである。だからこそ、事実を見取るための「思想性」が問われていると篠原らは考えた。

以上の共生・共育の主張は、単に障害児教育の改善の問題ではなく、学校教育自体の改善であり、社会の改善を要請する問題と認識されていた。

たとえば、東京都大田区で中学校教師として障害児の普通学級への就学運動に取り組んだ北村小夜は、著書『一緒がいいならなぜ分けた』のなかで、障害者が職場から排除されるのが障害ゆえに仕事ができないからではなく、次のような職場の問題に由来していた。

職場から排除されるのは、確かに〝仕事ができない〟からであるが、それが決定的になるのは、「遅れてもいいよ、一緒にがんばろうね」という同僚を隣にもちえないからである。〔中略〕共に生きることをめざすとき、私たちの課題は、障害者（障害者に限らない、いま職場にいる条件や能率の悪い仲間）とどううまくやっていけるかということであると思う。どこかに押しつけるのではなく、自分の隣に引き受けうるかということ、である。

職場自体が能率重視の場として構築されている。そのことが、障害者が排除される要因となっている。同じように、障害児が通常学級のなかで問題を抱える原因は障害にあるのではなく「問題は普通学級にある」のだ。

普通学校就学運動は、学校に対する構造的な変革を要求するものであり、同時に、学校を起点とした社会変革の運動でもあった。ここに学校教育を共生の場として定義し直そうとする、共生教育の思想の誕生を見ることができる（『障害児の共生教育運動』）。

共生教育思想の可能性

これまで何度も強調してきたように、戦後の学校教育は、子どもの人権を保障するための場として制度化されてきた。にもかかわらず、財界が考える産業構造の人材供給装置として制度化されるなかで、保護者も教師も、さらには子ども自身も進学競争へと駆り立てられ、そこにさまざまな排除や周縁化が生み出されることになった。

この章で取り上げた、学園闘争に端を発する学習権思想、障害児の普通学校就学運動に由来する共生教育思想は、あらためて子どもの人権に即して学校を再構造化する契機を提供しようとしていた。

学習権思想は、権利主体としての子どもを学校運営にどのように参画させるべきなのかという問題提起を含んでいた。共生教育思想は、学校を生活の場として再定義し、市民社会の基盤としてどう学校を変革すべきなのかを提起していた。さらに教師や臨床心理士、医師といった、学校に関わる専門家の専門性自体を問い直そうとしていたのだ。

ただし、このような主張に基づき学校を改革することが、歴史の流れとはならなかった。あらためてこのような主張に耳を傾けることが求められている。

第7章　ウンコまで管理する時代

一九七〇年代前半、日本社会は大きな構造転換の時期を迎えた。教育もまた、大きな転換を迫られていく。あらためてその転換に伴う歪《ひず》みが子どもの生活に重くのしかかっていくことになった。

1　減量経営と職場内「いじめ」

ドル危機と石油危機

一九七〇年代は、戦後日本社会の大きな転換点にあたる。まず、社会経済の変動について触れておこう。

この時期、日本経済は世界情勢の大きな影響を受けた。一九七一年に慢性的な国際収支の赤字に苦しんでいたアメリカが、金ドル交換の停止を突如発表した、いわゆる「ニクソン・ショック」である。これによって一ドル＝三六〇円の固定相場制は崩れ、変動相場制へ移行し、一九七三年二月一五日には一ドル＝二六四円と、一年半の間に一〇〇円近い円高となった。

一九七三年秋には第一次石油危機が勃発する。一九七三年一〇月、第四次中東戦争の勃発とともにアラブ産油国は原油公示価格の大幅値上げ、原油生産削減、非友好国への輸出禁止を実施したからだ。

日本もその影響を受けて、灯油・ガソリンなどの石油関連製品をはじめとして小売物価・卸売物価の高騰を招き、「狂乱物価」と呼ばれる事態となった。ドル危機と石油危機により日本は「戦後最大の不況」に直面する。一九七三年から七五年にかけて工業生産は二〇％近く減少し、七四年度には高度経済成長はじまって以来、初めて実質成長率が〇・二％とはいえマイナスを記録する。

雇用調整と職場再編

不況への対応は、輸出強化、公共投資の増大、企業の減量経営などがあるが、教育史の前提として重要なのは減量経営である。減量経営はヒト・モノ・カネのすべてに及んだが、特に雇用調整は大企業を中心に徹底された。

東証一部上場企業の雇用者数は一九七四年をピークに減少し、八〇年には減量規模が一〇・九％に達した。正規労働者のスリム化と非正規労働者の増加はこの時期にはじまる。派遣労働者・嘱託《しょくたく》・試用者・下請工・パート・アルバイト・出向などの占める割合が一九七〇年代後半以降急速に高まっていく。

このような雇用調整を後押ししたのがME（Micro Electronics）革命と呼ばれた、産業ロボットの導入だった。

電機労連の調査によれば、一九七八年度以降、ME機器を導入した職場の総従業員三七万人に対して五万人、一三％の従業員が職場を奪われた。コンピューター工場を取材した鎌田慧は、「高卒の若い女子労働者は一掃され、少数の大卒者と、パートのおばさん」が働いているとその印象を記録している（『ロボット社会の管理と支配』）。

ME革命は人々の労働を奪っただけでなく職場環境を一変させた。新たな産業機械の導入は配置転換を日常化させた。「配転症候群」ともいうべき体調不良を訴える労働者が多く現れた。

労働自体も高度の技能労働と単純作業に分かれ、作業も監視されて「労働者の職場における孤立化」が進んだ。また、産業ロボットの導入により、ロボットが担当する工程がブラックボックスと化し、労働は「マニュアル万能主義」に陥ることになった（『講座　現代と変革1』）。

単調な労働が増えるなかで、企業が労働者の「参加」を強調し、いわば労働者の生き甲斐《がい》を組織するようになった。職場レベルでは、ZD（欠品ゼロ、Zero Defect）やQC（品質管理、

Quality Control）運動を組織し、労働者の創意と意欲を喚起して生産性向上に主体的に取り組ませる運動が浸透していく。企業は、運動会をはじめさまざまな行事を主催し、家族や地域住民を動員した。労働における「参加」の拡大や余暇管理を通して、企業は労働者管理を強化していったのだ（『講座日本歴史12（現代2）』）。

労働者管理と「いじめ」

当時「教育荒廃」と呼ばれた子どもたちのさまざまな逸脱行動の背景要因には、企業による労働者管理強化があった。そのことを当時指摘した数少ない論者に、トヨタや日産などで日本的経営システムを取材したドキュメンタリー作家の青木慧がいる。

QCサークルなどの企業側が組織した小集団は、企業に服従しない労働者や労働組合の自主的な活動家、あるいは企業の求める分限に従わない者を、職場での「村八分」のような排撃方法で排除する道具として活用されてきた。〔中略〕「なかま」のみんなとちがう者をやりだまにあげる、子供の世界の集団的ないじめや集団リンチの論理と似ている。ちがうのは、民間大企業では、企業が管理下においた労働組合をも巻きこんで、企業に服従しない従業員を、企業と労働組合の組織をあげて計画的、系統的に集団リンチを加えていることだ。

その典型は、日本式労使関係の代表とされてきた日産自動車労使による、服従しない従業員にたいする集団リンチだ。〔中略〕そこには、いま問題の子供の世界でのいじめやリンチともケタちがいに残酷な、日本式経営のいきつくところを示している。

（『臨教審解体』）

これから見る教育の動きは、以上のような社会の出来事の、いわば合わせ鏡として進行する。

2　管理教育の進行——中教審答申「第三の教育改革」

「第三の教育改革」とは

経済情勢の変動のなかで、いかなる教育政策が立案されたのだろうか。文部省の常設の諮問機関として設置された中央教育審議会（中教審）の一九七一年の答申のなかにその答えを探ることができる。

一九七一年六月一一日、中教審は、「今後における学校教育の総合的な拡充整備のための基本施策について」を答申した。一九七〇年代の教育政策の基本路線は七一年のこの答申によって示されている。答申文では、この改革案が一八七二年の明治の学制改革、四五年の戦

森戸辰男中央教育審議会会長（左）から答申を受ける坂田道太文相（1971年6月11日）

後改革に続く「第三の教育改革」であると自負している。

その「第三の教育改革」は財界の意向が反映されたものでもあった。当時、若松築港（現若築建設）の社長で、日経連教育特別委員長だった有田《ありた》一寿《かずひさ》のコメントを新聞は次のように記録している。「おかげさまで。意見は九分通り反映されました」と「中教審の〝できばえ〟をわがことのように喜」び、「うちあけた話、公式、非公式に森戸《もりと》さん（辰男《たつお》氏、中教審会長）や平塚さん（益徳《ますのり》氏、同委員）に何度も会い、ずいぶんとものをいってきました」。さらに「文部省の事務当局をプッシュし〔中略〕自民党筋に働きかけた」（『朝日新聞』一九七一年六月一九日）。

一九七一年の中教審答申の内容は、第一に教育課程の多様化、学校体系の複線化、第二に学校内部の管理組織の整備強化、第三に生涯教育体制への対応など多岐にわたるが、ここでは第二の点に焦点を当ててみてみよう。

教員の管理——教頭の法制化、主任職の創設

この時期、教員管理の体制が徐々に整備された。

まず、教員管理について、一九七一年の中教審答申のポイントは二つあった。

一つは「校長の指導と責任」というリーダーシップを強調し、校長の下に職階型の教員組織を配置して「校内管理組織を確立すること」である。具体的には「教頭・教務主任・学年主任・教科主任・生徒指導主任などの管理上、指導上の職制を確立しなければならない」として、教頭職の法制化に加え、「主任制」の導入を提言した。

もう一つは、教師を専門職として規定し、専門職にふさわしい研修の内容と組織整備を提言した。具体的には新任教員は一年間の試験採用制度を設け、その間、研修を充実させること、さらには「教育改革のための研究推進措置」として教育センターなどを整備することだった。

一九七一年の中教審答申を受け、七四年に教頭職が教諭とは別の独立した職として法制化され、翌七五年には教務・学年主任などの主任職が創設された。これによって、たとえば教務主任を通して週案・指導案の提出命令が出されるなど、教員組織自体が職階化された。

次に、一九七四年の教員人材確保法により、教員の給与は一般公務員より優遇することを

定めた。施行以後の五年間で教員給与は二二・五%の大幅な引き上げが行われた。このような教員給与の優遇は、一九六六年のILO／ユネスコによる「教員の地位に関する勧告」を受けたうえでの優遇措置だった。

ただし、これは教職員の自律性を低下させる契機ともなった。

第一に、日教組もユネスコの勧告を根拠とし教育労働の専門性に依拠した賃金原則を支持する立場をとった。結果的に学校内部での教師と事務職員との給与格差が拡大し、職場内部で教師と事務職員が労働者として連帯することを難しくする場面を生んだ。

第二に、教師への研修義務が強化された。文部省や教育委員会による行政研修は一九七〇年代に急増する。さらに一九七八年中教審答申「教員の資質能力の向上について」では、研修の体系的な整備、校内研修の活性化と新任教員への長期研修などを提言した。教師は、行政が決めた研修を受けることが義務となり、研修によって望ましい仕事の進め方・考え方を具体的に規定されていくこととなった。

このような一連の教員への管理強化は、生徒への管理強化と一体のものであった。

厳格化する校則による規制

管理教育の問題が世間の関心を集めるようになったのは一九八〇年のことだった。『毎日新聞』が一月に千葉県八千代市の小学校で色と数字で何年何組の生徒かがすぐわかる「総背番号」を付けて子どもを管理している光景を報道したことが一つのきっかけだった。この報道は大きな反響を呼び、三月には国会で議員が「背番号で管理する教育は問題だ」と文部省を質《ただ》した。

管理教育は、校内暴力への対抗、あるいは予防として自然発生的に広まっていった。特に愛知県が管理教育の厳しさで有名だった。ルポライターの鎌田慧は、愛知県の教育を「トヨタ生産方式の教育現場への応用」と形容していた（『教育工場の子どもたち』）。『毎日新聞』記者の有賀幹人は、愛知県の管理教育の徹底ぶりを次のように描き出した。

まず髪型、服装、持ち物などを校則でコト細かに規制する。給食は、決めた時間内に、黙って、残さず食べるよう強制する。掃除も、分刻みのスケジュール表を作り、一糸の乱れもなくさせようとする。廊下の歩き方、登・下校の時間、方法にまで規則を作る。はては「朝、必ずウンコをするべきだ」ということで量、臭い、色、形の点検をする。「子どもの前でゴロ寝をするな」などと、親の生活態度にまで注文をつける。

（『教育の犯罪　愛知の管理教育』）

全国的に中学生の校則は、服装から生活態度、礼儀作法、授業態度、さらには学校外での生活にまで規制が及ぶことになった。それまでは私服が多かった中学生の制服化は一九七〇年代に全国で進行したが、校則による管理の一環だった。
教育学者の坂本秀夫によれば、全国の男子中学校で丸刈りは三分の一、三分の一が長髪規制三原則（髪は眉《まゆ》にかかるな、耳にかかるな、襟にかかるな）を掲げ、残り三分の一が自由あるいは非行スタイルの禁止だった。地域差も大きく、東京の中学生の丸刈りは二〜三％だったのに対して熊本では八五％に達していた（『「校則」の研究』）。

年生対象の内容)，1980年代半ば

月　日　曜日				天候	
生活点検（ねる前につけましょう。ねる時間は，よく朝）				記　録	
	A	B	C	仕事	
朝起き	7時半まで	8時まで	8時以後		
ねる時間	9時間以上	8時間以上	8時間以下	遊び	だれと，どこで，どんな遊びをしたか　（　時間　分）
歯みがき	朝ばん	朝だけ夜だけ	みがかなかった		
朝ごはん	きちんと食べた	不十分	食べなかった	勉強	
排便（うんこ）	朝した	した	していない		
仕事（手つだい）	20分以上	10分以上	していない	読書	読んだ本の名，感想など
遊び	外で元気よく	家の中	遊んでいない		
勉強	1時間以上	30分以上	AB以下	テレビ	
読書	30分以上	10分以上	読んでいない		
テレビ	1時間以内	1時間半以内	1時間半以上	社会のでき事	
今日の生活	点	A…2点，20点満点	B…1点		
今日の反省				親のらん	お父さん、お母さんからもひとこと

対象になった．「親のらん」には保護者の意見記入が求められた
か』(太郎次郎社エディタス，1985年)

日々の「うんこ」の点検

7-1　**生活点検表**（小学校3～4

1週間の生活のまとめ　　月　日　～　月　日								
	日	月	火	水	木	金	土	計
朝起き								
ねる時間								
歯みがき								
朝ごはん								
排便（うんこ）								
仕事（手つだい）								
遊び								
勉強								
読書								
テレビ								
計								
反省	生活・学習について気づいたこと，来週の計画など							
親のらん								
注意	＊毎週土曜日に，1週間の生活をまとめ，反省を来週の生活に生かしましょう。 ＊A，B，Cで記入します。満点は，140点です。							

註記：しばしば学校で作成され，ウンコも含め日常全般が管理の
出典：ひと編集委員会『登校拒否を超えるには/生活点検とはなに

も、全国で広く行われていた。背中が曲がっている、朝礼でパタンと倒れるなどの子どもの異変が新聞で特集され、一九六〇年代後半から、身体の歪《ゆが》みや生活の乱れが非行や学力低下の原因になるとして、各学校・各クラスで点検表をつくり、親や子に記入させて毎日採点し、満点を目指させる運動として全国に広まった。生活リズム運動、生活点検運動、ウンコ教育、排便教育など多様な言い方がある（『登校拒否を超えるには／生活点検とはなにか』）。

小児科医の毛利子来《もうりたねき》は、この生活点検について「個人の生活を立て直すことで、政治的・社会的な矛盾を解決できるかのような幻想をばらまいている」、「教師がリーダーシップをにぎり、学校、文部行政、そして、教師自身に対する批判を欠いたまま、子どもと親に同調を強いている」、さらには「プライバシーの侵害」、「非合理性の強要」として、一種のファシズムと批判した（前掲書）。

体罰による死亡事故

校則による管理と教師による体罰とは、いわばセットだった。さまざまな禁止事項を校則として規定し、その違反者に対して、教師は体罰を加え、子どもに反省を求めたからだ。

当時、中学・高校生の九九％は何らかの体罰を経験し、殴打された経験のある者は高校生の八〇％、中学生の四四％という調査報告もあった（『教師の懲戒と体罰』）。体罰は時に行き過ぎを生み、死亡事件まで起きていた。

一九八六年には石川県小松市芦城中学で遅刻・忘れ物が理由で教師が平手で顔を殴るなどの暴力を振るい、川崎市桜本小学校で障害児学級の子どもが習字の授業中に言うことをきかなかったことに腹を立てた教師が子どもの頭部を殴打し、それぞれ死亡している。一九八七年にも愛知県西春日井郡（現北名古屋市）師勝南小学校で心臓手術を受けたことのある子どもを宿題忘れで教師が「罰マラソン」を命じ、愛知県知多市東部中学校では教師が子どもを部活中に殴打し、それぞれ子どもを死亡させた（『子どもの人権と学校』）。

　体罰と一体化した管理主義教育の進行について、教育学者の城丸章夫は「戦時下教育の復活」と批判した。「旧軍隊風の体罰（侮辱・しごきを含む）」、「戦時中のやり方であった朝礼時の日の丸掲揚儀式や下校時の降納儀式」、「戦時中の勤労奉仕隊型の作業地点に向っての集団行進と集団作業」、「戦時中の軍国主義的・皇国主義的思想・道徳を意図的・積極的に教え込もうとしている学校・教師」などについてである（『管理主義教育』）。

　そもそも学校教育は、学校・教師と生徒との間には特別な権力支配関係があり、教師は法律によらず規則をつくり命令を出すことができる。その規則・命令に生徒は特別な場合を除き裁判所に訴えることができないという考え方がある。これは「特別権力関係論」と呼ばれ、当時の教育法学では異論がありつつも有力な学説であった。

　加えて学校現場には、生命尊重や児童中心主義などの人権思想の行き過ぎが校内暴力の原因と思い込む者も少なくなく、管理教育への自制的な取り組みは弱かった。

3　校内暴力・いじめの続発

格差拡大時代への突入、子どもたちの言葉なき抵抗

一九七五年以降、教育の競争主義について「閉じられた競争」と形容したのは教育社会学

者の久冨善之だった。久冨は著書『競争の教育』で、戦後教育について高校進学・大学進学が一部にとどまった一九五九年までの「抑制された競争」、六〇年以降の高度経済成長期に進学率が急上昇する「開かれた競争」に対置し、七五年以降を「閉じられた競争」期と定義していた。

明治期に小学校への就学率が一〇〇％に近づいたのとは異なり、高等学校進学率については、一九七五年以降、各都道府県ともに九五％を上限として一五年間推移し、あえて進学希望者全員が高校に進学できないよう定員上限を抑制し続けた。大学進学率についても、一九七五年以降、三〇％台後半に抑えられた。久冨は、地域間格差・企業規模間格差・職種間格差・学歴間格差など国民生活上の各種の格差が高度経済成長下では縮小していたが、一九七〇年代半ば以降、これらがいずれも「反転して格差拡大に向かっている」と述べている。

教育における管理主義の進行と競争主義の閉塞化は、「教育荒廃」と呼ばれる現象を生み出す背景要因となった。一九七〇年代から八〇年代にかけて、特に七〇年代後半以降、「教育荒廃」という言葉とともに、学校現場の行き詰まりがさまざまな形でメディアによって取り上げられる。一九七〇年代半ばには子どもの自殺・非行・家庭内暴力・校内暴力が社会問題化し、さらに八〇年には「校内暴力」、八五年には「いじめ」が連日のようにメディアを賑わせて流行語になった。

以下では、子どもたちの自殺や非行、校内暴力がどのように社会問題化していったのかを概観しよう。

自　殺

一九七〇年代後半には、小学生や中学生が突然自殺する事件が頻発し、大人たちを驚かせた。

そもそも、二〇世紀初めの一九一〇年代から七〇年代頃まで、子どもの自殺は勉学・受験が主な原因とされていた。それに対して一九七〇年代半ばからメディアに取り上げられた自殺は、原因が大人たちの多くにとって了解不能だった。

たとえば、一九七九年一月一九日、東京都足立区の中学校二年生の男子が「話し相手といったらハムスターぐらい。話し合える友だちがほんとうに、ほしかった」と遺書を残して自殺する。二一日には青森県で小学校六年生の男子がカッコいいスキーグッズを買ってもらえないことを悲観し自殺した。

警視庁は当時、「最近、目立っているのは、いわゆる『いい子』の自殺」と分析していた。一九七八年に東京都内で自殺した子どものうち両親が健在だったのは八六％にのぼる。『サンケイ新聞』社会部記者の斎藤富夫は、「原因をみると、ごくささいなことで自殺しているのが目立つ。わずかな叱責《しっせき》、あるいはちょっとした挫折、失敗で簡単に死を考えるのが大きな特徴だ」と戸惑いがちに取材の感想を記している（『なぜ死を急ぐ　遺書をかく子どもたち』）。

この時期、子どもたちはうまく言語化できないものによって追いつめられはじめていた。

教師への暴力

第5章で一九六〇年代の教師への暴力について言及したが、それが「校内暴力」という言葉で呼ばれ、より深刻化するのが一九八〇年代だった。

校内暴力には、教師への暴力だけでなく、器物破壊暴力、生徒間暴力の三つがある。一九八〇年前後に激しく起きたのは管理教育への反発を背景とした教師への暴力だった。

まず校内での喫煙、シンナー吸引、教師への反抗、万引きといった少年非行が一九七九年頃から急増し、それが次第にエスカレートして教師への暴力事件が増えていく。警察庁の調べでは、一九七六年には一六一件だった教師への暴力事件は、八三年には九二九件で五・八倍増となった。内訳は中学生が九一四件とほとんどを占めている（『校内暴力を中心とする少年非行克服への提言』）。

その暴力は時に苛烈《かれつ》を極めた。教師に消化器の粉末をかける、掃除用のモップで殴る、足で蹴るなどは普通に見られた暴力で、教師の給食に下剤を入れる、自動車にダイナマイトを仕掛ける、女教師の髪にライターで火をつける、抱きついてわいせつな行為をする、といった事件も起きている（『校内暴力』）。また、東京都町田市の忠生中学校では一九八三年二月に教師が暴力を振るう男子生徒に耐えきれず、ナイフで生徒を刺す事件も起きた。

警察への届け出の範囲では、教師への暴力に加わった生徒の数は全中学生の〇・〇三％に過ぎなかったが、当時、教師を殴りたいという気持ちを持ったことのある生徒は決して少なくなかった。一九八〇年に『毎日新聞』記者が北海道・東京・大阪などの五つの中学校で行ったアンケート調査では、「先生をなぐりたい」と答えた生徒が三九％、男子生徒に限れば四六％にのぼった。取材した記者は「校内暴力シンパ層は厚い」と記し、その背景に教師への反感があると書き留めている。

猛威を振るう校内暴力　ガラスを割るなど半年で1500万円の被害が出た東京都葛飾区新小岩中学校，1981年12月10日．この年の校内暴力事件は2085件．前年より527件も増加．生徒の粗暴化と教師への暴力が目立った

生徒たちが殴りたいと思ったのは、「先生という立場を利用して、偉そうに好き勝手なことを言う」「ひいきをしたり、何もしていないのに疑う」「人をばかにしたり、わけも聞かずに怒る」「細かな校則についてごちゃごちゃと言う」「意味もなくなぐる」「ぼくたちが何かやろうとすると、つぶしにかかる」といったときだった（『校

内暴力・登校拒否』)。

当時教師への暴力を取材した記者の多くは、暴力の背景に、教師による体罰があることを記録している。たとえば、フリージャーナリストの生江有二は教師への暴力の元加害者一二人を取材し、一九八一年にルポルタージュを発表している。そのなかで生江は次のように言う。

インタビューした限りでは教師は猛烈に〝ブッ飛ばし〟ている。まず、教師が生徒を恐れて手を出さない、などということはまったくない。むしろツッパリ少年たちは必要以上に殴られる不可解さを誰もが訴えていた。
彼らに誇張があるとはいえ、この部分の話は信用できる。彼らの多くはケンカが信条なため、一発や二発殴られても驚きはしないのだ。殴られ慣れている少年たちにとって、教師からの殴打《おうだ》もそれほど恐いものではない。それでもあきれるほどに殴られてきたと語っている。
(『おれたちは先生を殴った』)

他方で、生徒たちのターゲットになったのは主に二〇代の教師だった。生江によれば彼ら教師は「受験戦争の中をまっしぐらに突き進み、校内でも高位の学習能力を持ち、試験に次ぐ試験を突破、難関の教職への道を乗り越えてきた、いわば「エリート」であり、「エリート教師対ツッパリ生徒」という構図が「校内暴力の大きな要因」ではないかと推測する。生江は言う。

エリート教師にとってツッパリ生徒は〝無視〟するか〝馬鹿扱い〟するか、あるいは同じ土俵に登って〝テメエらにナメられてたまるか〟という、まさに少年たちの格好の罠《わな》にはまるかのどちらかに陥ることが、取材した限りでは非常に多かった。

ただし、生徒たちが直接に憎悪の対象とした教師の背後には、当時の教育体制があった。老練な塾経営者が生江に語った、「彼らは教師を殴ることで、現在の公教育体制に火炎ビンを投げているのです」という言葉は傾聴に値する（『おれたちは先生を殴った』）。

深刻化するいじめ

先述したように、一九八〇年の流行語は「校内暴力」で、八五年の流行語は「いじめ」だった。

管理教育がより厳しくなり、教師への抵抗が困難になると、次第に弱者に攻撃の対象が向かっていく。一九八三年横浜浮浪者襲撃事件（浮浪者いじめ）、同年東京都町田市忠生中事件（教師いじめ）、八六年の鹿川君「いじめ自殺」事件などの発生が世間に注目されるなかで、

鹿川君いじめ　葬式ごっこ色紙
「もみ消し、校長と相談」
担任(当時)法廷で明かす
「報道されれば大変」
鹿川君へ
さようなら
湯煙つい
14
多発するいじめ事件　もっとも衝撃を与えた中野富士見中学いじめ自殺事件（1986年２月１日）．法廷で明らかになったのは教師も含めて行われた「葬式ごっこ」だった（『朝日新聞』1988年２月４日）

教育問題の焦点は「校内暴力」から「いじめ」へと次第に移っていく。

一九八五年には、いじめを苦にした小中学生の自殺が一二人にのぼる。

一九八五年六月には、中曽根康弘首相の下で教育改革を検討していた臨時教育審議会が「緊急提言 いじめの問題の解決のためのアピール」を出した。また文部省は初めて全国の公立小中高約四万校すべてを対象に「いじめ総点検」実態調査を行った。それによれば、一九八五年四月から一〇月の間に全体の五五％にあたる学校で、合計一五万件のいじめがあったことが判明した。

森田洋司・清永賢二共著『いじめ――教室の病い』によれば、一九八〇年代から深刻化するいじめは、いじめっ子、いじめられっ子のほかに、いじめを囃《はや》し立てて面白がる子ども（観衆）、見てみぬ振りをしている子ども（傍観者）という四層構造から成り立つ。

一九八〇年代でもっとも世間に衝撃を与えたいじめ事件は、先に少し触れた八六年の中野富士見中学校二年生の鹿川裕史さんの自殺だった。

「このままじゃ『生きジゴク』になっちゃうよ」と遺書を残して盛岡駅の公衆トイレで自殺した鹿川さんは、その後の調べで「葬式ごっこ」といういじめに遭っていたことがわかっている。

葬式ごっことは、鹿川くんを死んだことにし「追悼」の寄せ書きをした色紙を教室の机に置き、花や線香を供えるものだった。色紙には四人の教師の署名まであった。『朝日新聞』記者豊田充は事件八年後に当事者を取材し、「いじめを下手に止めに入ったら、次に自分がやられる。汚ねえようだが、生きる知恵だわ」と回想した卒業生がいたと述べている。その卒業生は、生徒から「なめられている先生をねらって」署名を強要したこと、そのような教師は日常的に校内暴力の対象になっていたこと、そして「なめられたら、つけこまれるのは、先生だって同じだ」と豊田に証言した（『「葬式ごっこ」八年後の証言』）。

いじめの「傍観者」には教師も含まれ、いじめの対象に誰がなるかわからない緊張感は、「学級という共同生活の場の解体と公共性の喪失の象徴」だと、森田洋司は述べている。

抑圧の委譲

学校は社会の鏡である。高度成長後の低成長時代に、減量経営といっそうの機械化が進展し、そのなかで労働者の労務管理が強化され、職場内いじめが横行した。その時期に、学校では、まず教師への管理が強化された。

自ら管理され、人権感覚を麻痺《まひ》させられた教師たちが、管理教育の主体として、子どもの日常を徹底して管理し、小さな違反を犯した子どもたちへの体罰を常態化した。

子どもたちの自殺・校内暴力・いじめは、そのようななかでの異議申し立てだったといえるだろう。

教師への管理施策の強化を前提とし、子どもたちへの管理を強化する手法は、二〇〇〇年代以降の教育改革で登場している。

第8章　政治主導の教育――新自由主義改革への道

二〇世紀末から二一世紀にかけての教育改革は、しばしば「新自由主義改革」として特徴づけられる。

教育学者の山本由美によれば、教育における新自由主義の特徴は、以下の三点である。①国家が決定した目標の達成率向上を目的とした自治体・学校間の競争を国家が組織すること、②グローバル経済が求める人材育成のための複線型学校システムを構築すること、③教育における新しい民間市場を創設すること、である。この定義による新自由主義教育の本格的展開は日本では一九九五年以降だった（『教育改革はアメリカの失敗を追いかける』）。ただし一九八四年から九五年にかけては、その移行期間としてさまざまな改革が準備されていた。

この章では、一九八〇年代から九〇年代前半に、どのような方向性の改革が準備されようとしていたのかをみていく。

新たな教育改革は、まず中曽根康弘首相が設置した首相直属の諮問機関である臨時教育審議会の創設によって幕を開ける。一九八五年から八七年にかけて出された臨時教育審議会の答申はすぐには実現されなかったものも多いが、その後の教育改革の基本的路線を準備することになる。

1　臨時教育審議会の提起

戦後政治の総決算と臨教審

一九八二年一一月、首班指名を受けた中曽根康弘は、「戦後政治の総決算」を謳い、二つの目標を掲げていた。一つは緊密な日米関係の維持を中心とする自由主義世界の一員としての責任を果たすこと、もう一つは「逞《たくま》しい文化と福祉の国」を実現するための行政改革と教育改革の展開だった。

「戦後政治の総決算」がいかに展開されたのか。中曽根は「国際国家日本」の責任として、農産物自由化などの市場開放と、防衛分担増、ODA（政府開発援助）拡大などを進めていった。特に防衛費のGNP（国民総生産）枠一％の突破は、軽武装のもとに経済成長を目指す路線の転換を意味した。また、すでに鈴木善幸前首相の下で、行・財政の合理化が目指されていたが、中曽根は民間の活力を導入し、国鉄の分割・民営化、電電公社・専売公社の民営化を推進していく。この行革の流れのなかで臨時教育審議会が設置されたのである。

戦後、主要な教育政策を審議検討する機関として、文部省の下に中央教育審議会が設置さ

8－1　臨時教育審議会メンバー，発足時

会長／岡本道雄（科学技術会議議員）．会長代理／石川忠雄（日本私立大学連盟会長，慶應義塾長），中山素平（元興銀会長，国連大学理事長）

	審議事項	部会長	委員
第１部会	21世紀を展望した教育の在り方	天谷直弘（国際経済交流財団会長）	内田健三（法政大学教授）・金杉秀信（全日本労働総同盟顧問）・香山健一（学習院大学教授）・中内㓛（ダイエー代表取締役会長兼社長）・水上忠（東京都教育委員会教育長）
第２部会	社会の教育的諸機能の活性化	石井威望（東京大学教授）	木村治美（千葉工業大学教授）・齊藤斗志二（日本青年会議所会頭・大昭和製紙顧問）・堂垣内尚弘（北海学園大学教授）・三浦知寿子（曽野綾子、作家）・宮田義二（日本鉄鋼産業労働組合最高顧問）
第３部会	初等中等教育の改革	有田一寿（社会教育団体振興協議会副会長・西日本工業学園理事長）	岡野俊一郎（日本オリンピック委員会総務主事）・小林登（国立小児病院小児医療研究センター長）・齋藤正（国立劇場会長）・溜昭代（千葉市立園生小学校教諭）・戸張敦雄（新宿区戸山中学校長）
第４部会	高等教育の改革	飯島宗一（名古屋大学学長）	須之部量三（杏林大学教授）・瀬島龍三（伊藤忠商事相談役）・細見卓（海外経済協力基金総裁）

出典：『文部時報』（1299号，1985年７月）を基に筆者作成

れていた。それに対して臨時教育審議会（以下、臨教審）は一九八四年、首相直属の機関として設置された。首相直属の教育諮問機関の設置は、日中戦争が勃発した一九三七年に設置された「教育審議会」以来のことだった。「戦後政治の総決算としての教育改革」「戦後教育の見直し」が政治主導でスタートする。

臨教審会長は元京都大学学長の岡本道雄《おかもとみちお》で、四つの部会に分かれていた。

第一部会は「二一世紀を展望した教育の在り方」を担当し元通産官僚の天谷直弘《あまやなおひろ》が、第二部会は「社会の教育的諸機能の活性化」

臨時教育審議会の発足，1984年１月　政府主導の教育改革がはじまる．右から中曽根康弘首相，岡本道雄会長，森喜朗文相

を担当しシステム工学者で当時東京大学教授だった石井《いしい》威望《たけもち》が、第三部会は「初等中等教育の改革」を担当し福岡県教育委員の有田一寿が、第四部会は「高等教育の改革」を担当し名古屋大学学長の飯島宗一《いいじまそういち》が、それぞれ部会長を務めた。

中教審と比較して臨教審の委員には文化人・現場教師が少ないのが特徴だった（『読売新聞』一九八四年八月二一日）。

臨教審は一九八五年から八七年までに四回にわたる答申を出す。一九八七年第四次答申では、①個性重視の原則、②生涯学習体系への移行、③社会の変化への対応（国際社会への貢献、情報社会への対応）の三点を今後の教育改革の視点として提示した。興味深いのは、臨教審で公教育のスリム化、民営化の根拠が、「個性重視の原則」として掲げられた点だ。最終答申には次のような文章がある。

今次教育改革において最も重要なことは、これまでの我が国の根深い病弊である画一性、硬直性、閉鎖性を打破して、個人の尊厳、個人の尊重、自由・自律、自己責任の原則、すなわち「個性尊重の原則」を確立することである。この「個性尊重の原則」に照らし、教育の内容、方法、制度、政策など教育の全分野について抜本的に見直していかなければならない。

（臨教審最終答申）

「個人の尊重、自由・自立、自己責任」という「個性重視の原則」を実現するために、公教育の「画一性、硬直性、閉鎖性」を打ち破ること。ここに、新自由主義教育改革を行うための大義名分が準備された。前章でみたように、当時の学校教育は校内暴力・体罰・いじめ・登校拒否などが問題化しており、これらの大義は大衆に受け入れられやすかった。

政治主導の時代の特徴

臨教審の設置・答申は、日本の学校教育のなかで政治主導で改革が行われる時代の幕開けを意味した。その特徴を教育学者の藤田英典による指摘に沿って三点にわたって列挙しておきたい。

第一に、一九八〇年代以降の教育改革の基本構造がここにできあがった。臨教審（一九八四～八七年）のほか、教育改革国民会議（二〇〇〇～〇一年）、教育再生会議（二〇〇六～〇八年）、教育再生実行会議（二〇一三年〜）などが首相直属の機関として設置されて、新自由主義・成果主義などの教育改革が以後の章に見るように次々に提言されていった。それを引き継いだ文部省（二〇〇一年より文部科学省）は、提言を具体化する方策を、大学審議会、生涯学習審議会、教育職員養成審議会、中央教育審議会、教育課程審議会などに諮問し、実行に移していく。つまり官邸の下請的役割を担わされる。

第二に、教育の専門家や直接的な関係者よりも、首相・官邸の意向や人脈が重視された。藤田の言葉によれば「委員構成が偏り、専門性や良識を欠く傾向が強まった」。

臨教審に即して言えば、委員には、ダイエー会長中内㓛《なかうちいさお》やブリヂストンサイクル会長の石井公一郎《いしいこういちろう》などの財界人、新自由主義の立場をとる香山健一《こうやまけんいち》・公文俊平《くもんしゅんぺい》、保守の論客だった山本七平《やまもとしちへい》、渡部昇一《わたべしょういち》らの姿が見える。また、のちに「新しい歴史教科書をつくる会」の中心メンバーとなる明星大学の高橋史朗《たかはししろう》も委員に名を連ねていた。

第三に、第二のことと関連して改革案は「妥当性・適切性や有効性が疑問視される改革案、それまでの教育制度・システムや教育理念・教育実践との整合性を欠く改革案や、教育行政の一貫性・継続性・安定性の確保という要件を脅《おびや》かしかねない改革案、思想的に偏った観念や制度・実践様式」が盛り込まれた（『安倍「教育改革」はなぜ問題か』）。

財界の要請

政治主導の背後には財界の要請があった。臨教審の前後に財界は積極的な教育提言を行っている。もっとも熱心だったのは経済同友会である。「多様化への挑戦」（一九七九年）、「日本型成熟社会の構築を目指して」（八一年）、「行政改革：今後の文教政策に望む」（八二年）、「生涯教育の観点からみた企業内教育の新方向」（八三年）、「創造性、多様性、国際性を求めて：経営者からの教育改革提言」（八四年）などが次々と出された。また、松下幸之助の肝入りで作られた「世界を考える京都座会」も「学校活性化のための七つの提言」（以下、京都座会の七提言）を一九八四年に出している。

これらのなかで、もっとも影響を与えたのは京都座会の七提言だった。この提言では、学校設立の規制緩和による多様化、通学区域制限の大幅緩和による選択の自由の確保、教員免許制度の緩和、教育課程の能力別編成による弾力化、学制の複線化、偏差値偏重是正、個性重視のための学校の多様化、規範教育の徹底などを掲げている。公教育をスリム化し、規制緩和によって民間参入を促し、競争によって多様化と質の改善を図ろうとする点で、新自由主義改革の日本における嚆矢《こうし》といえるだろう。

臨教審は先にも述べたように、テーマごとに四つの部会に分かれていた。第一部会長の天谷直弘はこの京都座会のメンバーだった。他方で、臨教審第三部会は文部省の息のかかった委員が多数を占めたことから、自由化をめぐって第一部会と第三部会との間で論争が起きる異例の展開となった。第一部会の委員は、学校設立の自由化、通学区域の制限緩和など教育に自由競争を持ち込み、競争を通じて質の改善を図ろうとした。それに対して第三部会の委員の多くは教育制度の基本的な維持を前提とし、学校設立の自由などの自由化論は教育水準の維持向上を困難にし、公共性・継続性を損なう恐れがあると反対したのだ（『臨教審と教育改革』）。

臨教審閉会後の一九八八年には、経済同友会のなかに「教育委員会」という名称で教育の研究・提言のための組織が設置される。ほかにも、東京商工会議所「わが国企業に求められる人材と今後の教育のあり方」（一九九三年）、経団連「新しい高等教育のあり方についての提言」（九四年）などさまざまな経済団体による提言が続いた。

2　公教育のスリム化、個性重視、生涯学習

教育のなかの規制緩和

一九八七年に臨教審の第四次答申を受けて、文部大臣を本部長とする「文部省教育改革実施本部」が設置された。中心的な施策は、高校教育の多様化・複線化だった。一九八八年に文部省は単位制高校を認可し、九一年中教審答申で総合学科の設置に道を開いた。また一九九四年には公立校として全国で初の中高一貫教育の全寮制学校が開校する。

ただし、この時期は高校の多様化などを一部進めたにとどまり、臨教審の答申による提言

事項ははほとんど実現しなかった。先に少し触れたが一九八〇年代から九〇年代にかけては、以下で述べるが新自由主義改革に向けてのいわば準備が整えられたというほうがふさわしいだろう。それは具体的には公教育のスリム化、個性重視、生涯学習という三つの柱のもとに進められていく。それぞれ具体的にみていこう。

ゆとり教育へ

第一に、公教育の枠組み自体の変更が提起される。いわゆる公教育のスリム化、教育の民営化への道が開かれた。

公教育のスリム化は通称「ゆとり教育」と呼ばれ、一九七八年度学習指導要領改訂からはじまっている。一九六八年の指導要領改訂が能力主義の強化によって多くの落ちこぼれを出したことへの批判を受け、七八年学習指導要領は、授業時数と学習内容を削減し、教科指導を行わない「ゆとりの時間」を設置していた。時数と内容の削減は一九八九年改訂、九八年改訂でも継続された。

また、一九九五年には小中高等学校で毎月第二および第四土曜日を休業日として月二回の学校週五日制が実施されたことは、私立学校との間に授業の差を生み出すこととなった。

このような公教育のスリム化によって塾のプレゼンスがいっそう大きくなり、事実上の民営化が進んだ。そもそも戦後、文部省は学習塾の存在を好ましくないものとして、子どもを通塾させないように指示するさまざまな通達を教育委員会を通して学校に出してきた。

しかし一九八〇年代末になると、文部省は、たとえば教育改革実施本部の中間まとめとして、「民間教育・文化・スポーツ事業との連携の在り方」のなかで学習塾の正当性を記すことになった。また、学習塾は小学校や中学校の授業時間減少により学力が低下するという親の不安を煽ることで、通塾率を上昇させた。

教育学者の村山士郎が二〇〇〇年にまとめたデータによると、一九八七年の中学三年生の通塾率は四四％だったが、九四年には五五％、九七年には六四％まで上昇している。一九九〇年代初頭のバブル崩壊によって日本は長期の不況に突入したにもかかわらず、中学校三年生の通塾率だけは上昇を続けた（『激変する日本の子ども』）。

一九九五年に経済同友会は、より大胆な教育民営化構想を打ち出して話題を呼んだ。経済同友会は、自己表現・他者尊重・社会貢献ができる「新しい個の育成」のためには学校教育で選択の幅を広げる必要があるとし、「基礎・基本教室」「自由教室」「体験教室」の三つの要素によって構成する「合校」として学校教育を構想し直すことを提言した。

このうち公教育が担うのは「基礎・基本教室」のみであり、そこでは読み書き計算などの「基礎・基本」と、日本人としてのアイデンティティを育む道徳や歴史の教育を行うとした。「自由教室」は芸術・人文・自然科学を教育する場として構想されている。ここは基本的に民間業者の参入により、生徒は多様な選択肢から自らの希望に合致したものを選ぶことが可能となる。「体験教室」は、「自然や他人とぶつかる場」として地域住民のボランティアが運営する構想だった。

経済同友会の合校論は実現されることはなかったものの、その後の民営化路線に一定のイメージを提供することになる。

「個性」重視の生徒指導

新自由主義改革に向けた準備の第二は、教育改革のキーワードとして「個性」「自己教育力」が用いられるようになったことである。

一九八七年に出された臨教審第四次答申でも使われた「個性重視の原則」は、まずは生徒指導方式の変更として実現された。一九八〇年代前半は、校内暴力のピークであり、教師による体罰が横行していた。この時期、牧柾名・今橋盛勝編『教師の懲戒と体罰』（一九八二年）、池上正道『体罰・対教師暴力』（八三年）、村上義雄他編『体罰と子どもの人権』（八六年）など、教師の体罰を問題視する本が次々と出版された。

そもそも体罰は学校教育法第一一条で禁止されている。文部省初等中等局は一九八五年に「児童生徒の指導に当たっては、教師は児童生徒の生活実態のきめ細かい把握に基づき、児童生徒との間の信頼関係の上に立って指導を行うことが必要であり、いやしくも、禁止されている体罰が行われることのないよう配慮すること」という通達をあらためて出していた。

しかし見直しは進まなかった。一九九〇年には兵庫県立神戸高塚高校で、わずか数秒遅刻した女子高校生が校門指導をしていた教師の閉めた門扉《もんぴ》に挟まれて圧死する事件が起きた。同年に福岡市立壱岐中学校では、恐喝事件を起こした生徒二人を男性教師七人が海岸に連れ出し砂山に「生き埋め」にする体罰事件も起きていた。

これらの事件によって、校則や体罰のあり方への批判的世論があらためて高まる。保利耕輔《ほりこうすけ》文部大臣が都道府県教育長に生徒指導や校則の再点検を指示した（『朝日新聞』一九九〇年九月一八日）。

文部省は一九九一年に全国調査を行った結果、中高校の七割が「ほとんどが規制の緩和を内容」として校則を見直していることを確認している。調査を委託された全日本中学校長会と全国高校長協会は、「思い切った見直しが必要」「生徒が主体的に考えるような指導が大切」との提言を発表した（『朝日新聞』一九九一年四月一二日）。

カウンセリング・マインド

新たな生徒指導手法として、一九九〇年代に学校に導入されたのがカウンセリングだった。すでに臨教審でもカウンセラーの重要性が語られており、一九八八年には日本臨床心理士資格認定協会が設立され、カウンセラーの有資格者制度が整備された。

一九九四年に愛知県で中学生の大河内清輝さんがいじめで自殺する事件が起きた。文部省はこれをきっかけに「いじめ」対策として翌一九九五年度からスクールカウンセラーの派遣を予算化し、以後五年間で全公立中学校に非常勤でスクールカウンセラーを配置する。学校現場では「カウンセリング・マインド」が重視される。強権的な生徒指導ではなく、子どもの個性を重視し共感的な理解を重視することで、生徒に望ましい行動を自らとらせようとする生徒指導方式が推奨されていく。

従来の生徒指導は、校則や体罰によって教師の監視を常に意識させることで統制しようとする規律訓練型権力だった。それがこの時期以降、社会が望ましいとする行動を子どもたち自らがとるよう、環境自体を構築する環境管理型権力が次第に優勢になっていく（『環境管理社会の子どもたち』）。

生涯学習時代へ

新自由主義改革に向けての第三は、生涯学習体系の下に学校教育が位置づけられた点だ。生涯学習という概念は、そもそもフランスの教育思想家でユネスコの成人教育長を務めたポール・ラングランが一九六五年に提唱した「生涯教育」に端を発している。「生涯教育」という用語によって、学校期のみならず、成人してからも社会や職場で継続して教育を受け、生涯を通じて成長し続けることの重要性を強調したものである。

文部省では、一九八一年に中央教育審議会が「生涯教育について」を答申し、八四年から八七年の臨教審答申では、学習者個人の自己責任や自由選択を強調し、「生涯教育」ではなく「生涯学習」という用語を新たに登場させ、「生涯学習への支援」による「生涯学習体系への移行」を提唱している。

生涯学習は、趣味や娯楽として何か新たなことを学び続けること、ボランティアとして地域社会などに貢献することなどに加え、一般企業の研修や大学での成人教育とも結びつき、多様化して普及していく。文部省は、一九八八年に従来の社会教育局を生涯学習局に、さらに二〇〇一年に生涯学習政策局に改組した。生涯学習政策局は、筆頭部局として学校教育・社会教育・文化振興の企画調整を担うことになった。

このような生涯学習は、すべての人に均等な教育の機会を提供すべきという理念を持つ。だが、現実には学習量の多い者、経済的に有利な者がますます多く学ぶ格差の拡大を生み出すのではないか、実用的な学びが優先されるあまり、社会の矛盾を検討する学習機会が少なくなるのではないかという危惧が早い時期から寄せられていた(たとえば『生涯発達と生涯学習』)。

社会教育から生涯学習への転換と関連し、学校教育では「開かれた学校」論が語られはじめた。臨教審は「開かれた学校と管理・運営の確立」を第三次答申(一九八七年)のなかで提起し、学校の管理・運営に地域や保護者の意向を取り入れ、個々の地域社会にふさわしい教育内容の工夫や地域人材の活用を提言した。

中央教育審議会も答申「二一世紀を展望した我が国の教育の在り方について」（一九九六年）のなかで、「家庭や地域社会とともに子供たちを育成する開かれた学校」をつくるために、「学校外の社会人の指導力を、学校教育の場に積極的に活用すること」「施設や企業等の機関との連携を積極的に図り、教育の場を広く考えて、教育活動を展開していくこと」などを提言した。

生涯にわたって人が学び続けること、そのなかに学校が位置づけられることは重要な論点だ。ユネスコの生涯教育部長だったエットーレ・ジェルピがいうように、そもそも生涯学習は抑圧された社会状態から人々が解放されるための自己決定学習を促進する可能性を持つ（『生涯学習』）。しかし、現実の政策展開のなかでは、学校外の社会人の指導力の活用やさまざまな施設や企業との連携を提言するなかで、教育への市場参入の基盤を準備することにもなったのである。

3　子どもの権利条約の可能性と否定

保護から権利の主体へ

学校教育が、新自由主義改革により徐々に市場として開放されていこうとする時代にあって、実はこの時期、学校を子どもの人権に即して改革する絶好の契機があった。

一九八九年一一月二〇日、国連は「子どもの権利条約」を採択した。国連には子どもの保護を規定した「児童の権利宣言」（一九五九年）があるが、子どもの権利条約では、子どもを保護の対象でなく権利の主体と見なし、表現・思想・宗教の自由、プライバシー、マスメディアへのアクセスなどの市民的権利（第一三～第一七条）などを保障し、子どもの参加を重視していた。特に注目すべきは、第一二条の意見表明権だった。「締約国は、自己の意見を形成する能力のある児童がその児童に影響を及ぼすすべての事項について自由に自己の意見を表明する権利を確保する」（日本政府訳）。

子どもの権利条約の日本での批准は、国内法の整備をどうするかが懸案事項だった。『読売新聞』は一九九一年に九回にわたって「子どもの権利は今」と題して条約批准にあたって何が課題となるのかを連載している。それによれば問題は、たとえば少年法で国選弁護士の選任を義務づけていない点、相続で嫡出子と非嫡出子の間に差別がある点、国籍を持たない子どもの指紋押捺《おうなつ》問題などの学校外部の問題に加えて、障害児について本人の意思を尊重せず養護学校への就学を義務づけている点、中学などで内申書の開示を拒否してきた点、さらには持ち物検査、髪形規制や免許取得、アルバイトの禁止、ビラまきや集会禁止などのさまざまな校則など学校教育に関するものも多かった。

子どもの権利条約について、日本は一九九四年四月に批准し、五月に発効する。子どもの差別的処遇を改善し、子どもが権利主体として学校教育へ参加する権利を保障する絶好のチャンスとなり、そのような気運は学校現場でも高まっていた。

たとえば、神奈川県の小学校教師名取弘文は、一九九一年に三ヵ月かけて子どもの権利条約の子ども訳を子どもたちに作成させ、それを本として出版している（『こどものけんり「子どもの権利条約」こども語訳』）。

また、大阪の私立千代田高校では子どもの権利条約に触発されて、「クラス憲章」を作成している。その一部を抜粋してみよう。

第一条　一人ひとりが学校の主人公として大切にされ可能性を無限にのばす権利がある。／第六条　友だちや先生の意見を聞きメモをし、疑問に思ったことを発言する権利がある。／第一三条第一項　先生も生徒も、強い子も弱い子も大切にされ、いじめられたり、仲間はずれにされない平等の人間として扱われる権利がある。／第二五条　私たちは、学校や国・政府などのまちがっていることに対し、批判し、正しいものに直す権利がある。／第二六条　私たちは、すずしく、また、あたたかいきれいな場所で勉強し、教育設備等について学校に要求する権利がある。／第二七条　私たちは、わかる授業にしてほしいと先生に要求する権利がある。

（『子ども白書　1992年版』）

このような動きは校則の見直しを含め全国に広まりつつあった。

地方自治体レベルでも、子どもの権利条約に対応した動きがあった。

たとえば、一九九八年には兵庫県川西市が「子どもの人権オンブズパーソン条例」を策定、子どものいじめ・虐待などについて子どもが安心して相談でき、子どもの周囲の環境の改善を働きかけるオンブズパーソン制度を創設した。川西市のほか、神奈川県川崎市、東京都目黒区、愛知県豊田市、北海道札幌市などに同様の制度が作られた。さらに二〇〇〇年には川崎市が「子どもの権利に関する条例」を制定し、子どもの参加支援、居場所支援、救済制度などの整備に乗り出した。同様の条例は、岐阜県多治見市、目黒区、豊島区、豊田市、名古屋市、新潟県上越市、東京都日野市などでも策定された（『「逐条解説」子どもの権利条約』）。

文部次官通知――事実上の骨抜き

ただし、このような動きは全国的な学校教育の改善にはつながらなかった。文部省は子どもの権利条約が発効となる二日前、一九九四年五月二〇日に市町村教育委員会や公立私立学校に文部次官通知を出している。

そこでは、子どもの人権を配慮することの重要性にあらためて言及する一方で「本条約の発効により、教育関係について特に法令等の改正の必要はない」こと、さらに「校則は、児童生徒等が健全な学校生活を営みよりよく成長発達していくための一定のきまりであり、これは学校の責任と判断において決定されるべきものであること」「意見を表明する権利については、表明された児童の意見がその年齢や成熟の度合いによって相応に考慮されるべきという理念を一般的に定めたものであり、必ず反映されるということまでをも求めているものではないこと」を通知した。権利条約の事実上の骨抜きである。

結果として、子どもの権利条約は発効したが、先述したような施策は一部の地方自治体の取り組みにとどまり、学校教育は、子どもを権利主体と明確に位置づけて教育改善を図る絶好の機会を失ってしまった。

第9章　教師たちの苦悩――新自由主義改革の本格化

この章は、一九九〇年代後半から二〇〇〇年代初めにかけてを扱う。その前夜である一九八六年から九〇年代初頭にかけて、「バブル経済」と呼ばれる未曽有《みぞう》の好景気と資産価値の上昇があった。バブル経済崩壊以後、日本は一転して慢性的不況に苦しめられる時代に突入する。

この経済危機を背景に、新自由主義改革は教育や社会の各方面で進んでいく。さまざまな規制緩和が行われるなか、特に企業経営は、終身雇用・年功序列・企業別労働組合・和を重んじる決定などを特徴とする「日本型経営」システムが安定を失っていく時代でもある。

まずは、教育面でこの時代を象徴する学級崩壊を取り上げ、その背景となる社会変化について概説しよう。それを踏まえて、新自由主義的な教育改革がどのように本格化していったのかをみていきたい。ここで注目するのは教師たちである。教育改革はまず教師たちに大きな変化をもたらした。それはどのような変化だったのだろうか。

1　学級崩壊の頻発――イライラする子どもたち

無秩序の教室

大阪府北東部の住宅地にある市立小学校。ユウスケ先生（四六）が、荒れる六年のクラスを引き受けたのは一九九七年春だった。

男子の十人以上が教室を出たり入ったり。六月になると、女子の中にも無断で教室を飛び出し、トイレにこもってひそひそ話をする子が出てきた。ほかの先生たちに教室へ「追い込ん」でもらわないと授業が始まらない。

やっと始まっても、机の上にはノートも教科書も出ていない。暇つぶしに彫刻刀で穴を掘り、壁には落書き。教室の後ろではボールを投げ合っている。

ここに紹介したのは、一九九九年に刊行された朝日新聞社会部による『学級崩壊』の一節である。記者によれば「学級崩壊」という言葉を教育現場で聞くようになったのは、一九九七年のことだという。記者が学校で目にしたのが冒頭に紹介したような光景だった。

一九九八年に大阪の教育系出版社が運営する授業研究所が、大阪府内・和歌山県内の小中学校を対象にした調査では、「担任が注意するとカッとなって反抗する子ども、いわゆる『切れる』子ども」が学級に「現在複数名居る」という回答が、小学校一二・九%、中学校一七・七%だった（『学級崩壊からの脱出』）。一九九八年に『朝日新聞』での連載、さらにＮＨＫスペシャルでのドキュメンタリー放映などが大きな反響を呼び、学級崩壊は、世紀末の学校を象徴する言葉として人口に膾炙《かいしゃ》することになる。

続発する学級崩壊　1990年代末に蔓延し社会問題ともなった．1999年９月までに刊行された関連書籍

では、その当時の子どもの様子はどのようなものだったのだろうか。

一九九八年には、不登校の日数が年間三〇日以上の児童生徒数は、データを取りはじめた七年前と比較して、小中学校でどちらも二倍前後、前年に比べても二一%増と激増していた。

教育学者の村山士郎によれば、少年犯罪の補導件数も、一九九五年を境に増加傾向に転じていた。援助交際を経験した女子生徒の数は、「女子中学生五〇〇人の学校で約二〇人」。覚醒剤の補導も九五、九六年に高校生で倍増して約二二〇人に、九七年には中学生も倍増して約四〇人となり、中・高校生の補導人員は「過去最高」となった（『激変する日本の子ども』）。

激増する子どもたちのイライラ

これらが学校を原因とする問題と断定するには無理がある。

前章で触れたように、一九九〇年代に体罰は減少していた。「先生になぐられたことがある」中学生は一九八二年の調査では三一％だったが、八七年には二三％、九二年に一五％、二〇〇二年に七％と確実に改善されている。

「授業で教えられる中身が多すぎる」に「そう思う」と答えた生徒は一九八二年調査で一二％、二〇〇二年調査で一四％でそれほど顕著に悪化しているわけではない。さらに「学校がとても楽しい」と答えた中学生は一九八二年の三八％に対して、二〇〇二年に四二％と改善している（『ＮＨＫ中学生・高校生の生活と意識調査』）。

それとは対照的に、村山士郎によれば、子どもたちのイライラ、むしゃくしゃする頻度について一九九八年の文部省委託調査によれば、「日常的によくある」「ときどきある」の合計は、小学六年生で七八・四％、中学三年生で八一・一％で、これは一九八七年の同様の調査と比較して中学生で約三倍以上に増えていた。

また、同じ調査では、不安を感じることが「日常的によくある」「ときどきある」は小学生で五五・五%、中学三年生で七七・六%。一九八七年の調査と比較して、女子で三倍、男子で四・六倍と増えている。「今日の子どもたちの『不安感』の強まりには、将来への漠然とした閉塞感、不況やリストラによる両親の不安、高校生たちの進路への不安などが拍車をかけてい」たのである（『激変する日本の子ども』）。

解体される戦後家族

社会学者の山田昌弘は、『迷走する家族』（二〇〇五年）のなかで、一九九八年を家族モデル解体に向けての「節目」と捉えている。一九九八年といえば先に述べた学級崩壊がニュースとして盛んに取り上げられはじめた時期だ。

山田によれば、この年は自殺者がいきなり一万人近く増えて三万人を超え、翌年には学卒就職率が急激に低下し、失業率、フリーター数が急増していた。児童虐待件数も一九九九年から激増し、妊娠先行型結婚、いわゆる「できちゃった婚」の増加にも拍車がかかっていた。さらに少年凶悪犯罪者数の増加が顕著になり、青少年の性病感染率も増加しはじめる。離婚率も一九九〇年代後半に急増していた。

山田は、生活基盤に「リスク化」「二極化」が生じ、将来の生活の見通しが悪くなり、「社会・個人ともに、モデル維持の努力が限界に達し、戦後家族モデルを維持することが困難になることがはっきりしたのが一九九八年」と述べている。

たしかに子どもを取り巻く環境は急激に変化していた。『子ども白書　1999年版』によれば、ひとり親家庭が増えるだけでなく、その理由が変化していた。一九五二年に死別による母子世帯が八五%、離婚による母子世帯は八%だったが、九三年には死別による母子世帯二五%、離婚による母子世帯六四%となった。離婚の増加に加えて、母親が親権者になる子どもも増えている。

不況による倒産、企業のリストラによる父母の失職が、子どもたちの生活を脅かしていた。一九九九年三月末現在で、経済的理由で退学した高校生は二六一名で、前年の調査の四倍だった。さらに『朝日新聞』(一九九九年六月二日)では、倒産・リストラにより、一家そろって路頭に迷う生活を送る家族の事例が報道されている。

バブル崩壊

このような家族モデルの崩壊を生み出したのが、バブル崩壊だった。

一九九〇年初頭からの株価・地価の急落によりバブル経済が崩壊し、日本は長い不況に突入した。政府は規制緩和によって新たな成長を模索した。一九九五年に村山富市内閣は、一一分野一〇九一項目におよぶ規制緩和五ヵ年計画を閣議決定した。そのなかに、国内労働コストを下げるために、労働時間規制の緩和、女性の深夜労働解禁、産業別最低賃金の撤廃などに加えて、派遣労働の原則解禁、有料職業紹介事業の解禁が含まれていた。

さらに、一九九七年の橋本龍太郎内閣のもとで消費税率五%となり、九四年以来の緩やかな回復基調は一気に冷え込んだ。

すでにバブル経済が崩れはじめた一九九〇年代初頭に、新卒採用抑制と現役労働者のリストラ解雇がはじまっていた。一九九六年以降、労働者の非正規化のスピードが加速していく。

今日「ロスジェネ（ロスト・ジェネレーション）」と呼ばれる世代は、一九九〇年代後半から二〇〇〇年代初頭にかけて高校・大学の新卒者として労働市場に出た人たちである。雇用の悪化に加えて第二次ベビーブーマーであったことから、正規雇用での採用率はいっそう悪化した。就業構造基本調査によれば、一五歳から二四歳までの正規労働者は、一九九七年に五四九万人だったのが、二〇〇二年には三三六万人へと二一三万人減少した。社会学者の後藤道夫によれば、一九九六年を境に非正規化のスピードが倍増し、「日本型雇用の解体」が進んでいった（『岐路に立つ日本（日本の時代史28）』）。

学級崩壊、少年犯罪などに象徴される子どもの逸脱行動は、このような時代状況を背景としていた。それについて社会学者の宮台真司は、荒れる子どもたちを一種の「アノミー」（混沌《こんとん》状態）と捉えたうえで、『いい学校・いい会社・いい人生』という親の説教を信じて頑張ってきたのに、平成不況の深刻化で梯子《はしご》を外され」、勉強の動機が「塾に行って勉強しないとお母さんが悲しむから」「お父さんとお母さんの仲が悪くなるから」といった「期待同調行動」としてしか成立しない問題を指摘している（『教育をめぐる虚構と現実』）。

2　教育の規制緩和――週五日制から民営化構想まで

日教組と文部省の「歴史的和解」

第3章で述べたように、戦後の日本の学校教育は、文部省と日教組の対立構図のなかで成り立っていた。その図式に変化が訪れたのが一九八〇年代だった。『歴史としての日教組』下巻によれば、一九八〇年代になると、日教組はいくつかの問題を抱えるようになっていた。

第一は、日教組が分裂したことである。一九八〇年代の労働戦線が統一の方向に動くなかで、日教組内では一九八六年八月から八八年二月まで「四〇〇日抗争」と呼ばれる内紛が起こり、結果的に日教組を除名処分になった共産党系の地方教員組合を中心に八九年一一月全日本教職員組合（全教）が結成される。日教組は同月、新たに結成された全国労働組合総連合（連合）に加盟する。

第二に、一九六六年以来のストによる大量の被処分者への救援資金が、組合の財政を圧迫するようになっていたことである。

第三に、教育政策への批判・抵抗が行き詰まり、教育行政への積極的な提言や政策協議の場への参加を求める声が高まったことだった。

文部省・日教組が和解

指導要領など一致

日教組9月大会 大幅路線転換へ

四十年以上対立してきた文部省と日教組（横山英一委員長、組合員約四十万人）が和解し、立場の違いを超えて新たな協力関係に入ることが二十四日、明らかになった。協力の障害になってきた学習指導要領の性格や初任者研修の是非などについて、両者の認識が大筋で一致した。これを受けて、日教組は九月の定期大会に大幅な路線転換を盛り込んだ運動方針を提案する。文部省も具体的な関係改善に乗り出す方針だ。教育界でも「五五年体制」が崩壊し、新しい時代を迎える。

（34面に関係記事）

日の丸 君が代 譲歩、棚上げ

和解協議は昨年末、与謝野馨文相、横山委員長の主導で始まった。今年一月からは実務者を交えた非公式の折衝に入り、指導要領、初任者研修のほか、学校管理のあり方や日の丸・君が代問題、主任制などについて、従来の見解にとらわれない議論を続けてきた。

指導要領については、法的拘束力があるとする文部省と、否定する日教組が対立してきた。関係者の話や朝日新聞社が入手した日教組の新運動方針案によると、学テ判決などの最高裁判例を尊重し、指導要領が「教育課程編成の大綱的基準」であることを相互に確認。これを前提に、文部省も「教育現場の創意工夫」を積極的に認めることで合意した。

初任者研修では日教組が「反対」から「参加」に方針を変更した。これを受けて、文部省は研修に教職員の意向を反映させる方針とみられる。学校管理については、学校が「校長の責任のもと」にあることを確認する一方で、形式的になりがちな職員会議を重視、活用する線で折り合った。

日の丸・君が代の扱いでは、双方が従来の基本姿勢を繰り返し、完全な一致点は見いだせなかった。ただ、日教組は「現場教師と行政の協力を求める父母の声を考えると、これを理由に協力態勢を組めないという事態だけは避けたい」と判断。運動方針案では日の丸・君が代に触れないことを決めた。

文部省側も「学校行事での『国旗・国歌』の掲揚、斉唱は指導要領で定められており、日教組が指導要領

文部省と日教組の和解（『朝日新聞』1995年7月25日）　分裂や財政問題を抱えた日教組は教育行政へのコミットを求め，時の政権も後押しし歴史的和解となった．それは政府主導の教育改革をより円滑に進めることにつながった

さらに、一九九四年には自民党・社会党・新党さきがけが連立政権をつくり、社会党の委員長である村山富市が総理大臣に就任したのをきっかけに、村山の働きかけにより一九九五年文部省と日教組との関係修復が行われる。

「和解」を大々的に一面で報じた『朝日新聞』によれば、日教組は「運動方針案では日の丸・君が代には触れない」ことなど文部省の施策に譲歩してこれまでの運動方針を「棚上げ」し、大幅路線転換を一九九五年の九月大会で決定するとしていた。九月の組合大会では原案通り可決し、日教組は文部省へ新運動方針を報告し、「今後、いじめ問題などの教育課題の解決に向け、協力して取り組んでいくことで一致」した

（『朝日新聞』一九九五年九月六日）。

このような和解は、政府による教育改革への批判・抵抗勢力が不在になったことを示唆し、その後の教育改革が円滑に政治主導によって進められていく一因となった。

「統治行為としての教育」と「サービスとしての教育」

一九九七年以降、第二次橋本内閣で「六つの改革」が提唱され、日本での本格的な新自由主義改革がスタートする。柱の一つが教育改革であり、文部省は「教育改革プログラム」を発表した。

一九九九年までの四次にわたるプログラムの改訂を通じて、文部省は、官邸の意向を汲み取り、「心の教育」の充実、「完全学校週五日制」の実施、学区の自由化、教育制度の弾力化と規制緩和の推進、学校の教育内容の再構築、教員の採用・研修の見直しなどの改革プランを準備していった。

一九九〇年代は、首相直属の諮問機関が設置されなかったため、文部省が官邸の意向を受けて教育改革を推進した。それに対して二〇〇〇年以降は、再び首相直轄の諮問機関が設置され、教育改革の主導権があらためて文部省から首相官邸に移る。

小渕恵三内閣の下でつくられた私的諮問機関「二一世紀日本の構想」懇談会が二〇〇〇年一月にまとめた報告書では、教育を「統治行為としての教育」と「サービスとしての教育」

に区分することを提唱し、義務教育週三日制を唱えて教育関係者に衝撃を与えた。

ここでいう「統治行為としての教育」とは、最低限の読み書き能力や規範意識など教育における社会維持的な機能を指す。「サービスとしての教育」とは、一人ひとりの国民にとっての「自己実現のための方途」としての教育を指していた。そのうえで、公教育が担当するのは前者に限定し、後者については教育産業の市場に委ねるべきだとし、国家の役割を限定するべきと主張していた。

教育改革国民会議

また、小渕恵三が二〇〇〇年に設置した私的諮問機関「教育改革国民会議」では、それまでの新自由主義的な学校スリム化路線がより徹底された。

二〇〇〇年末に提出された「教育を変える一七の提案」では、新自由主義的改革の構想について、まず「個性を伸ばす教育システム」の導入を建前として、習熟度別学習、学習達成度試験の実施、中高一貫教育校の設置、大学への飛び入学の実施、大学入試の多様化、リーダー養成のための大学・大学院改革、職業教育の実施を提案していた。

次に「新しい学校づくり」として、公立学校の多様化、外部評価の導入、学校選択の拡大、コミュニティスクールの導入などを提案し、これらの改革を可能にするものとして教育振興基本計画の策定と教育基本法改正を提言している。

これを受けて、二〇〇〇年四月に成立した森喜朗内閣は、二〇〇一年を「教育新生元年」、通常国会を「教育改革国会」と名付け、一月に「二一世紀教育新生プラン」をまとめた。

同プランでは、学校・地域における奉仕活動の促進、家庭教育支援の強化、いじめの加害者への出席停止、習熟度別学習の推進、授業力不足の教員を他職種に配置転換することなどを定めた。これらは、学校教育法・社会教育法・地方教育行政法などの改正によって実現されていく。

なお、先にも触れたが二〇〇一年には中央省庁再編により文部省は科学技術庁と統合され、文部科学省となった。

教育行政の地方分権化

これら教育改革の基本的な流れは、教育行政の規制緩和である。それは国の地方分権改革という流れのなかで進められた。従来、公教育は機関委任事務として、国の包括的指揮監督下にあり、地方議会の関与を制限することで、全国一律の公教育の実施を保障してきた。

たとえば、「公立義務教育諸学校の学級編成及び教職員定数の標準に関する法律」などにより、生徒の人数に応じた教職員定数の標準をあらかじめ定め、それに従った補助金を国が地方に助成してきた。この制度は、自治体財政に左右されない安定した学校経営を可能にすると同時に、個々の学校の事情に応じた教職員配置を困難にする負の側面があった。

それに対して、一九九五年に地方分権推進法が成立すると、同年総理府に地方分権推進委員会が設置され、同委員会の勧告に基づき九八年に地方分権推進計画を閣議決定し、翌九九年に地方分権一括法を公布した。二〇〇〇年四月の地方分権一括法の施行により、国の機関委任事務自体が廃止となった。従来の機関委任事務は、自治事務と法定受託事務に新たに区分され、小中学校の設置・管理は自治事務に属することになり、表面的には基礎自治体に権限移譲された。

たとえば、従来は当該教育委員会の委員のなかから教育委員会が教育長候補者を指名し、都道府県教育長は文部大臣の、市区町村教育長は都道府県教育委員会の承認を得て、初めて任命が可能だった。それが文部大臣や都道府県教育委員会の承認が不要となった。また、文部大臣・都道府県教育委員会が市区町村教育委員会の判断に問題があった場合に是正を命じる権限が削除されたり、都道府県教育委員会が学級編成などの基準を設定し、市区町村教育委員会に従わせるという権限も廃止された。

ただし、これらによって地方の裁量度が増したわけでは必ずしもなかった。教育改革国民会議にも参加した、教育学者の藤田英典は「地方分権一括法によりあれこれの改正がなされたとしても、その基本において実質的変化はない」と批判し、「教育内容（教育課程編成）、教職員人事のあり方などにおける旧来の集権的システムはなおも温存されている」という。藤田は学習指導要領による教育内容規制、学級規模による教員定数の管理（公立義務教育諸学校の学級編成及び教職員定数の標準に関する法律）によって、中央統制が依然として機能していることを批判した（『新時代の教育をどう構想するか』）。

分権化改革の問題の一つは、地方に裁量を与えるという名目で、義務教育費国庫負担制度を改革した点にある。

義務教育費国庫負担の総額裁量制化

義務教育費国庫負担制度とは、義務教育水準の地域間格差を解消するために、教員給与費の財源保障が必要だという立場から、教員給与の二分の一にあたる額を国が都道府県に交付するものである。それに対して小泉純一郎内閣は構造改革の一環として、二〇〇二年には地方分権改革推進会議により義務教育費国庫負担制度の廃止、同負担金の一般財源化を推進しようとした。一般財源化すれば、地方自治体の裁量により、学校教育に投入されてきた従来の国の予算をほかの分野に自由に使えることになる。となれば、公立学校の教育の質は、自治体によって大きな差ができかねない。

のちに第二次安倍晋三内閣の下で文部科学事務次官を務めた前川喜平は、当時、若手の文部科学官僚という立場から、「前川喜平の『奇兵隊、前へ』」なるブログを作成していた。前川はこのブログで、義務教育費国庫負担制度の廃止とその一般財源化とは、地方財政の自立性確保を名目としながらも、実際には「都道府県が手にする『自由』」とは結局「義務教育

9－1　公立小・中学校の臨時的任用教員数の推移（2001～11年）

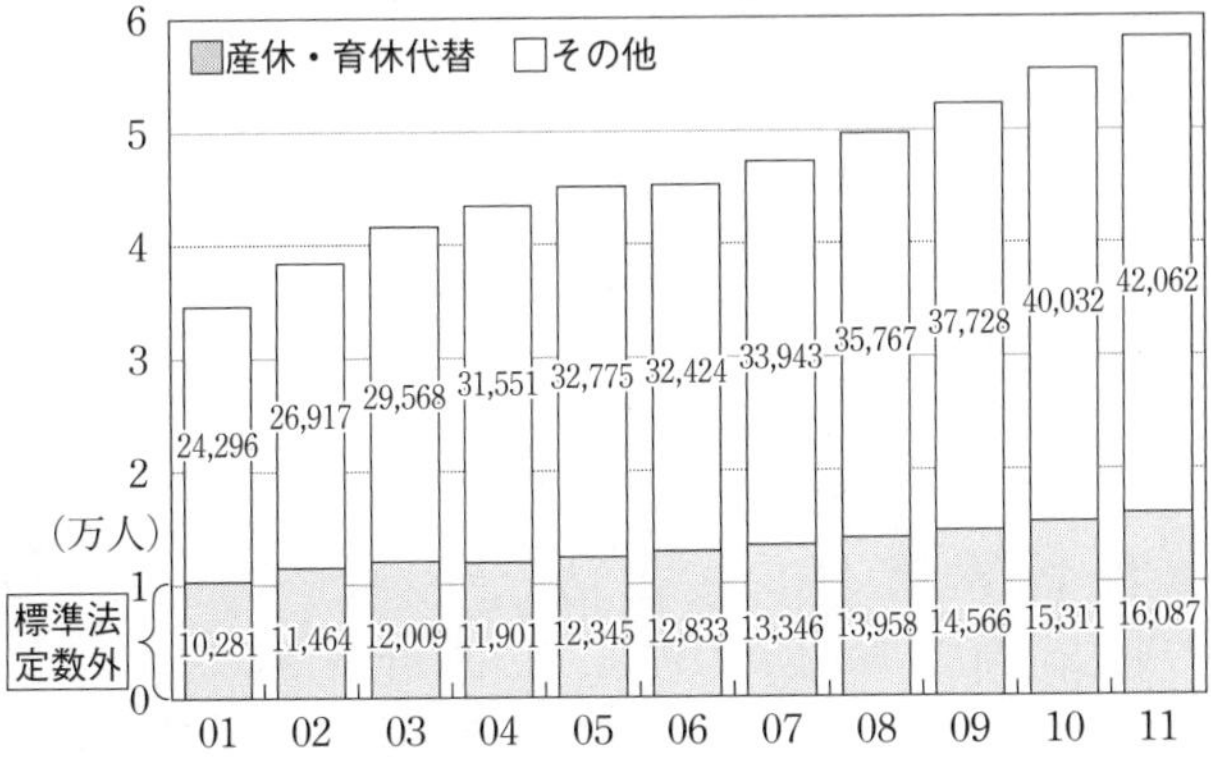

註記：養護教諭・栄養教諭は含まない
出典：公立義務教育諸学校の学級規模及び教職員配置の適正化に関する検討会議（第14回）配布資料，資料３ 非正規教員の任用状況について

費を減らす自由」でしかないと喝破していた。さらに前川は、「政治的な圧力の強い分野が避けられ、政治的な圧力の弱い分野が狙われている」こと、「文部科学省の政策に対する国民や自治体の不満が利用できる」ことなどから、義務教育費が政権によって狙い撃ちされていると警鐘を鳴らした。

結局、義務教育費国庫負担の廃止は見送られたものの、この制度は二〇〇四年度から「総額裁量制」へと変更された。総額裁量とは、都道府県に給付する「総額」の範囲内で、少人数学級やティーム・ティーチングの加配などに自由に使えるという制度である。さらに二〇〇六年度からは教職員給与費の国庫負担率が二分の一から三分の一へと切り下げられた。

すでに二〇〇一年に「公立義務教育諸学

校の学級編成及び教職員定数の標準に関する法律」が改正されて、教職員定数を都道府県教育委員会の判断によって非常勤への換算が可能になっていた。これらは、国の教育予算全体を増やすことが難しいなかで、自治体の裁量に任せることで教育の質を少しでも向上させようとする苦肉の策でもあったが、結果的に教員の雇用条件を悪化させ、非正規雇用の教員増に道を開くこととなる。

前ページの9-1は、二〇〇一年以降に臨時的任用教員数がどのように増加したのかを示すグラフだ。ここからは国から補助金の出る産休・育休代替の講師ではなく、自治体の裁量で非正規雇用の教員が増加し、二〇〇一年から一〇年の一〇年間で、約一・六五倍に増加していることがわかる。

学区選択の自由化

保護者の教育への裁量を増やす施策として、学区選択の自由化が行われた。

学区制とは、住んでいる地域によって通学先の学校が指定される制度を指す。従来から、通学可能な範囲にあっても、学区外であるために、施設や部活の整った学校に子どもを通わせることができない不満を持つ保護者は少なくなかった。他方で、地域の大人たちが学校に協力する慣習が広く存在し、学区制は地域のコミュニティの維持に結果として大きな役割を果たしてきた。

規制改革論者からは、学区制が学校間の競争を妨げていると批判が高まっていた。一九九六年の行政改革委員会の「規制改革の推進に関する意見（第二次）」で学区選択の自由化が提言されたことを受け、文部省は一九九七年に都道府県教育委員会に通学区域の弾力的運用に関する通知を出した。

地方の教育委員会の場合、通学可能な範囲に複数の学校があることは稀で、学区選択制は多くの場合、採用困難だった。それに対して都市部の市区町村教育委員会の場合、学区の弾力化は、いじめ・不登校・体罰などの学校教育への保護者の不満を学校選択によって解消し得ることが利点だった。同時に、保護者の学校選択により学校統廃合を円滑に進められるという行政側の期待があった。

学校選択制度を先駆けて導入した東京都足立区では、一九九五年度より通学区域の大幅な弾力化を実施し、校舎建て替え計画とリンクした学校統廃合計画を発表した。

統廃合計画は区内七八小学校のうちの一八校を、三九中学校のうちの一〇校を廃校にするドラスティックなものだった。住民の反対もあって統廃合は計画通りには進まなかったが、足立区南部の千住地域では二〇〇五年度までに小学校九校が六校に、中学校五校が三校に統廃合された。二〇〇二年度からは完全自由化に踏み切り、住所によって指定される本来の学区以外の中学校への進学率は、一九九三年度の五・五％から九七年度の九・〇％を経て二〇〇六年度には一九・三％へと増加した（「学校選択を考える」『現代のエスプリ』二〇〇一年五月号、『学校を取り戻せ！』）。

学校運営の改革

さらに、学校の運営形態自体も改革の対象となった。

新自由主義的な改革としては、二〇〇〇年一月の学校教育法施行規則の改正によって、校長・教頭に教員免許状を持たない民間人を登用する道が新たに開かれた。従来、全教員が議決権を持ち学校運営の諸事項を決定してきた職員会議が、校長の補助機関として位置づけられ、校長が学校経営で主体性を発揮できる体制が整えられた。

また、分権的改革としては、学校評議員制度（二〇〇〇年四月）や学校運営協議会制度（コミュニティ・スクール制度、〇四年九月）が導入される。

学校評議員制度は、校長が適当と認める人物を評議員に推薦し設置者である市区町村が委《い》嘱《しょく》する制度である。評議員は校長に対して学校運営に関する意見を述べることが役割となる。

また、学校運営協議会は、校長が編成した教育課程や学校運営の基本的方針に承認を与えるほか、学校運営に関する事項や職員の任用についても教育委員会や校長に意見を述べることができ、学校運営への住民参加を学校評議員制度よりも前に進めるものだった。なお、学校評議員制度・学校運営協議会ともに、任期や人数の定めについては市区町村によって異なっていた。民主的な学校運営のために、地域住民が運営に参画する道を開いた点で学校評議員や学校運営協議会は重要な制度改革だった。

たとえば千葉県習志野市秋津小学校では、校舎の一部を住民が自主管理し、学校内で子どもたちが多様な大人たちと出会い、共に学ぶ機会をつくりだした（『学校開放でまち育て』）。秋津小学校に代表されるように一部の学校では、学校の教師や住民の創意工夫により個性的な学校運営が可能となっていった。

ただし、全体としては、学校評議員制度や学校運営協議会制度は校長のリーダーシップの強化と一体となって導入された制度であるため、総じて一人ひとりの教師の自律性や主体性を抑制する否定的側面があった（『教育行政と学校経営』）。

また、昼間に学校に関わることができるのは経済的に裕福な市民が多く、彼らの教育要求が学校に持ち込まれ、社会的に不利な立場にある家庭の子どもたちが周縁化されてしまう側面も報告されている（『コミュニティ・スクールのポリティクス』）。

週五日制の導入と教育機会の格差拡大

子どもたちの学校生活に直接の影響を与えたのは、週五日制度の導入と学習内容三割削減だった。

一九九〇年代に週五日制の実現に向けた議論が急速に進んだ直接の背景には、公務員の週休二日制の導入があった。一九八八年に労働基準法で週四〇時間制が目標として明らかにされ、九一年に人事院により九三年度中の完全週休二日制の実施が勧告される。ただし学校教育では、学習指導要領に標準授業時間数が定められていることもあり、週休二日制への移行は徐々に進んだ。一九九三年九月から月一回土曜を休み、九五年度から月二回土曜を休みとし、九八年改訂の学習指導要領が施行される二〇〇二年度からようやく完全学校週五日制に移行する。

一九九五年の中教審答申を受けて改訂された学習指導要領は、「ゆとり」の確保と「生きる力」の養成を課題として、完全週五日制の導入と学習内容の三割削減、総合的な学習の時間の確保などを打ち出した。

週五日制の導入は、学習内容の三割削減と同時期だったことにより、教育の市場化を促す方向で浸透していく。たとえば、私立高校で完全週五日制を導入しない高校は東京六五％、全国平均で四〇％あり、三年間で英語二倍、数学一・六倍、理科一・五倍公立学校よりも多い授業時数になると試算されていた。このような公私立学校間の授業時間の格差から、受験志向の私立学校の受験率は不況にもかかわらず増加する。

たとえば、首都圏一都三県の公立小学生の二月一日私立中学受験者比率によれば、一九九九年の一一・三％を底に、二〇〇八年のリーマンショックまで一四・四％へと増加している。

また、『子ども資料年鑑』によれば、小学生の通塾日数に関する調査では、塾に通っていない小学生は、一九九〇年六〇・二％から二〇〇一年五二・二％へと減少し、全体に通塾する小学生が多くなっている。他方で、学習塾に行っている者の平均通塾日数は、週二・七日から二・三日へと減少しており、通塾している小学生の間でも、あまり通っていない子と頻繁に通う子との間の通塾時間の格差が拡大していくこととなった。

学校の民営化構想

ただし、「聖域なき構造改革」が叫ばれた二〇〇〇年前後、さまざまな公的セクターの民営化が推進された時代にあって、改革が予定通りには進まなかったものもある。その一つが学校の民営化だった。当時の政府のなかで規制改革の焦点は、先にも触れたが、医療と並んで教育だった。

教育の民営化については、供給主体の多元化の名目の下で、二〇〇二年には総合規制改革会議による学校経営の株式会社の参入を求める提言が発表されていた。文部科学省の懸命の抵抗にもかかわらず、二〇〇四年には、構造改革特区（「特区」）の制度を用いて公教育への株式会社参入が認められた。政府の構造改革特区推進本部は、二〇〇六年度中に株式会社の学校設立について全国解禁を認めることを検討していた。

だが、文部科学省の調査で、株式会社立学校で「〈1〉収支が赤字〈2〉大幅な定員割れ〈3〉他の仕事と兼務する教員の指導力不足〈4〉図書館の蔵書が少ない——などの問題が浮上」し、推進本部は二〇〇七年に全国解禁の見送りを判断する。株式会社による学校設立は構造改革特区に限定された(『読売新聞』二〇〇七年一月二六日)。

3 迫られる国家への忠誠、増加する精神疾患

新自由主義的改革は一九九〇年代末から二〇〇〇年代にかけて、教育にとどまらず社会全般で進んだ。労働規制緩和による非正規雇用の増加、生活保護水準の切り下げなどによる経済格差の拡大のなかで、いわゆる「負け組」への社会統合的役割、治安維持的役割が教育に求められるようになる。ここに国家への忠誠心が教育のなかであらためて要請されることとなった。

日の丸・君が代問題

国家への忠誠心の要請は、教師たちへの規制強化と一体となって展開した。象徴的だったのが、日の丸の掲揚、君が代斉唱(以下、「日の丸・君が代」)の遵守の強制だろう。

「日の丸・君が代」の強制をめぐる問題は、一九八〇年代に遡る。敗戦四〇年が経過した一九八五年、中曽根康弘首相は「戦後政治の総決算」を強調し「国のために死んだ者に国が感謝を捧《ささ》げるのは当然だ」として歴代首相として初めて八月一五日に靖国神社に公式参拝した。その二週間後、文部省が初の「日の丸・君が代」徹底通知を出し、一九八九年学習指導要領改訂に「日の丸・君が代」を「指導するものとする」との文言が加えられた。

卒業式・入学式等における国旗・国歌に対する対応シート

記入：平成　　年　　月　　日（　）

記入者補職　　　　氏名

1　学校名 ....

2　職　名 ....　教職員名 ....

3　教職員の対応（チェック表）

項目	反対意見の表明	職務命令の範囲		
		行動・分担の拒否	妨害	その他
国旗掲揚				
国歌斉唱				
国歌斉唱時起立				
国歌伴奏				
国歌指揮				
児童・生徒への斉唱指導				
児童・生徒への起立指導				
登壇（卒業生の担任等）				

◎上記内容の説明

日の丸・君が代対応シートの一部　横浜市教育委員会が市立小中学校長に配った．2000年２月23日

日教組を中心として「日の丸・君が代」に軍国主義の復活の危機を感じ、平和教育の観点から反対を唱える教師たちは多く、教職員と教育委員会との間に次第に衝突が増えていく。一九九九年、広島県世羅《せら》高校校長が君が代斉唱を迫る県の教育委員会とそれに反対する教職員との板挟みに苦しみ自殺した。この事件を契機として政府は同年に、日の丸と君が代の「国旗・国歌」の法制化を実現した。法制化以降、国旗掲揚・国歌斉唱が全国の教育現場で強制されていく。

特に二〇〇〇年度以降、石原慎太郎知事のもと「心の東京革命」なる施策を展開していた東京都で、まず卒業式・入学式実施に関する詳細な指針が学校現場に通達された。そこでは教職員の服装なども含めて詳細なマニュアルを提示したほか、指示通りにしなければ職務命令違反

で処分することをあらかじめ通告していた。それは、通達通りに実施しているかを職員を派遣して詳細に調査・報告させる徹底ぶりだった。

結果として、二〇〇三年に東京都だけで約二五〇名が職務命令への違反で懲戒処分・譴《けん》責《せき》・命令研修などの処分を受けた。東京でのやり方は全国各地の教育委員会でも取り入れられていくこととなる。

増加する教師の精神疾患

「日の丸・君が代」の一連の強制が、果たして愛国心を教員や子どもたちに涵養するという当初の目的を果たすことになったのかは不明である。そもそも「日の丸・君が代」に反対する教師たちも自らの信念として反対していた教師たちばかりではない。なんとなく胡散《うさん》臭さを感じ、拒否していた者も少なくなかった。「日の丸・君が代」の強制により奪われたのは、自らの感覚や信念によって教師たちが行動する自由だった。結果として、「日の丸・君が代」の強制を伴う一連の施策は教師の精神疾患の増加を招いたという批判がある。

精神科医の野田正彰は、「日の丸・君が代」問題で処分された教員を診断した経験から教師たちの苦悩を著書『子どもが見ている背中』のなかで次のように語っている。

近年の校長から教師への強制と命令は、個々の教師の精神を打ちくだいてきた。彼らは

9-2　公立学校教職員の休職者数・精神疾患休職者数の推移
（1997年～2021年度）

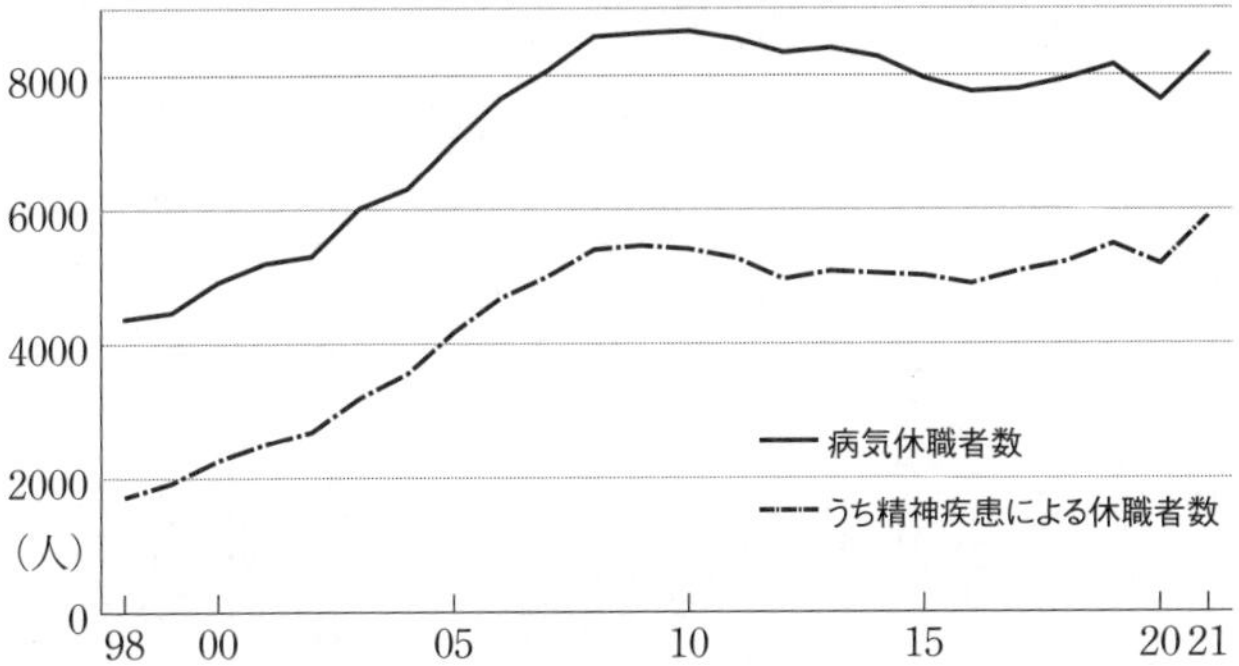

出典：文部科学省「教育職員に関る懲戒処分等の状況について」1997～2010年度,「公立学校教職員の人事行政の状況調査について」2010～22年度を基に筆者作成

うめいている、「教育は強制と最も遠いところにある。私たちは子どもと交流し、彼らを励まし、彼らの可能性に注目し、彼らの人間性を尊重することによって、教育者でありえた。その自分がどうしても納得できないことを強制され、その奴隷となって、どうして子どもの前で教育者でありえるのか」、と。

野田は、同書で「思考停止して強制に従う姿を生徒に見せて、教師として生きていくことができるのか」と当初は抵抗した教師たちも、校長や同僚からさまざまに責めたてられ、「自責と苦悶《くもん》は止《や》まず、学校を辞めたい、休息したい、死にたいという逃避願望が駆け巡る。こうして多くの教師が自己評価を低くし、卑屈になっている」と、精神的に極限まで追い詰められていく姿を描き出した。

この教育意欲の破壊は、「日の丸・君が代」問題で処分された教師たちだけの問題ではない。野田によれば「思想・良心を踏み絵とする教育委員会からの通達、教師を管理するために増え続ける書類、配転の乱用と長時間通勤、結果として減る生徒との接触時間、これらが複合して教職員は精神的に疲弊している」のであり、結果として、前ページの9－2にみるように東京都の教師たちの精神的疾患による休職はこの時期に激増する。

狭まる教師たちの判断余地

野田が述べているように、教師への管理の強化はさまざまな側面から二〇〇〇年前後に強化されていく。先にも述べたが、二〇〇〇年には職員会議が校長の諮問機関としてあらためて位置づけられ、学校での指揮命令系統が明確化されていった。

また、二〇〇二年度からは指導力不足教員への人事管理システムが導入され、〇三年度から「一〇年経験者研修」が制度化される。

さらに、東京都教育委員会が二〇〇〇年度に「職員の資質能力の向上及び学校組織の活性化を図ることを目的」として、「能力と業績」に応じた新たな人事考課制度を実施して以降、「新しい教員評価」が次第に全国的に実施されていく。

新たな教員評価は、学校評価と一体に運用される場合が多く、学校のPDCAサイクル（計画Plan、実施Do、評価Check、改善Action）の一環として、個々の教師も目標達成のための自己管理、目標達成度の自己評価が求められていく。

こうして、子どものためを考えて是々非々で個々の教師が判断する余地は狭められ、学校の目標や上位者の判断に従順な心性を教師たちに要求することとなっていった。一連の管理強化に耐えきれない者たちが、精神疾患を患《わずら》い、休職を余儀なくされていったのだ。

このような教師への管理強化は、二〇〇〇年代後半以降、子どもたちへの管理強化を促していくこととなるが、それについては次章で詳しく述べていきたい。

第10章　改革は子どもたちに何をもたらしたか

前章では一九九五年以降の新自由主義教育の本格的な展開をみてきた。この章では、主に二〇〇六年以降について記していく。前章はいわば教師受難の時代のはじまりを描いたが、二〇〇六年以降は、基本的には子ども受難の時代だった。

二〇〇六年以降、日本は、二度に及ぶ災害に見舞われている。一度目は二〇一一年の東日本大震災である。二〇一一年三月一一日に宮城県沖で起きた地震は、津波により六九七人の子ども・若者の命を奪う結果となった（行方不明を含む、『3・11被災地子ども白書』）。

生き残ったものの親を亡くした子どもは一五一四人である。さらに津波による福島第一原子力発電所の事故により、警戒区域にある学校を離れて避難した子どもは小中高校生を合わせて約八四〇〇人に及んだ（『子ども白書　2011』）。

二度目は、新型コロナウィルスの流行である。二〇二〇年三月から五月にかけて全国一斉休校となり、小中高校生約一三〇〇万人が二ヵ月にわたり学ぶ権利を奪われた。

これらは天災との見方もできるが、原子力発電所の安全管理制度における法規制が甘かっ

10－1　子ども・若者の死者・行方不明者数

	幼稚園児	小学生	中学生	高校生	大学生等	計	行方不明
岩手県	9	16	14	43	8	90	35
宮城県	64	159	64	76	36	399	77
福島県	4	24	15	28	6	77	19
計	77	199	93	147	50	566	131

註記：2011年6月1日時点
出典：大橋雄介『3・11 被災地子ども白書』（明石書店，2011年）を基に筆者作成

10－2　震災による孤児・遺児数

	震災孤児数	震災遺児数
岩手県	88	445
宮城県	112	711
福島県	19	139
3県合計	219	1,295

註記：震災孤児数は2011年7月12日．震災遺児数は同年7月29日時点
出典：10－1と同

た問題や、命令権限がない首相が全国一斉休校を宣言したことなどを考えると、政治が被害拡大に関係した側面もあった。

　また、二つの災害の前に、子どもの貧困の深刻化が露《あら》わとなった。注目されるきっかけは、『朝日新聞』が二〇〇七年に堺市貧困調査を取り上げたことである。翌二〇〇八年には『週刊東洋経済』で「子ども格差」が特集され、子どもの貧困に関する単行本（たとえば『子どもの貧困』）が複数刊行されるなど、子どもの貧困への注目が一気に広まった。週刊誌の特集「子ども格差」では、子育て家庭に占める貧困世帯の割合が一四・三%、ひとり親世帯の

貧困率五七・三％、生活保護受給世帯の学歴は中卒五八・二％、高校中退一四・四％と衝撃的な数字が並んだ（『週刊東洋経済』二〇〇八年五月一七日号）。

子どもの相対的貧困率は一九八五年時点で一〇・九％だった。児童福祉学者の山野良一は二〇〇八年を「子どもの貧困問題発見・元年」と位置づけた。子どもの貧困は戦後教育史のなかで長らく忘れられた問題だった（『子どもの最貧国・日本』）。

山野良一が明らかにしたように、子どもの貧困は単に経済的貧しさを意味するのではない。家族関係のストレス、保護者の学歴、離婚、住宅環境、食生活などさまざまな問題と関係している。それは子どもの虐待要因になるだけでなく、子どもの学力や体格をはじめ「脳・身体・こころ」に複合的かつ深刻な影響を与える。

このような時代に教育はどのように改革されたのか。実のところ、改革は子どもの苦難を拡大する方向で進められていく。

1　教育基本法改正の影響

子どもへの規範強化

教育基本法改正の検討がはじまったのは、二〇〇〇年三月に小渕恵三首相の私的諮問機関として発足した教育改革国民会議からだった。

「戦後教育の総点検」を目指した教育改革国民会議は、前章でも触れたように二〇〇〇年一二月に「教育を変える一七の提案」と題した最終報告を提出した。そのなかで「教育施策の総合的推進のための教育振興基本計画」とセットで「新しい時代にふさわしい教育基本法」の改正を提言することになった。文部科学省はそれを受けて二〇〇一年一月に「二一世紀教育新生プラン」を発表し、「いじめ、不登校、校内暴力、学級崩壊、凶悪な青少年犯罪の続発など深刻な問題に直面」していることを理由に教育基本法の見直しを中央教育審議会に諮問した。二〇〇三年三月に中教審は「教育振興基本計画の策定と新しい時代にふさわしい教育基本法の在り方」について最終答申を行う。

教育基本法改正が政治日程に上がるなか、改正に関する論議で力を持ったのは保守系議員・文化人たちだった。二〇〇三年には西澤潤一《にしざわじゅんいち》（当時首都大学東京学長）を会長とする「日本の教育改革」有識者懇談会が結成され、翌年には超党派の国会議員連盟によって「教育基本法改正促進委員会」（最高顧問森喜朗）が結成されている。

自民党により提出され国会で審議承認された新教育基本法は全一八条で構成され（旧教育基本法は全一一条）、新たに教育の目標、生涯教育の理念、大学、私立学校、教員、家庭教育、幼児期の教育、学校、家庭および住民などの相互連携協力、教育振興基本計画の九条が新設された。

紙幅の関係もあり、すべての条文を紹介できないが、大きな変更点として次の三点を指摘しておきたい。

第一に旧教育基本法では憲法理念に則った市民的自由を強調し、国家や地方公共団体の役割については校舎の建築や教職員人件費の支出など条件整備にとどめるとして抑制的だった。それに対して、新教育基本法はむしろ行政に教育を統括する積極的な役割を与えている。たとえば「教育の目標」という条項を新設し、そこに「伝統と文化を尊重し、それらをはぐくんできた我が国と郷土を愛する」ことなどを規定し、学校教育の目的を明示した。また教育行政に関する条項では、教育目標に沿って国と地方公共団体が「教育に関する施策」を策定し、教育振興基本計画によって計画的に実施することを定めた。

第二に、あるべき家庭教育像が規定されたことである。

具体的な文章をみると、「父母その他の保護者は、子の教育について第一義的責任を有する」として、子育ての最大の責任を家庭に置いたうえで、「生活のために必要な習慣」「自立心」を涵養することを家庭に求めている。教育基本法改正以前には、教育に関する保護者の義務は義務教育を受けさせることに限られていたが、改正により家庭での教育など子どもの教育全般へと大幅に拡張された。

同時に、「保護者に対する学習の機会及び情報の提供その他の家庭教育を支援するために必要な施策を講ずる」責務を国と地方公共団体に課している。家庭教育への行政による介入は一九九〇年代後半からはじまっていたが、ここであらためて法的に家庭教育への積極的介入が国や地方公共団体の責務として示された。

第三に、子どもへの規範の強化が求められたことである。第二条（教育の目標）のなかに「豊かな情操と道徳心を培う」という字句が、また第六条（学校教育）のなかに「学校生活を営む上で必要な規律を重んずる」という字句が挿入された。道徳心の涵養と学校生活での規律の重視は教育基本法改正前には言及されていなかった。前者は小学校・中学校における道徳の教科化の流れを、後者はさまざまな学習規律（スタンダード）の遵守を学校生活にもたらし、子どもたちにとっての学校生活をより閉塞感の強いものへと変化させていくことになる。

教育三法の改正

教育基本法の改正に合わせて、教育三法（学校教育法・地方教育行政の組織及び運営に関する法律・教育職員免許法及び教育公務員特例法）が改正される。「学校教育法」の主な改正点は三点である。

①教育基本法で新たに規定された教育の目的に合致させる形で、新たに「自主、自律及び協同の精神、規範意識、公正な判断力並びに公共の精神」の涵養などが付加された。

②「校長を助け、命を受けて校務をつかさどる」副校長に加え、「校長及び教頭を助け、命を受けて校務の一部を整理し、並びに児童の教育をつかさどる」主幹教諭が新設され、校

長―副校長―主幹教諭―指導教諭―教諭という職階制度が整備された。

③さらに、学校自己評価の実施が義務化され、保護者や地域住民などによる関係者評価とその結果の公表が努力義務化された。

「地方教育行政の組織及び運営に関する法律」の改正では、同一市区町村内の教職員の転任を市区町村の判断で行えるようにし、市区町村で独自の学級編成基準を設定し市区町村負担での正規教員の雇用を可能にした。また、教育委員会の法令違反などにより児童生徒の教育を受ける権利が毀損されている場合などについて、文部科学大臣が指示や是正の要求を行うことができるように改正した。

「教育職員免許法及び教育公務員特例法」の改正では、教職員免許状について免許更新制度（一〇年ごと）の導入と「指導が不適切な教員」に対する研修の義務づけなどを定めた。

2　全国学テの導入――競争の過熱、弱者の排除

全国学力学習状況調査の実施

二〇〇七年四月からは全国学力学習状況調査（以下、全国学テ）が開始される。

全国の国立・公立の小学校六年生と中学校三年生を対象に、国語・算数（数学）の学力テストを毎年四月に該当学年の全小中学生に対して調査するものである（私立は希望する学校

のみ)。なお、二〇二二年度からは理科が、一九年度からは中学生を対象に英語が加わった。理科と英語は三年に一度程度の実施となっている。各教科の試験時間は小学校では四五分、中学校では五〇分で、一日で全調査が完了する。

直接のきっかけは二〇〇六年一月の教育再生会議第一次報告の七つの提言の一番目「『ゆとり教育』を見直し、学力を向上する」のなかに「全国学力調査を新たにスタート、学力の把握・向上に生かす」という文章が入ったことにあった。

この第一次報告では、全国学テの結果を保護者に開示し、「改善計画とその成果を保護者に説明する」こと、夏休みや放課後には補習を実施すること、教育委員会が結果の不振な学校の支援に責任を持つことが説明されていた。同年六月に発表された第二次報告でも、国・教育委員会が「全国学力調査の結果を徹底的に検証」し、「教育委員会は、学力不振校に改善の計画書を提出」させるなど、学力向上の名目で学校の管理統制を強化していた。

問題は、そもそも学力テストの結果の向上に、学校の授業改善が及ぼす影響は限定的であるという事実だろう。

すでに教育社会学者の苅谷剛彦は、一九九五年の著書『大衆教育社会のゆくえ』で、これまでの教育社会学の研究成果に依拠して親の経済力と子どもの学力には何らかの関係があると述べていた。苅谷によれば、戦後、「貧困は、日本社会全体が豊かになるにつれて大幅に縮小していった」にもかかわらず、「社会階層による学業成績の格差はなくな」らなかった。

する。

「家庭の所得が高いほど、また、父親の学歴が高いほど、子どもの成績はよくなる」と指摘

また、教育社会学者の耳塚寛明による二〇〇七年の論文「学力と家庭的背景」でも、学校外教育費支出が高い家庭の子どもほど高い学力を獲得していることが明らかにされている。

住民の平均世帯年収が学区ごとに異なる場合が大きいことを考えると、学校ごとにいくら授業改善を試みても、そもそもの親の経済格差に打ち勝つことは困難だということにならないだろうか。にもかかわらず、全国学テは、学校ごとに子どもの学力を競い、学力の低い学校の改善を義務づけることを含んで制度設計されていた。

学力順位をめぐる競争

結果として起きたことは何だったのか。

全国学テ開始一年目の二〇〇七年に、いち早く、メディアに問題として取り上げられたのは、東京都足立区の事例だろう。足立区は東京都のテストで子どもの平均的学力が最下位レベルだった。足立区教育委員会は、全国学テの成績に応じて各校の予算枠に差をつけ、「上位校に手厚く」という方針の採用を計画するほど、当初から学力向上に躍起となっていた。

その足立区ではさまざまな不正が発覚する。

ある小学校では「校長のほか五人の教員が、考え込んでいたり誤答していたりした児童に

対し、問題文をなぞったり指さしたり」、区教委が禁じていた「前年のテスト問題のコピー」を校長の判断で行い、繰り返し「事前の練習」を行ったりしていた。また、小学校で一四校、中学校四校で、「障害などがある児童・生徒を対象からはずしていた」。なかには特定の子どもを調査対象から除外することについて、対象となる保護者の事前了解をとっていないケースもあった（『朝日新聞』二〇〇七年七月一七日）。

二〇〇七年一〇月に発表された結果について、苅谷剛彦は「六〇年代の調査と比べ、都道府県や地域規模の間で差は出ていない。国の政策で教育条件が平準化された効果とも言える」と冷静なコメントを寄せたが、同じ記事で順位が下位の各教育委員会は「強い衝撃を受けた」（沖縄県）、「子どもには申し訳ない」（高知県）、「極めて厳しい」（大阪府）と深刻に受け止めていた（『朝日新聞』二〇〇七年一〇月二五日）。

試験をめぐる不正はその後も報道の対象となった。たとえば、全国最下位レベルを受け、県単位で学力向上に躍起となっていた沖縄県では、二〇一六年に那覇市の中学校で「受験した一部の生徒の答案用紙を『平均点が下がる』などを理由に除いて文部科学省に送っていた」ことが発覚した（『東京新聞』二〇一六年八月二四日）。

不正とまでいかないが、民間教育産業のテストや練習問題を購入して生徒に練習させることは早くから行われていた。そもそも全国学テの出題・採点などを請け負ったのは民間企業であり、テストを請け負っている会社から練習問題などを購入するケースも目立っていた。

10－3　**とある中学校の「テスト」スケジュール，2010年代半ば**

	4月	5月	6月	7月	8月	9月	10月	11月	12月	1月	2月	3月
主な行事	新入生歓迎行事 入学式			水泳大会		汗と涙の体育大会		青春の文化祭			お別れ行事（遠足等）	卒業式
主なテスト	全国学力調査（三年） 全学年「実力テスト」	中間テスト 「到達度テスト」	3年生「実力テスト」	期末テスト		全校「実力テスト」	中間テスト	3年生「実力テスト」	県版学力調査（1・2学年） 期末テスト	全校「実力テスト」	3年生「実力テスト」	期末テスト

出典：吉益敏文他編『検証 全国学力調査』学文社，2021年）を基に筆者修正

二〇一六年には当時の馳《はせ》浩《ひろし》文部科学大臣が全国学テをめぐって「成績を上げるために過去問題の練習を、授業時間にやっていたならば本末転倒だ。全国各地であるとしたら、大問題で本質を揺るがす」とまで発言していた（『朝日新聞』二〇一六年四月二〇日）。

　しかし、全国学テの事前準備として、全国の多くの学校で練習問題を子どもに取り組ませることが常態化していく。10-3は『検証 全国学力調査』に掲載された、「とある中学校の『テスト』スケジュール」である。学校行事よりもテスト日程のほうがはるかに頻度が高い。

　同書には、高知県の小学校教師の手記が紹介されている。「春休みの宿題やテストの前の週の放課後学習の課題は前年

までの過去問。正確に回答できるようになるまで何度も繰り返し練習させる。授業中に何度も練習させることもある」。手記を書いた教師は、「果たしてこれが子どものためになっているのでしょうか」と疑問を投げかけ、「子どもの実力を知り、教師が自身の実践を振り返るためのテストをしたい」と抗議の声をあげている。

子どもがテストに束縛されるだけではない。教師もまた日々学力向上のための授業改善への奔走を余儀なくされる。別の教師の手記である。

「県は『学テ対策』をガンガン現場に要求してきた。『授業改善に係る学校訪問』と称して、各学校に年間二回指導主事が訪問し、『学テの成績が悪かった問題が解けるようにするための授業』を見に来る。その授業のために事細かに数値の報告や、どう引き上げるかなど書かなくてはいけない『指導案』や『授業改善プラン』を用意しなくてはならない」(『検証 全国学力調査』)

二〇一四年に地方教育行政法が改正された。従来、教育委員会が委員のなかから教育長を選出していたのに対して、この改正により、教育委員とは関係なく首長が教育長を任免できるようになった。また、首長部局に総合教育会議という名称の会議体が新たに設置され、そこで大綱を策定することになった。結果として首長の教育行政への権限が強化され、全国学テの点数はほかの自治体との比較が容易なことから、首長のイニシアティブで学力向上施策が展開され、テスト準備教育が学校現場にいっそう浸透していくことになった。

「学力テスト体制」の成立

教育学者の山本由美は、二〇〇七年以降の公教育を「学力テスト体制」と呼んでいる。山本によれば、イギリス・アメリカなどの新自由主義教育改革では、日本に先行する形で学力テストが導入され、学校教育に大きな影響を与えているという。それは、教育への市場原理の導入だけでなく、「国家が決定した教育内容にかかわるスタンダードの達成率（学テ結果）に基づく、学校間・自治体間の競争の国家による組織を内容とし、エリートと非エリートの早期選別を目的にした、徹底した国家統制の仕組みである」。

山本は学力テスト体制を支える制度として、①アカデミックなスタンダード（教育課程の基準）、②スタンダードに基づいた一斉学力テスト、③一斉学力テスト「結果」に基づいた学校評価・教員評価、④学校選択制（学校選択制の「結果」に基づいた学校統廃合・公教育の民営化）、⑤教育バウチャー（子どものいる家庭に支給される教育に目的を限定したクーポン）制度、⑥学力テスト体制に即した「学校参加」、校長のリーダーシップの拡大などである（『学力テスト体制とは何か』）。

学力テスト体制がいち早く確立されたアメリカでは、生徒の標準テストの点数で学校の廃止や教師の解雇が決まるようになり、「各学校が少しでも安く、より高い効果を目指して競争する中、障がいを抱える子どもたちは『ゼロ・トレランス』（規律違反に寛容でなく厳しく罰することで重大な違反を未然に防ぐ考え。後で詳述）の名目で不当に罰せられ、公教育から切り捨てられていく」事態が進行していた（『崩壊するアメリカの公教育』）。

学力テストの点数向上を求めるあまり、弱者が排除される状況は日本でも同じではないか。たとえば学力テスト上位の福井県では、二〇一七年三月に池田町の中学校で、生徒が校舎から飛び降り自殺する事件が起きている。担任と副担任の教師が宿題忘れなどを理由に繰り返し厳しい叱責を行い、指導された生徒は精神的に追いつめられ、前日には過呼吸を起こしていたという。「担任の言い方がひどかった」という別の生徒の証言があり、遺族は「（教員による）陰湿ないじめ」と怒りをにじませた（『読売新聞』二〇一七年一〇月一六日）。

事件を重く見た福井県議会は、「福井県の教育行政の根本的見直しを求める意見書」を採択した。意見書は言う。

本年3月、池田中学校で起きた中二男子生徒が校舎3階から飛び降り自殺するという痛ましい事件については、教員の指導が適切でなかったことが原因との調査報告がなされた。これを受け、文部科学省から再発防止に向けた取組みを求める通知が出されるなど、全国的にも重く受け止められており、福井県の公教育のあり方そのものが問われている事態であると考える。

本来、教員は子どもたち一人ひとりに向き合い、みんなが楽しく学ぶことができる学校づくりを推進する意欲を持っているはずであるが、最長月200時間を超える超過勤務があるなど、教員の勤務実態は依然として多忙である。

池田中学校の事件について、学校の対応が問題とされた背景には、学力を求めるあまりの業務多忙もしくは教育目的を取り違えることにより、教員が子どもたちに適切に対応する精神的なゆとりを失っている状況があったのではないかと懸念するものである。

このような状況は池田町だけにとどまらず、「学力日本一」を維持することが本県全域において教育現場に無言のプレッシャーを与え、教員、生徒双方のストレスの要因となっていると考える。

これでは、多様化する子どもたちの特性に合わせた教育は困難と言わざるを得ない。日本一であり続けることが目的化し、本来の公教育のあるべき姿が見失われてきたのではないか検証する必要がある。

意見書は続けて、「義務教育課程においては、発達の段階に応じて、子どもたちが自ら学ぶ楽しさを知り、人生を生き抜いていくために必要な力を身につけることが目的であることを再確認し、過度の学力偏重は避けること」などを教育行政に求めた。

教員による極端な指導の背景に学力向上を重視する教育行政の問題があり、それが「みんなが楽しく学ぶ」という公教育のあるべき姿から学校を大きく逸脱させる実態を招いていると意見書は批判する。過剰な学力向上施策の下で、激務を強いられた教師がうまく対応できない子どもたちを追い詰めていく。序章でみた、子どもの自殺増加の背景にも、「学力テスト体制」の存在を疑うことができるだろう。

3 規範重視へ——スタンダード、ゼロトレランス方式

スタンダードの普及

学力改善に向けての学校現場での取り組みは、「スタンダード」とセットで広がっていった。ここでいうスタンダードとは、子どもや教師が学校で守るべき標準として定められたルールである。

そもそも二〇〇六年の教育基本法改正により、第六条で子どもには「学校生活を営む上で必要な規律を重んずる」ことが、第九条で教師には「絶えず研究と修養に励む」ことが、さらに第一七条で自治体が教育振興基本計画を策定することが、それぞれ規定されたことに由来する。

スタンダードの制定は、二〇〇六年からはじまり、〇七年以降、自治体による教育振興計画の立案(Plan)と実施(Do)、結果の評価(Check)と改善(Action)というPDCAサイクルの一環として全国の小中学校に普及していく。教育学者の澤田俊也によれば、二〇一八年

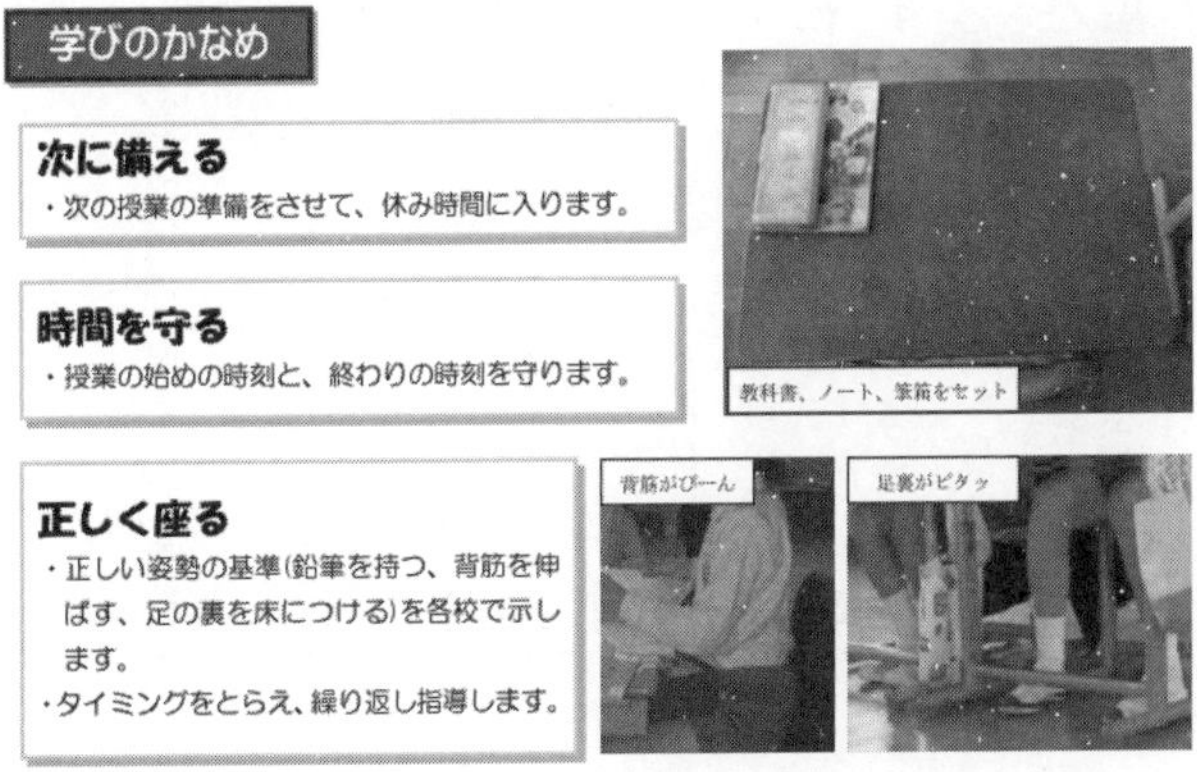
学びのかなめ
次に備える
・次の授業の準備をさせて、休み時間に入ります。
教科書、ノート、筆箱をセット
時間を守る
・授業の始めの時刻と、終わりの時刻を守ります。
正しく座る
・正しい姿勢の基準(鉛筆を持つ、背筋を伸ばす、足の裏を床につける)を各校で示します。
・タイミングをとらえ、繰り返し指導します。
背筋がぴーん
足裏がピタッ

『岡山県型学習指導のスタンダード』の一部（岡山県教育委員会のHPより）

時点で都道府県の約六四％でスタンダードが制定されている。また市区町村独自でスタンダードを制定する自治体も増えている（「都道府県による授業スタンダードの作成状況とテキスト内容の検討」『国立教育政策研究所紀要』一四七集）。

これらのスタンダードは若手の教師からわかりやすいと評価する声もある。だが、子どもたちや教師にとって、従来に増して学校を閉塞的な環境に変えるように機能していることに注目しておきたい。

岡山県教育委員会が定めた「岡山県型学習指導のスタンダード」という小冊子を見てみよう。教師に一時間ごとの授業で、①子どもに授業の目標を提示する、②子ども自身が考える時間を確保する、③目標に子どもがどの程度到達したかをチェックする、④学んだ内容を整理する、⑤授業の振り返りをするという五つの要素を満たすべきと説明している。また、「一単位時間のタイムマネジメントが重要」と、時間配分の重要性を説いた。

子どもには授業中に「教科書、ノート、筆箱をセット」して整理整頓《せいとん》し、姿勢は「背筋がぴーん」、「足裏がピタッ」、挙手する時には「手はまっすぐ上に」と指示する。さらには「あいさつ運動で一日をスタート」と、朝は「おはようございます」と会った人に誰彼構わず挨拶することを推奨する。一つひとつは悪いことではないかもしれないが、さまざまな日常場面が事細かにルール化されてしまうと、窮屈だろう。授業がつまらなくて足をぶらぶらさせていても、それは「スタンダード」からの逸脱として教師に咎《とが》められてしまいかねないわけだ。

ほかの多くの自治体でも、同じように子どもや教師が守るべき具体的なスタンダードを定めている。教育行政学者の勝野正章は「スタンダードによる授業の規格化・標準化は、子どものニーズの個別性と多様性への理解と対応が求められている指導の複雑性から教師を解放する一方、教師の授業をデザインする力と目の前で生じている子ども（たち）の学習の過程と質を判断する力を衰弱させ得る」とし、マジョリティの側が必要とする規範を守らせようとすることで「特別な教育ニーズを持つ子どもや文化的マイノリティに属する子どもへの配慮に欠けている」と警鐘を鳴らしている（「自治体教育政策が教育実践に及ぼす影響」『日本教育政策学会年報』二三号）。

次章にみるように、二〇〇七年以降、「発達障害」とされ特別支援学級に在籍する子どもたちが激増する。その要因の一つには、このようなスタンダードの普及などによる学校環境の閉塞化を疑うことができるだろう。

ゼロトレランス方式の導入

二〇〇七年以降は、規範重視の改革が本格化した年代でもあった。

安倍晋三内閣のもとで「教育再生の取組み」の強化を目的とし、二〇〇六年に教育再生会議が設置された。その第一次報告(二〇〇七年)では、①「いじめと校内暴力を絶対に許さない学校をめざし、いじめられている子どもを全力で守る」、②「いじめている子供や暴力を振るう子供には厳しく対処、その行為の愚かさを認識させる」、③「暴力など反社会的行動を繰り返す子供に対する毅然《きぜん》たる指導、静かに学習できる環境の構築」が提言されている。「毅然たる指導、静かに学習できる環境の構築」として具体化されたことの一つに「ゼロトレランス方式」がある。ゼロトレランスとは直訳すると「寛容度ゼロ」だが、二〇〇六年の文部科学省の説明によれば、「クリントン政権以来、米国の学校現場に導入されている教育理念及び教育実践を表現したもので、学校規律の違反行為に対するペナルティーの適用を基準化し、これを厳格に適用することで学校規律の維持を図ろうとする考え方」である。そこでは「軽微な違反行為を放置すればより重大な違反行為に発展する」という考え方を採用し、軽微な違反を早期に発見して取り締まることを重視していた（『生徒指導メールマガジン』二〇〇六年一月）。

ゼロトレランス方式が導入された事例として広島県福山市がある。福山市では教育委員会が生徒指導に関するモデルをつくり、それを参照して二〇一〇年夏頃から各市立学校で「生徒指導規定」を作成している。教育学者の世取山洋介によれば、福山市のある中学校の規定には、学校生活に関すること、校外での生活に関することなど、子どもたちの生活全般にわたって事細かに守るべきルールが記されている。そして、違反の程度に応じて本人への説諭、反省文、保護者への連絡、さらには別室指導、警察への通報・逮捕などがマニュアル化されている（『「ゼロトレランス」で学校はどうなる』）。

アメリカの教育状況に詳しい鈴木大裕によれば、ゼロトレランス方式で先行するアメリカでは、小さな逸脱まで取り締まることが可能になり、結果として学校は法律による権利保障の対象外の空間となった。そのため、学校内では「犯罪の定義が拡大」され、場合によっては基本的人権が奪われていく事態となった。それにより「原則的に発言力もなく最も脆《もろ》い社会的弱者の弾圧」を招き、エスニック・マイノリティ、障害児、低学力の子などが小さな逸脱を理由に学校から排除され、教育を受ける権利を事実上奪われていった（『「ゼロトレランス」で学校はどうなる』）。

逸脱、非行とされる問題行動が、当事者が受けている社会的な不平等やストレスからのものなのだとすれば、ゼロトレランス方式は、もっとも保護されなければならない子どもを真っ先に排除することになってしまうだろう。日本でも、ゼロトレランス方式がニューカマー、障害児、低学力の子など社会的マイノリティの子どもたちを学校から排除・周縁化している可能性を疑うべきなのだ。

少年法改正と子どもへの監視強化

このようなゼロトレランス方式が学校現場に浸透すると同時に、子どもへの法による監視が強化されていることをあげておく必要がある。

子どもへの厳罰主義は、刑事処分可能な年齢を一六歳から一四歳に引き下げた二〇〇〇年一一月の少年法改正でまず実現される。さらに二〇〇七年の少年法改正では、一四歳以下の子どもへの警察の調査を認め、小学生高学年も少年院に送致することを可能にし、また保護観察制度を強化し、保護観察中の少年の遵守事項違反を理由に少年院送致を認めた。各自治体でも、たとえば奈良県では全国で唯一補導条例を二〇〇六年に施行し、不良行為少年少女への早期発見・早期措置の体制を整えている。

このような少年法の強化とゼロトレランス方式とはいわば一体である。二〇〇七年二月に文部科学省は、「校内での傷害事件をはじめ、犯罪行為の可能性がある場合には、学校だけで抱え込むことなく、直ちに警察に通報し、その協力を得て対応する」ことを全国に指示した。すでに一九八〇年代から少年非行に対応して学校警察連絡協議会が各地で設置され、学校と警察との連携がはじまっていたが、それがいっそう緊密に機能していくこととなる。

家庭教育への介入

家庭教育への介入が本格化したのもこの時代だった。

直接のきっかけは、先述したように教育基本法第一〇条に「父母その他の保護者は、子の教育について第一義的責任を有する」と保護者の責任が明示され、「生活のために必要な習慣」「自立心」「心身の調和のとれた発達」の形成を家庭教育の内容として求めた。また、国や地方自治体に対しても「家庭教育を支援するために必要な施策を講ずる」ことを努力義務とし、家庭教育に積極的に介入する根拠を与えた。

行政による家庭教育支援への関心は、一九八一年中央教育審議会の「生涯教育について（答申）」で、「家族相互の温かい心の触れ合い」など「家庭の教育機能の充実」を掲げた地点にまで遡ることができる。教育基本法改正の四半世紀前から、すでに行政による家庭教育への介入が検討されていた。

本格化したのは一九九〇年代以降である。一九九六年の中央教育審議会答申「二十一世紀を展望した我が国の教育の在り方について」では、「子供の教育や人格形成に対し最終的な責任を負うのは家庭である」と明言している。それ以降もさまざまな答申を通じて家族での読み聞かせや食事、会話の増加、早寝早起き朝ご飯の習慣、礼儀作法などが提言されていく。

文部科学省は一九九九年度より『家庭教育ノート』『家庭教育手帳』を発行、二〇〇四年度以降は、就学前、小学校低・中学年、小学校高学年から中学生と、保護者用に三分冊に整理し、現在に至るまで発行を続けている。ちなみに小学校低・中学年用のそれを見ると、「子育ては母親の仕事、そう思っているお父さんは要注意」、「前向きな親の姿は、きっと子どもに届いている」などの見出しが並ぶ。父と母がそろい、経済的にも安定した将来に前向きな保護者像がモデルとされている。

この背景には日本会議など右派政治家・知識人の動きが指摘されている。教育社会学者の本田由紀によれば、高橋史朗らは二〇〇六年「親学推進協会」を設立し、同年に安倍晋三を会長として「親学推進議員連盟」を設立している。親学とは「日本の伝統的子育て」「親心の涵養」などを称揚する言説であり、高橋は日本会議の中核組織である「日本青年協議会」の元幹部とされる（『国家がなぜ家族に干渉するのか』）。

親学については、教育再生会議の報告のなかでも「教育委員会、自治体及び関係機関は、これから親になる全ての人たちや乳幼児期の子供を持つ保護者に、親として必要な『親学』を学ぶ機会を提供する」などの文言が盛り込まれた。これがもとになり自民党主導で家庭教育支援法が検討された。

進む地方での条例化

自民党提案の家庭教育支援法は実現しなかったが、地方自治体による家庭教育支援条例の制定は、二〇一二年の熊本県を皮切りに、鹿児島県、静岡県、岐阜県、徳島県、宮崎県、群馬県、茨城県、福井県、岡山県などが続いている。市町村レベルでも石川県加賀市、長野県千曲市、和歌山市などの制定がある。家庭教育支援条例にほぼ共通する特徴は、①家庭を教育の原点として重視し、②豊かな情操・倫理観・自立心などを子どもが家庭教育を通して獲得することを目標とし、③保護者・学校・地域・事業者などにそれぞれ期待される役割を記したうえで、④家庭教育支援における自治体の責務を記している点にある。

たとえば和歌山市の条例をみてみよう。まず、保護者は「子どもに愛情をもって接し、子どもの基本的な生活習慣の確立」などに努めるという保護者としてのあるべき家庭教育像を示している。そのうえで、学校・地域住民・地域活動団体・事業者はそれぞれ関係機関と連携して家庭教育を支援すること、さらに市は家庭教育を支援する「総合的な施策」の推進と親としての学びの機会を充実することが決められた。

あるべき家庭教育像を自治体が定め、その実現に向けて社会の関係機関が連携して取り組むことを求めた条令の成立に対して、和歌山市に住む弁護士は次のように家庭教育支援条例に警鐘を鳴らしている。

「子女の薫陶《くんとう》養護は、家庭教育の中核なり父母の慈愛の下、健全なる家風の中に有為なる次代皇国民の錬成を為《な》すべく」（戦時家庭教育指導要項）と「保護者は、基本理念にのっとり、子供に愛情をもって接し、子供の基本的な生活習慣の確立並びに子供の自立心の育成及び心身の調和のとれた発達を図る」（和歌山市家庭教育支援条例）との間に、それほどの隔たりがあるとはとても思えません。

（「『家庭教育支援条例のあるまち』に住んで」『子ども白書2018年版』）

和歌山市に限らず家庭教育支援条例の多くは、あるべき保護者像を具体的に掲げ、その保護者像実現のために行政が支援することを定めている。これは、個人の尊重、思想・信条の自由、家庭生活における個人の尊厳と両性の平等など、さまざまな憲法価値に抵触しかねない。

二〇一六年改正の児童福祉法でも第二条第二項が新設され「児童の保護者は、児童を心身ともに健やかに育成することについて第一義的責任を負う」と、保護者の第一義的責任が初めて明記された。それまでは、国と地方公共団体が保護者とともに児童の育成に「責任を負う」ことが記されていただけだった。

さらに二〇二二年に設置が決定した、子ども支援を担当する政府の部署も、当初の「子ども庁」から「子ども家庭庁」へと名称変更されるなど、保護者の教育責任の強調と家庭教育支援の流れはその後も継続している。

4　道徳の教科化、教科書検定の統制強化

心の教育から道徳教育へ

日本社会で「心」の問題が盛んに取り上げられるのは、いじめ問題などが深刻化した一九八〇年代からだった。一九八〇年代半ばには「心の専門家」という言葉が新聞紙上に登場し、八八年にはカウンセラー資格の認定団体として日本臨床心理士資格認定協会が結成されている。一九九四年の愛知県での男子中学生のいじめ自殺をきっかけに、文部省はいじめ対策として九五年度よりスクールカウンセラーの派遣を予算化した。さらに一九九七年の神戸市で起きた小学生連続殺傷事件をきっかけとして「心の教育」が政策課題に浮上する。

事件をきっかけにした中央教育審議会答申「新しい時代を拓く心を育てるために――次世代を育てる心を失う危機」が一九九八年に出され、家庭と学校における心の教育の必要性が強調された。家庭における心の教育の具体化が先に述べた『家庭教育ノート』『家庭教育手帳』の発行であり、その学校版が、二〇〇二年以降に発行される、小中学生を対象とした『心のノート』だった。

心理学者の河合隼雄《かわいはやお》の監修による『心のノート』は、子どもたちが自分の心のなかを質問

項目に即して反省的に振り返り、さらに家族に書き込んでもらうなどしてノートを完成させる教材である。そのなかで「勇気」「正直」「礼ぎ」などの徳目を自発的に習得させることが目的とされている。

心の問題を批判的に研究する三宅晶子は『心のノート』について「全体の構成から細部に至るまで、完全に学習指導要領・道徳編にもとづいて作られて」いるとした。そのうえで、『心の教育』が、全国一律に、義務教育課程の九年間続く道徳プログラムとして、子どもたちの心に向けて、すでに始まっている」と、二〇〇三年の時点で警鐘を鳴らしていた（『心のノートを考える』）。

さらに、道徳教科化の流れは、二〇一三年以降に本格化する。戦前の道徳教育である修身が、一九四五年にGHQによって授業の停止が命じられ、そこから長い過程を経て復活したものといえよう。一九五八年に学習指導要領に位置づけられたが「教科外活動」の枠組みに組み込まれ、検定教科書も発行せず、通信簿に評価も付けないこととなっていた。すでに述べた教育再生会議などでも道徳教育の強化が議論されていたが、自民党が政権復帰した二〇一二年に再び首相となった安倍晋三内閣のもとで、教科化の流れが加速した。

文部科学省は二〇一四年に『心のノート』を全面改訂し、「児童生徒が道徳的価値について自ら考え、行動できるようになることをねらい」として『私たちの道徳』を作成・配布した。この『私たちの道徳』について、作成当時に文部科学省初等中等局長だった前川喜平は、当時文部科学官僚には口出しできない状況が作られていたとし、作成された教科書は事実上の「国定教科書」だったと揶揄し次のように述べている。

この「国定教科書」のなかに「うばわれた自由」という読み物がありました。その後つくられた小学校の検定教科書でも、数社が同じ読み物を載せています。〔中略〕単にわがままはいけないというだけの教訓になっていて、自由とは何であるか、人類はいかに苦労しながら自由を勝ち取ってきたかという自由の価値については何も触れられていない。こんな教科書で自由を教えられる子どもたちは不幸です。(「教育から『自由』が奪われ続けている」『「自由」の危機　息苦しさの正体』)

文部科学省は、二〇一五年に小中学校学習指導要領の一部改訂を行い、道徳の時間を「考える道徳」「議論する道徳」へと転換することを目標として「特別の教科　道徳」と位置づけ、検定教科書の導入を決定する。小学校は二〇一八年度から、中学校は一九年度から全面実施となった。

元文部官僚の寺脇研は、小学校で使われている道徳教科書を分析し、「『特定の価値観を押し付けたり』する内容が多数含まれている」として、文部科学省の掲げる「『考え、議論する道徳』とは逆行」していると批判した(『危ない「道徳教科書」』)。

これまでの価値観自体が揺らぎはじめている状況のなかで、子どもたちがどう生きるべきかを「考え」「議論する」ことは本来は有効なはずだ。これまでの道徳は教科書がなく、子どもへの評価も必要ないことから、授業における教師の自由度は比較的高かった。それに対して「特別の教科　道徳」では、検定教科書の使用が教師に義務づけられ、子どもたちも「評価」を受けることになったのだ。

教科書検定による統制強化

実は教科書によって特定の価値や社会の見方を教え込むことは道徳の教科書にとどまらない。一九九〇年代以降教科書検定制度の仕組み自体が変更され、特に社会科では国家に都合のよい事実のみが掲載される傾向が強化されていった。

そもそも教科書検定、特に社会科をめぐっては長い混乱の歴史がある。検定制度を用いて国家に不都合な記述を削除させようとし、それに対する執筆者の抵抗が、一九六〇年代から継続されてきた。

それは第6章で述べた家永訴訟だけでなく、筑波大学附属高等学校教員の高嶋伸欣は、一九九三年に現代社会教科書の検定を不服として同じく国家賠償請求を起こした。

また、教科書検定は国際問題にもなってきた。高等学校用の日本史用教科書の検定で中国への「侵略」を「進出」へと書き換えることを文部省が要求したことが一九八二年六月に報道され、中国・韓国が抗議して外交問題に発展した。

のちに書き換え要求の事実はなく誤報だったことが明らかになったが、日本政府は同年八月に『「歴史教科書」に関する宮沢喜一内閣官房長官談話』を出し、これに沿って文部省は同年一一月に「近隣のアジア諸国との間の近現代の歴史的事象の扱いに国際理解と国際協調の見地から必要な配慮がされていること」を教科用図書検定基準に新たに加える改正を行った。これを「近隣諸国条項」と呼ぶ。この検定基準改正以降、太平洋戦争における侵略行為についての記述は教科書に定着していく。

一九九〇年代半ば以降には、東京大学教育学部教授の藤岡信勝がはじめた「新しい歴史教科書をつくる会」（以下、つくる会）により新たな展開があった。藤岡は、アメリカの国家利益に基づく「東京裁判史観」とソ連の国家利益に起源を持つ「コミンテルン史観」に戦後の日本人が呪縛《じゅばく》され、国家を否定する「自虐史観」に陥っているとし、そこから自由になるべきと「自由主義史観」を唱えた。

つくる会は、一九九七年に結成され、南京事件や従軍慰安婦問題に焦点を当てて、それらに関する記述の削除を文部省に要請するなど、既存の歴史教科書に対する批判キャンペーンを展開した。二〇〇一年には、つくる会が執筆した中学校歴史教科書『新しい歴史教科書』が検定合格となる。つくる会は生長の家や日本会議など、日本の右派勢力と結びついて活動を展開したことについては、すでに多くの報告がある（たとえば『〈つくる会〉分裂と歴史偽造の深層』)。

つくる会の教科書は採択五二一冊、シェア率〇・〇三九%とほとんど採択されることがなかった。しかし、つくる会の運動の盛り上がりによって既存の教科書会社の表現自粛を引き出すことになる。

二〇〇一年の検定では、七社の中学校歴史教科書のうち、従軍慰安婦は七社中三社がまったく触れず、「慰安婦」という言葉を使ったのも取り上げた四社中一社だけ、従来七社が取り上げていた「南京大虐殺」も被害者数を示していた六社のうち四社で数字が消えるなど「戦争中の日本の加害行為の記述が大幅に減」った(『朝日新聞』二〇〇一年三月一三日)。「慰安婦」について記述をむしろ充実させた日本書籍は、シェア率を一三・七%から五・九%へと激減させ(『朝日新聞』二〇〇一年九月一二日)、二〇〇四年には倒産に追い込まれる。

二〇〇五年に、つくる会は沖縄の集団自決問題を取り上げた。つくる会は、軍人の名誉を回復させるためとして、自決をめぐる軍命令がなかったのにあったと書いたのは名誉毀損だとして、大江健三郎と岩波書店を相手に、「集団自決」に関する出版差し止めと損害賠償請求訴訟を起こした。二〇〇六年の高校日本史教科書の検定では、沖縄戦に関する記述に「沖縄戦の実態について誤解する恐れがある」との検定意見が付き、修正後の教科書記述は『追いつめられて集団自決した』などとなり、集団自決に軍が直接関与したとする表現は教科書からすべて消え」ることとなった(『読売新聞』二〇〇七年三月三一日)。

これに対して二〇〇七年六月二二日に沖縄県議会が検定意見の撤回を求める意見書を全会一致で可決、さらに九月二〇日には検定意見撤回を求める沖縄県民大会が一一万人を結集して開かれた。結果的に政府が二〇〇七年一二月に教科書検定の訂正申請に応じ、軍の強制に関する記述は教科書に残ることとなった。

教科書検定の新たな段階

少し長くなったが、つくる会をはじめとする右派勢力の教科書攻撃などによって、教科書検定は新たな段階を迎える。

二〇〇九年三月に文科省が「教科書の改善について」という通知を出し、教育基本法や学校教育法の目標を「教科書記述に的確に反映していくこと」を求めた。さらに二〇一三年、下村博文《しもむらはくぶん》文科大臣が「教科書改革実行プラン」を発表し、一四年に教科書の検定基準と検定要項を改正した。これにより、検定結果にそれまで以上に明確に国家の立場を反映させることが可能になり、また教育基本法などに規定される教育の目標に照らして重大な欠陥があるものを検定不合格の条件とできることになった。

文部科学省は、二〇一六年にも規則を改正して検定の一発不合格の要件を詳しく定め、一度不合格になれば翌年度まで再申請できない制度へと改める。教科書採択は四年に一度のため、一度不採択になれば四年間、その教科書の売り上げはゼロとなることを意味する。教科書会社としては経営危機の可能性を孕《はら》む。こうして検定基準をあらかじめ忖度《そんたく》せざるを得ない制度が準備されることとなる。

日弁連は、すでに二〇一四年の制度改正の段階で、「国による過度の教育介入として憲法二六条に違反し、子どもの学習権等を侵害するおそれがあるため、これらの各改正の撤回を求める」旨の意見書を政府に出している。また、教科書検定制度に批判的な論者は、これらの制度変更により「教科書を政府の広報誌に変えるものであり、事実上の『国定教科書化』だ」と批判している（『戦後教科書運動史』）。

つくる会の運動は、その編纂した教科書自体がほとんど採択に至らなかった一方で、国家による教科書の事実上の統制をより強化することに成功したといえるだろう。こうして、子どもたちの内面の自由は教科書統制の強化によっても事実上突き崩されていくことになる。

教育改革がつくる子どもの不幸

子どもの貧困問題があらためて注目され、社会問題となった時代に進行した教育改革は、あるべき規範を定め、そこに子どもたちを適応させていこうとする教育だった。

全国学力学習状況調査は、「学力の把握・向上に生かす」という当初の目的を次第に逸脱し、学力向上のための過剰な競争を引き起こした。それは、いつか見た風景、すなわち一九六〇年代の全国学力調査で起きたことの再現でもあった。一九六〇年代当時は、自治体として学力を向上させることができれば、自治体に大工場を誘致できるという幻想があった。しかし二〇〇〇年代にはそのような願いはすでに存在せず、自治体の名声をかけた戦いに子どもたちが動員されたに過ぎない。

スタンダード教育、ゼロトレランス方式などは、子どもたちが「逸脱」してはならないという環境管理を徹底した。また、道徳教育の教科化や教科書検定の改革により、特定の規範の強化がいままで以上に容易に行うことができる体制が整備されていく。家庭教育の徹底は、親たちをこのような構造のなかに巻き込む施策だったともいえるだろう。総じて、子どもの貧困が深刻化する時代に、次章で見るように、競争に参加しない、またはできない子どもたちを逸脱者としてあぶり出していくことになる。

第11章　特別支援教育の理念と現実

前章では、二〇〇六年の教育基本法改正の経緯と、〇七年以降の新教育基本法下における教育改革を扱った。そこでは、さまざまな改革によって子どもたちの学校生活がより管理され、学校が閉塞感の強い空間に変化していく状況を概説した。この章でも、二〇〇七年以降の時代を前章に引き続き扱う。

二〇〇七年度は、前章で述べた全国学力学習状況調査（以下全国学テ）が開始されただけでなく、特別支援教育制度もはじまった年度である。「特殊教育」の名称が「特別支援教育」へと変更されるなかで、二〇〇六年から二〇年にかけて、特別支援学校と特別支援学級に在籍する子どもたちの数は激増する。それはなぜか。この章では特別支援教育を中心にみていく。

1　発達障害の急増――背景と薬物投与問題

特別支援学校在籍者の激増

特別支援学校の対象者は、視覚障害者・聴覚障害者・知的障害者・情緒障害者・肢体不自由者・病弱者などであり、幼稚部・小学部・中学部・高等部が存在する。これらは幼稚園・小学校・中学校・高校に相当する教育（「準ずる教育」と呼ぶ）を行うとともに、「障害による学習上又は生活上の困難を克服し自立を図る」ことに重点を置いた教育を行うこととなっている。学習指導要領は特別支援学校用のものを用いる。従来の盲学校・聾学校・養護学校を合わせて「特別支援学校」と称することになった。

特別支援学級の対象者は、知的障害者・肢体不自由者・身体虚弱者・弱視者・難聴者・その他で、公立の小中学校内に設置されている。時には、学区内の小中学校に設置されていないため、近隣校区の小中学校に通学する場合もある。高校にも設置できることになっているが、高校に設置されているケースは少ない。特別支援学級の在籍者も特別支援学校用の学習指導要領に準拠した教育を受ける。特別支援学校と特別支援学級の在籍児童は、通常の学習指導要領に準拠した教育を受けていないため、全国学力学習状況調査の対象外となる。

特別支援学校在籍者は、二〇〇六年から二〇一〇年の間に小学生約三万二七〇〇人から約四万

11－1　特別支援学校の幼小中高校生の推移（2005～20年）

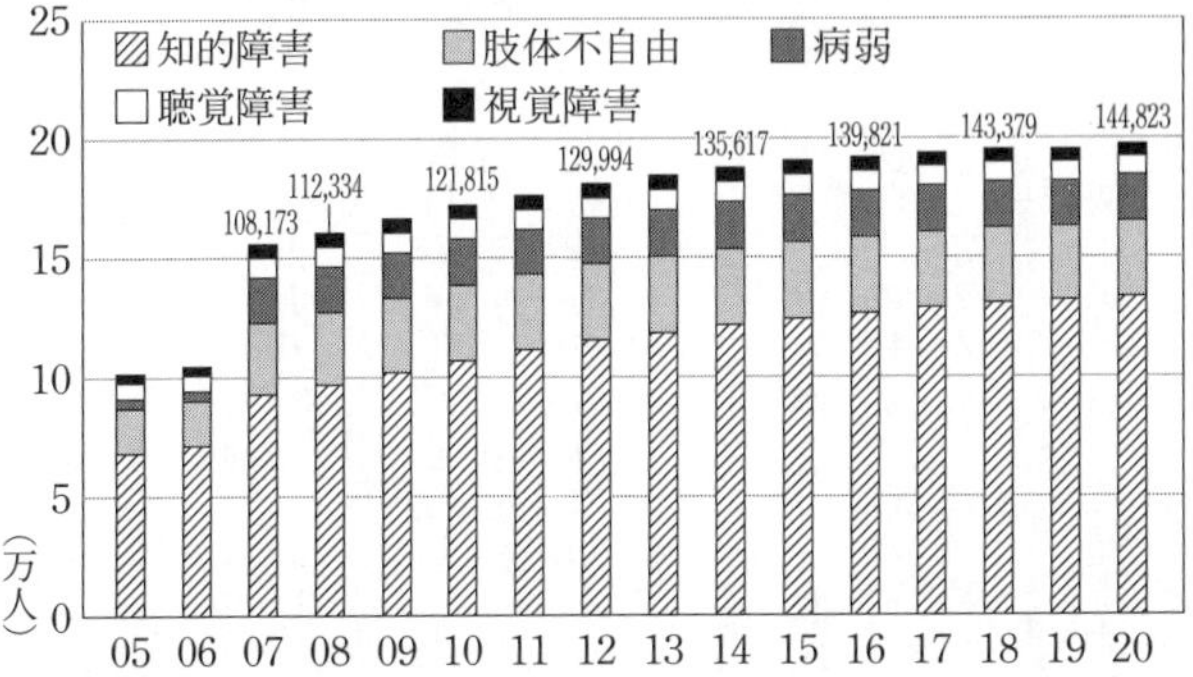

註記：棒グラフ上の数字は在籍実数．2006年度までは学校種ごとに集計．07年以降は複数の障害種を対象としている学校は，それぞれの障害種ごとに重複しカウントしている

出典：文部科学省『特別支援教育資料』（2021年）を基に筆者作成

11－2　通級による指導を受けている小中高校生の推移（2006～19年）

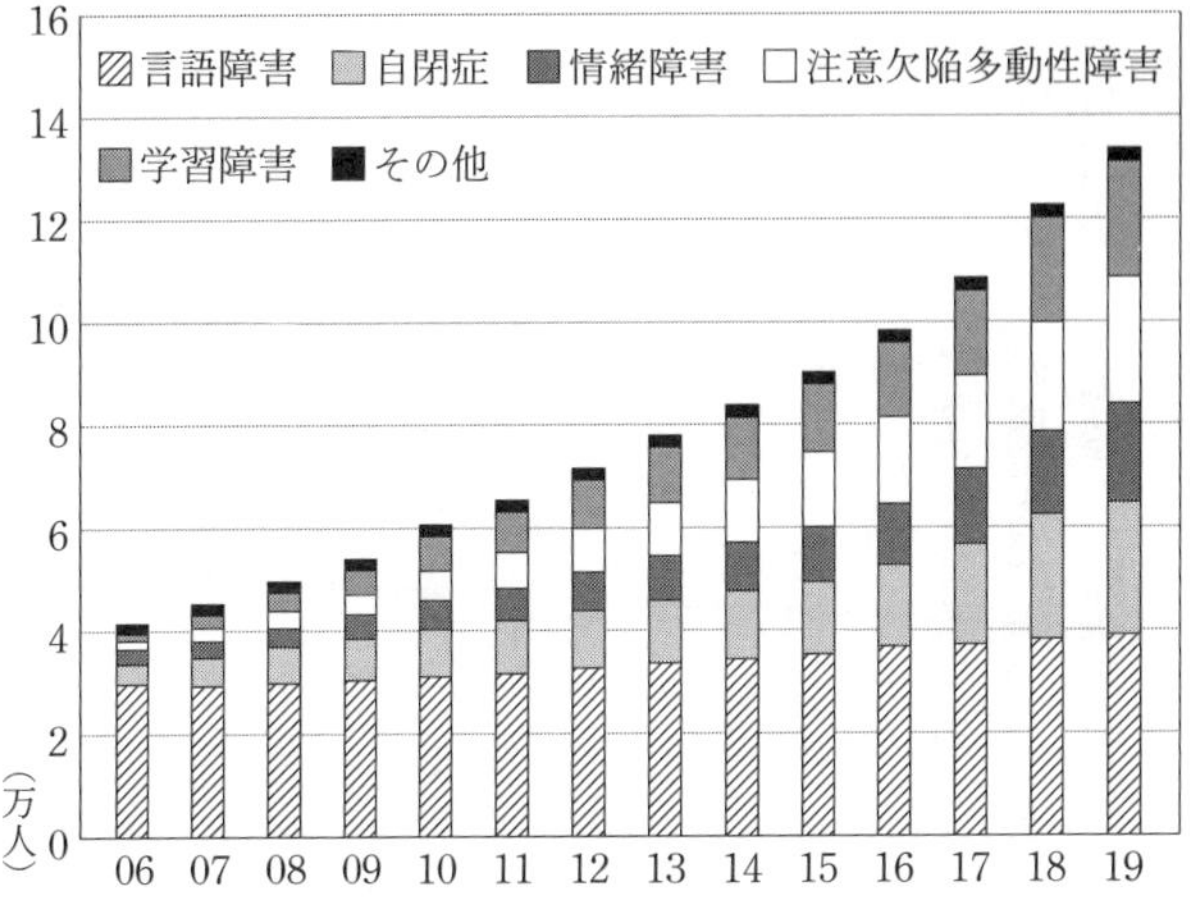

出典：文部科学省『特別支援教育資料』（2021年）

六三〇〇人（約一・四倍）、中学生約二万三六〇〇人から約三万六〇〇〇人（約一・三倍）。特別支援学級在籍者で小学生約七万三二〇〇人から約二二万八〇〇〇人（約三倍）、中学生約三万一四〇〇人から約八万四四〇〇人（約二・七倍）へと激増した。

さらに普通学級に在籍しながら一部の時間で特別な指導を受ける通級教育制度の利用者は、小学生で約三万九八〇〇人から約一一万六六〇〇人（約二・九倍）、中学生で約一七〇〇人から約一万六八〇〇人（約九・九倍）となっている。

この期間は少子化が進行し、小学生全体は七一九万人から六三〇万人（約一二％減）、中学生全体で三六〇万人から三二一万人（約一一％減）と減少しているにもかかわらずである。

このような事態をどう理解したらいいのだろうか。

発達障害――政令で定められた障害

「発達障害」という概念は一般には病名と思われているが、実は政令で定められた「障害」である。医学上の病名ではない。

発達障害の定義を最初に定めたのは、二〇〇五年の発達障害者支援法施行令であり、ここでは、「発達障害者支援法第二条第一項の政令で定める障害は、脳機能の障害であってその症状が通常低年齢において発現するもののうち、言語の障害、協調運動の障害その他厚生労働省令で定める障害とする」とあり、詳しくは「厚生労働省令」で別に定めることが示されている。

　発達神経学の専門家で子どもの発達診断や治療にも長年関わってきたお茶の水女子大学名誉教授で医師の榊原洋一によれば、発達障害は「診断名ではない」。「注意欠陥多動性障害（ADHD）」「自閉症スペクトラム障害」「学習障害」といった診断名の「総称」に過ぎない。また「脳機能の障害」とされているが、「血液検査や脳波検査、MRIなどの脳機能画像、さらには知能検査などのさまざまな心理検査をしても、注意欠陥多動性障害や自閉症スペクトラム障害の診断をすることはできない」（『子どもの発達障害誤診の危機』）。精神疾患の診断は生育歴や症状等の問診によるのが通常で、したがって医学的診断名であるADHDなどの診断も問診によって行う。「脳機能の障害」はいわば仮説なのだ。

　発達障害者支援法が早期発見・早期治療を自治体に課したことから、幼児の段階から医療の対象となり、製薬会社の戦略も相まって「発達障害バブル」と呼ばれる過剰診断が二〇〇〇年代以降進行していく。そこには子どもたちへの治療薬の過剰投与とその副作用の問題も懸念されている（『発達障害バブルの真相』『ルポ 精神治療につながれる子どもたち』など）。

　実は子どもの権利条約の各国の履行状況をモニターする国連の子どもの権利委員会も、二〇一〇年に日本政府に対して過剰な医療化に警告を発している。

　委員会は、著しい数の子どもが情緒的ウェルビーイング〔幸福度〕の水準の低さを報告していること、および、親および教職員との関係の貧しさがその決定要因となっている可能性があることを示すデータに留意する。委員会はまた、発達障がい者支援センターにおける注意欠陥・多動性障がい（ADHD）の相談数が増えていることにも留意する。委員会は、ADHDの治療に関する調査研究および医療専門家の研修が開始されたことを歓迎するが、この現象が主として薬物によって治療されるべき生理的障がいと見なされていること、および、社会的決定要因が正当に考慮されていないことを懸念する。

（『子どもの権利条約から見た日本の子ども』二〇一一年）

子どもの権利委員会は、親や教職員との「関係の貧しさ」という社会的要因を疑うべきであるのに、「発達障害」とされる子どもたちへのケアが医学による薬物投与にもっぱら頼っている現状を批判する。引用部分に続く文章では、「この分野における調査研究が製薬産業とは独立に実施されることを確保するようにも勧告する」として、医学と製薬産業との密接な関係を批判していた。

社会モデルか、医学モデルか

発達障害や学習障害に関する注目が日本で集まるのは一九七〇年代からである。だが、文部省が政策の対象として取り上げるようになったのは一九九〇年代からだった。

文部省では、「学習障害及びこれに類似する学習上の困難を有する児童生徒の指導方法に関する調査研究協力者会議」を一九九二年に発足させ、九九年に最終的な報告を行っている。教育社会学者の篠宮紗和子の研究によれば、協力者会議における議論の焦点の一つは障害の定義で、医学モデルを採用するか社会モデルを採用するかにあった。

医学モデルとは、障害を身体的・知的・精神的な機能損失から生じるインペアメント（機能的障害）にのみ由来すると規定し、医学や福祉や教育によって克服しようとする考え方である。伝統的にはこの医学モデルによって障害は捉えられてきた。障害児を特別に取り出して自立可能な市民に育てようとする特殊教育や特別支援教育は基本的にこの医学モデルに依拠した考え方を採用しているといえるだろう。

それに対して社会モデルは、障害当事者の社会運動から登場した考え方である。「障害は誰でも持っている（持つ可能性のある）ごくあたりまえのことであり、したがって、障害の責任を個人に負わせるのではなく、ＡＤＡ法（アメリカ障害者差別禁止法）に謳われているように、障害を持っていても『ふつうに』暮らせる社会をつくることが新たな目標になる」（『障害学への招待』）。

医学モデルは製薬業界が社会的影響力を持つアメリカに強く、社会モデルはヨーロッパ、特にイギリスで強く機能するモデルだった。

調査研究協力者会議ではアメリカモデルを採用するか、ヨーロッパモデルを採用するかが議論され、議論の結果、アメリカモデルが採用される。学習障害は社会的要因によって引き起こされるのではなく、「中枢神経系の機能障害」が原因であると定義された。ただし、その定義に必ずしも医学的、あるいは教育学的な根拠があったわけではない。

篠宮によれば、脳の機能障害が定義として選ばれた理由は二つあった。

一つはLD（学習障害）というこれまで制度上で想定されてこなかった障害児への対処を開始するにあたって、それが健常児とは異なる対処を必要とすることを「インパクトのある表現」で打ち出す必要があったこと。

もう一つは当時イギリスでは約二〇％の子どもが特別な教育を受けており、「イギリス案を採用した場合、当時の特殊教室や通級学級のキャパシティをはるかに超える数の要支援児童が発生することは必至」で、「当時の支援リソースに鑑《かんが》みれば、新たに対応しうる児童数はせいぜい数％が現実的だった」という人的リソースの問題だった（「学習障害（LD）はいかにして『中枢神経系の機能障害』となったか」『教育社会学研究』一〇四集）。

うがった見方をすれば、篠宮があげた二つの理由とも、当時の文部省が対大蔵省との折衝で予算を獲得するうえで現実的である予算規模を考慮して決められたともいえなくはない。これが今日に至るまで、多くの子どもの不幸を創り出す要因の一つとなっていく。そのことは後で明らかにしたい。

発達障害者支援法――脳機能障害なのか

発達障害者支援法は、厚生労働省と文部科学省の所管により二〇〇四年に成立する。ここでも発達障害は「脳機能の障害」と定義された。法律では「発達障害児に対し、発達障害の症状の発現後できるだけ早期に、その者の状況に応じて適切に、就学前の発達支援、学校における発達支援その他の発達支援が行われる」ことを国および地方自治体の「責務」として定めており、早期発見早期治療の体制が整備されていく契機となった。

本当に「発達障害」が脳の機能障害で、早期発見早期治療によって障害が軽減克服できるのであれば、このような法整備は「発達障害」に苦しむ子どもたちに福音だろう。しかし、すでに述べたように発達障害が社会モデルで捉えるべき障害で、本来求められるのが子どもたちの生育環境や教育環境の改善なのであれば、早期発見早期治療は、生育条件の悪い子どもたちを早期に「一般の子どもたち」から区別し、さらに治療の名の下で投薬による薬害の危険にさらす施策として機能する可能性もある。

慎重な検証が本来は必要な施策だが、そのような検証もないままに法に基づく制度の整備だけが二〇〇〇年代に進行していくことになる。

2　日本のインクルーシブ教育――深刻化する排除

特別支援教育制度の発足

この章の冒頭で少し触れたが、文部科学省は学校教育法を一部改正し、二〇〇七年度から「特殊教育」という名称を廃し、特別支援教育制度をスタートさせた。特別支援教育では、従来の特殊教育の対象児童生徒に加えて、対象をLD・ADHD・高機能自閉症などの障害を持つ者に拡大した。同時に、特別支援教育では、一人ひとりの教育的ニーズを把握し、そのニーズに応じて適切な教育を行うことになった。

従来の特殊教育は、教える場を通常と区別する「特殊な場」における教育として制度化されてきた。一人ひとりの教育的ニーズに対応する特別支援教育は、障害児教育における教育の論理が転換する可能性を含んでいた。

ただし、盲・聾・養護学校が特別支援学校に名称変更され、特殊学級を特別支援学級に名称変更することに事実上とどまり、発達障害などの対象が拡大されただけで、その特別なニーズへの教育は、依然として「特殊な場」で行われた点で、特殊教育の論理が継続されることとなる。

障害者権利条約の批准に向けて

障害者権利条約は二〇〇六年一二月に国連総会で採択され、〇八年五月に発効した。この条約は、障害者自身の自己決定、自立した生活と地域で共に暮らすこと、障害の社会モデルに即してバリアをなくしていくことを規定していた。

特に第二四条で「障害者が、他の者との平等を基礎として、自己の生活する地域社会において、障害者を包容し、質が高く、かつ、無償の初等教育を享受することができること及び中等教育を享受することができること」を規定していた。

この条文の解釈について、一般的には地域の普通学校普通学級でのインクルーシブ教育が原則であることを規定した条文として受け止める。事実、障害者権利条約批准に向けて国内法をいかに整備するかについて、内閣府が設置した障がい者制度改革推進会議は、「障害の有無にかかわらず、すべての子どもは地域の小・中学校に就学し、かつ通常の学級に在籍することを原則」とすべきであると提言していた。

また、特別支援学校や特別支援学級と地域の普通学校普通学級との「交流及び共同学習」については、「分けられた教育環境が前提となるため、原則分離の教育のままでは障害者権利条約で規定しているインクルーシブ教育は実現しない。地域社会の一員となる教育の在り方という観点から見直されるべき」と、特別支援教育の在り方を批判した。

この障がい者制度改革推進会議は、二〇〇九年に閣議決定により内閣府に設置された障がい者制度改革推進本部（本部長は内閣総理大臣、本部員はすべての国務大臣）に直属する会議体だった。ただし、当時の民主党政権が二〇一二年に自民党政権に交代したこともあり、この提言は実現することはなかった。

インクルーシブ教育システム

文部科学省は、二〇一二年に中央教育審議会「共生社会の形成に向けたインクルーシブ教育システム構築のための特別支援教育の推進（報告）」により、基本的に従来の特別支援教育制度を延長することで対応しようとした。

すなわち、まず「同じ場で共に学ぶことを追求するとともに、個別の教育的ニーズのある児童生徒に対して、自立と社会参加を見据えて、その時点で教育的ニーズに最も的確に応える指導を提供できる、多様で柔軟な仕組みを整備することが重要である」とした。そのうえで「小・中学校における通常の学級、通級による指導、特別支援学級、特別支援学校といった、連続性のある『多様な学びの場』を用意」することを要諦《ようてい》とした。だがそれは「連続性のある」といいながら、通常の学級と特別支援学級とは別空間であり、さらに地域の学校と特別支援学校とは地理的にも離れている点で、障がい者制度改革推進会議の批判した「原則分離の教育」の継続だった。

ただし就学先決定の方針については、障害者権利条約にやや積極的に対応した。二〇一三

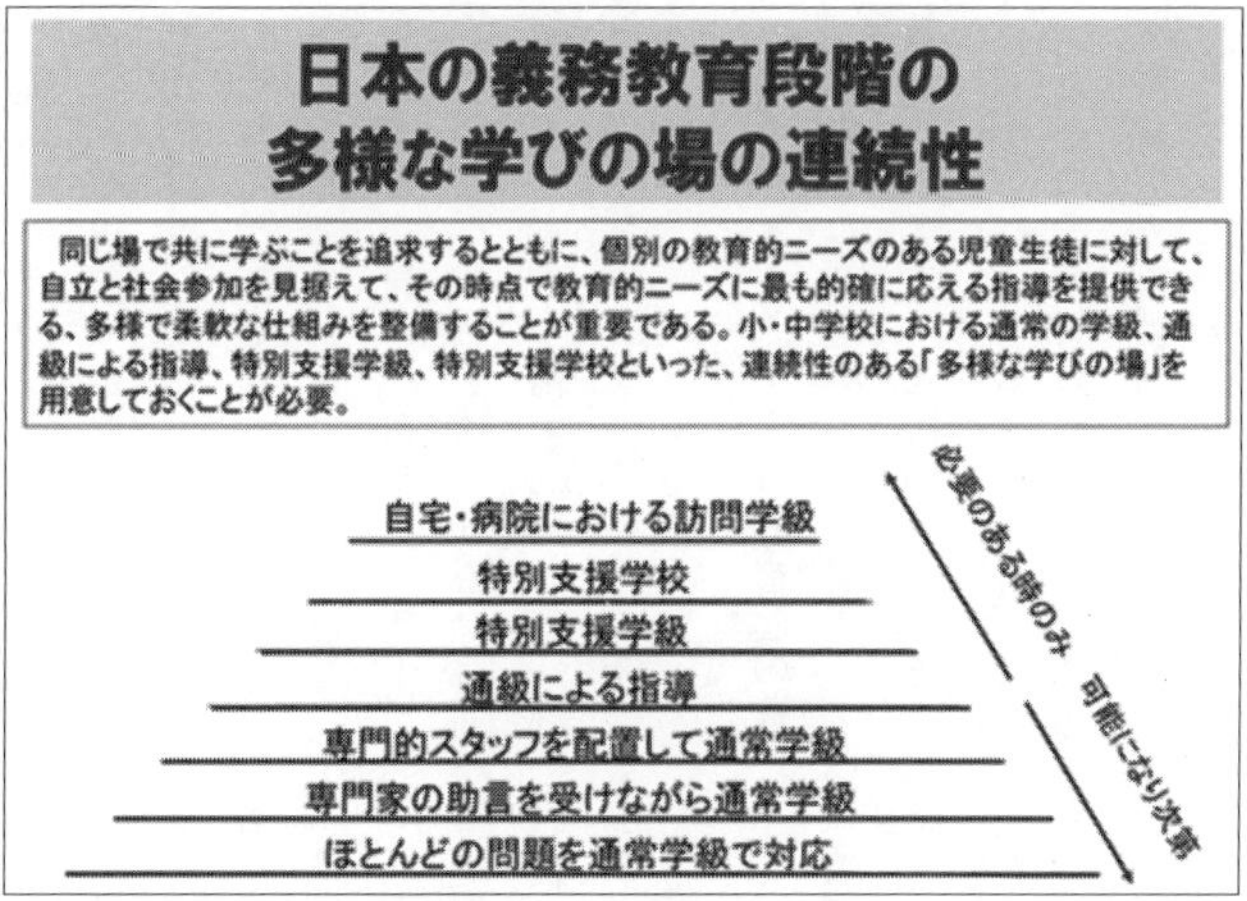
日本の義務教育段階の
多様な学びの場の連続性
同じ場で共に学ぶことを追求するとともに、個別の教育的ニーズのある児童生徒に対して、自立と社会参加を見据えて、その時点で教育的ニーズに最も的確に応える指導を提供できる、多様で柔軟な仕組みを整備することが重要である。小・中学校における通常の学級、通級による指導、特別支援学級、特別支援学校といった、連続性のある「多様な学びの場」を用意しておくことが必要。
自宅・病院における訪問学級
特別支援学校
特別支援学級
通級による指導
専門的スタッフを配置して通常学級
専門家の助言を受けながら通常学級
ほとんどの問題を通常学級で対応
必要のある時のみ
可能になり次第
文部科学省が提示する「連続性のある多様な学びの場」

年学校教育法施行令一部改正により、新たに「保護者の意見については、可能な限りその意向を尊重」するという文言を挿入したからだ。一九七七年以降、就学先の決定は本人や親の意向とは無関係に就学指導委員会が決定するシステムであり、本人や保護者の意思の尊重が規定されたことは大きかった。しかし、最終的な決定権は本人や保護者ではなく教育委員会にあるという点には注意が必要である。

もう一つ、障害者権利条約に対応して、地域の普通学校で学ぶことを前提として、特別支援学級、通級による指導の充実が図られる。

通級による指導とは、通常の学級に在籍し、そこでの学習におおむね参加できるが、一部特別な指導を必要とする子どもを対象にして行われる指導のことである。一九九三年に制度化された。

従来は「拠点校方式」といって、数校に一校の割合で通級指導教室が設置され、対象となる子どもは決められた日に拠点校に通学する形態が一般的だった。それに対して、障害者権利条約批准以降は、地域の学校で教育を受ける権利を保障することを重視する立場から、それぞれの子どもの通学する学校で指導を行う「自校方式」へと多くの自治体が転換した。特別な指導とはいえ、国語や算数（中学は数学）といった主要教科の時間に教室を抜けて特別な部屋でソシアルスキルトレーニングなどを受けることが多い。そのため通級指導を受ける子どもは、たとえば、毎週一時間は特定教科の授業を受けることができないといったことが起きてしまう。結果的には、一部の教科の授業についていけない子どもを通級指導の名のもとで増やしてしまっている可能性も高い。

国連のインクルーシブ教育との違い

そもそも国連がいうインクルーシブ教育と、これまで述べてきた日本の「インクルーシブ教育システム」とは似て非なるものだ。

国連でのインクルーシブ教育への最初の言及は、一九九四年スペインのサラマンカでユネスコとスペイン政府の共催による国際会議であった。そこで「サラマンカ声明ならびに行動の枠組」が採択され、日本政府も批准する。さらに先に述べた障害者権利条約を踏まえて二〇一六年には障害者権利委員会より「インクルーシブ教育を受ける権利に関する一般的意見第4号」が出されている。これらを踏まえるならば、国連がいうインクルーシブ教育の特徴は三点に整理できるだろう。

第一に、そもそもの大前提として、多様な市民が共生するインクルーシブな社会をいかに建設するかという課題がある。そのために地域社会をインクルーシブな社会へと転換する改革の拠点として学校が位置づけられている。地域社会の住民やそこに通学する子どもたち、さらには教職員が学校運営に参画することもインクルーシブな学校で重要なことと捉えられている。対して日本のインクルーシブ教育は「障害児」と「健常児」が共に学ぶことに限定されている。

第二に、性差、民族差、障害、経済格差など多様な差異が包摂の対象として意識されている。対して日本の場合は「障害」に限定され、たとえば海外からのニューカマーの子どもの問題は通常、インクルーシブ教育の課題とは認識されることがない。

第三に、障害の社会モデルに基づき、差異を障害として浮き彫りにしてしまう制度や文化、具体的には学校の規則や授業の方法などを見直していくことを目指す。それに対して日本の教育では、個々の子どもの発達に最適な学びの場を充実させることを理想とし、普通学級におけるルールなどを見直すことを基本的に行わない。そのためインクルーシブ教育に熱心になればなるほど、結果として分離を促進してしまう皮肉な現象が生まれている。

国連障害者権利委員会は、障害者権利条約批准国の条約履行状況を定期的に審査し勧告を行う権限を持っている。日本に対する審査が二〇二二年八月に行われ、九月九日の勧告では、障害者権利委員会は特別支援学級・特別支援学校という、分離された特別教育が存続していることに懸念を表明した。そして、障害児にインクルーシブ教育への権利を認めること、分離特別教育の廃止とインクルーシブ教育への転換に向け、国として行動計画を立てることを日本政府に求めた。

見逃されている薬害の問題

教室でマジョリティの子どもたちとは異なった行動をとるために「発達障害」を疑われ、判定の結果、特別支援学級に措置される子どもたちが増えていることは先に述べた。これは、単に社会学でいう排除・周縁化の問題としても深刻だが、それだけではない。多くの子どもたちは、精神科治療を受けることを学校から勧められる。病院で処方される精神医薬が、果たして子どもたちに薬害をもたらしているのかいないのかがもう一つの議論すべき問題である。

ジャーナリストの米田倫康は、学校から受診を勧められたことが精神科受診のきっかけとなっているケースが多いこと、子どもへの薬害については不明であるにもかかわらず、医療の現場で多剤投与など安易な治療が横行していることを問題としている（『発達障害バブルの真相』）。

同様の指摘は、国連子どもの権利委員会も日本政府に勧告している。先に二〇一〇年に警告を発していると記したが、子どもの権利委員会は一九年にも日本では「子どもが注意欠陥・多動性障害をともなう行動上の問題を有している旨の診断および精神刺激薬によるその治療が増加している一方で、社会的決定要因および非医学的形態の処遇が等閑視されていること」を批判し、次のような点に具体的な懸念を表明した。

注意欠陥・多動性障害を有する子どもの診断が徹底的に吟味《ぎんみ》されること、薬物の処方が最後の手段として、かつ個別アセスメント〔評価〕を経た後に初めて行なわれること、および、子どもおよびその親に対して薬物の副作用の可能性および非医療的な代替的手段について適正な情報提供が行なわれることを確保するとともに、注意欠陥・多動性障害の診断および精神刺激薬の処方が増加している根本的原因についての研究を実施すること。

（「第四・第五回総括所見」二〇一九年）

子どもの権利委員会は「あらゆる環境における効果的支援を確保する学際的アプローチを通じて対応するための効果的措置」を検討するように日本政府に勧告した。

障害の社会モデルに即すならば、発達障害もまた環境要因を疑うべきである。しかし、そのような対応への検討が政策的に行われることはなく、精神科での子どもへの精神薬処方は増え続けている。なお、『週刊東洋経済』の記事によれば、向精神薬「コンサータ」の二〇一九年の全国での処方量（一九歳以下）は一五年の三・五倍にまで増加している（二〇二二年七月二三日号）。

ニューカマーの子どもは「発達障害」になりやすいか

さらに、ニューカマーの子どもたちの問題も深刻だ。日本国憲法が規定する権利の主体が国籍保持者に限定されたことから、日本では長らく、外国籍の子どもたちへの学籍が整備されてこなかった。そのため近年になるまで果たして何人の不就学者がいるのかについても、統計的な把握すらなされてこなかった。

二〇一九年に文部科学省が初めての全国調査を行ったところ、「日本に住む外国人の小中学生にあたる子ども約一二万四〇〇〇人のうち、約二万人が就学していない可能性がある」ことがわかる。「教育委員会が所在を積極的に把握していない子も一万人近く」で、さらに住民台帳などで存在を把握していても「就学案内を送っていない自治体も四割近く」だった（『朝日新聞』二〇一九年九月二八日）。

また、通学しているなかで日本語指導が必要な外国人の子ども約五万人に対して、日本語の補習がない場合も二割以上にのぼる（『朝日新聞』前掲記事）。その結果として起きていることは何か――。

外国人住民の多い自治体でつくる「外国人集住都市会議」を対象とした文部科学省の調査に基づくと「二五市町では外国籍の子どもの五・三七％（一万八七六人中五八四人）が特別支援学級に在籍し、在籍率は全児童生徒の二・五四％（三四万三八〇八人中八七二五人）の二倍超」だった。さらには、「日本語が理解できないため知能指数（ＩＱ）検査の結果が低く、知的障害などと判断された可能性がある」とする専門家の談話を紹介している（『毎日新聞』二〇一九年九月一日）。

すでに指摘したように、日本のインクルーシブ教育は「障害」のみを対象とする。そのため外国人児童への日本語指導はインクルーシブ教育の範疇《はんちゅう》とは通常認識されていない。また、民族差・文化差への配慮も制度化されておらず、外国人の子どもたちが文化的な習慣のために日本人の子どもたちと異なる行動をとれば、それを「発達障害」と見なされてしまう事態が起きている。先の調査はそれを浮き彫りにした。

逆行する文科省の通知

二〇二〇年を過ぎても、この排除の体制は基本的に変わることがない。

二〇二一年一月、文部科学省は「新しい時代の特別支援教育の在り方に関する有識者会議報告」を公表した。基本的な考え方のなかには「障害のある子供と障害のない子供が可能な限り共に教育を受けられる条件整備」を掲げつつも、実際の具体的施策は、「通常の学級、通級による指導、特別支援学級、特別支援学校といった、連続性のある多様な学びの場の一層の充実・整備」に関するもので埋め尽くされている。

たとえば、「小中学校における障害のある子供の学びの充実」の具体策としては、「特別支援学級と通常の学級の子供が共に学ぶ活動の充実」「自校で専門性の高い通級による指導を受けるための環境整備」「通級による指導等の多様で柔軟な学びの場の在り方の更なる検討」が掲げられている。「共に学ぶ活動の充実」も、特別支援学級と通常の学級との交流・共同学習を指し、先に障がい者制度改革推進会議が批判した「分けられた教育環境が前提」となる「原則分離の教育」に過ぎない。

さらに、二〇二二年四月に文部科学省は一部の自治体で「特別支援学級に在籍する児童生徒が、大半の時間を交流及び共同学習として通常の学級で学」ぶ状況を問題とし、「原則として週の授業時数の半分以上を目安」として特別支援学級での学習を保障するよう、全国の地方教育委員会に通知した。

本来、地域の普通学校普通学級での学びを保障すべきインクルーシブ教育の方向性とは逆行する通知である。これは、「障害の状態や特性及び心身の発達の段階等に応じた指導」を保障すべきという特別支援教育の理念自体の限界をあらためて露呈するものでもあり、結果として引き起こされるのは、分離教育の強化、「障害」とされる特性を持つ子どもたちの排除・周縁化だろう。

また、自民党の文部科学部会は、二〇二二年五月に学校でいじめ被害を受けている児童生徒を守る目的で、加害者側に出席停止などを校長権限で命じる懲戒処分制度の創設を文部科学省に求めた。二〇〇一年からいじめ加害者に出席停止を求めることは可能だったが、権限が教育委員会にあるなど運用ルールが複雑なための改正提案だ。いじめもまた、加害側の子どもが社会的環境要因のなかで追い込まれ他者を傷つけてしまった行為であるとすれば、本来、被害側の子どもたちと共に最も学習権を保障すべき、社会的に不利な立場にいる（加害側の）子どもたちが、いじめという形で自らの生きづらさを表現してしまったならば、出席停止のうえ自宅でのオンライン学習という分離教育を余儀なくされることとなる。

新自由主義の教育が、社会的弱者の子どもを、時に障害児として、または微罪で学校から排除・周縁化する傾向があることは、アメリカに即して鈴木大裕がすでにレポートしている（『崩壊するアメリカの公教育』）。鈴木の警鐘に照らすならば、日本の教育がまた一歩アメリカに近づき、社会的弱者の排除・周縁化を自然なものとする教育の体制が整えられようとしている。

3　希望はどこに――大阪市立小学校の試み

身近にあるのか

ここまで論じてきたように、学校教育はさまざまな問題に直面し、うまく対処し得ないいまに今日を迎えている。学校という教育組織が必要なのだとしても、すでに時代遅れであり根本的な改革が必要との声は、経済同友会が従来の公教育をスリム化し民間企業に一部の機能を代替させることを求めた「合校論」をはじめとして一九九〇年代からあった。だがその声はさらに高まっているかに見える（たとえば、経済産業省「未来の教室」プロジェクト）。

しかしいまの学校組織でも、できることはまだまだたくさんあり、子どもたちの幸せを育むことは可能である。その例として、二〇〇六年四月に創設された大阪市立大空小学校の事例を取り上げてみたい。大空小学校は地域の普通の学校である。

全校生徒二〇〇人ほどの大空小学校は、木村泰子初代校長以来、全教職員や地域住民とともに、「すべての子どもの学習権を保障する学校をつくる」ことを理念として掲げ、特別支援学級を一切設置することなく、すべての時間を子どもたちが普通学級で共に学ぶ教育を実践している。

大空小学校の存在が広く知られるようになったきっかけは、関西テレビが一年間の取材を

大阪市立大空小学校　たった一つの約束は「自分がされていやなことは，人にしない，言わない」を掲げる

共に学び合う子どもたち，大阪市立大空小学校，2015年

行い、ドキュメンタリー番組「みんなの学校」を二〇一三年に放映してからだ。同番組は障害の有無とは無関係に誰もが同じ教室で学ぶ大空小学校の日常を丁寧に描きだして多くの視聴者の共感を呼び、二〇一三年度文化庁芸術祭大賞を獲得した。また番組をもとにして製作された映画『みんなの学校』が二〇一五年に公開されると、全国の小劇場での上映が相次ぎ、公開から七年が過ぎた二二年時点でも自主上映が続いている。

「すべての子どもの学習権を保障する」というとき、その多くは多数派の学習権を守ろうとするあまり、少数派の学習権を二の次にしてしまうケースが多い。だが、大空小学校では、もっともしんどい思いをしている子どもの学習権を尊重しようとしている。そのためにさまざまな工夫が行われている。

まず、校則があると、その校則のために通いづらくなる子どもが出てきてしまう可能性があるという危惧から、校則は一切設定していない。その代わり、多様な子どもたちが安心して学び合えるためのルールとして「自分がされていやなことは、人にしない、言わない」を「たった一つの約束」として定めた。

また、現実の子どもは、必ずしも家庭で大切に育てられている子どもばかりではない。信頼できる複数の大人たちとの出会いを保障するために、学級担任制を廃止して全教職員ですべての子どもを見守る体制をつくったほか、保護者・地域住民を「サポーター」として位置づけ、学校で子どもたちとサポーターとが日々学び合える環境を工夫した。

さらに、テストによって測定する学力を「見える学力」として位置づけ、対して「見えない学力」として「人を大切にする力」「自分の考えを持つ力」「自分を表現する力」「チャレンジする力」を設定している。大空小学校では、学校は「見えない学力」の育成を重視する場であることを繰り返し教職員・子ども・サポーターで確認している。

この四つの力は、いわば基本的人権に深く関わる力を養成しようとすることを意味している。一人ひとりが人権主体として学びを追求することを可能にするとともに、テストの点数を上げようとするなかで起きてしまいがちな排除の空気の醸成を避けることに寄与している。

もちろん、ケンカも日常的に起きる。しかしそのようなときこそ、子どもたちの学習にとって絶好の機会の到来だ。まずは教師の仲裁によって、目の前の友達がされてイヤなことが自分がされてイヤな別のことと実は同じであることに気づいたり、そもそも、本当に相手に伝えたかったことは何だったのかを丁寧に振り返ったりする活動が時間をかけて展開される。そのような活動の繰り返しのなかで、目の前の他者についてより深く理解するとともに「人を大切にする力」や「自分を表現する力」とはどういうことなのかを子どもたちは具体的に学んでいく。そこでは一人ひとりが過ちを犯しつつも学び直せる可塑《かそ》的な存在であることへの信頼に貫かれており、ケンカをしかけた子どもを問い詰めて反省文を書かせたり、責任をとらせたりといった処罰的な関わりは存在しない。

同時に重視されているのは「やり直し」という活動だ。自らの間違いに気づいたら、もう一度、目の前の友達に対して「やり直し」をするのである。新たな自分にチャレンジし、自らの「人を大切にする力」「自分を表現する力」を行使する機会を保障することが重視されている。過ちを犯しても、大人たちが見守ってくれていて、過ちから学び直せるからこそ、一人ひとりが安心して学校生活を送ることができる。

誰もが安心して学ぶ空間をつくるために何が必要かを皆で考えて、徹底して工夫しているのが大空小学校だ。

なぜ特徴的な教育は可能なのか

この章で発達障害とされる子どもの扱いをめぐってみてきたことは、学習権はどうしたら保障できるのかをめぐる理解の相違でもある。

理論的には、特別支援教育も大空小学校も対象となる子どもの学習権をいかに保障するかを課題としている。その際、特別支援教育が教師が子どもに最適な学習環境を付与することを事実上学習権保障の中身としているとすれば、大空小学校はコミュニティモデルを採用し、子どもたちの学習する権利は、子どもたち同士のなかでこそ実現されるのだと考え、すべての時間に共に学ぶ環境を保障することを目指してきた。そのときにもっともしんどい子どもが友だちと一緒に安心して学ぶためには、どのような環境が保障されるべきか、教職員は常にその場その場で心を砕《くだ》いてきたわけだ。それは、第6章で取り上げた共生教育運動の思想ときわめて近い。

大空小学校は特別な小学校ではない。スーパーエリートの教師がいるわけでも、行政の援助が手厚いわけでもない。というよりも、大空小学校が所在する大阪市では、二〇〇八年からは橋下徹《はしもととおる》が大阪府知事に、さらに一一年からは同市市長に就任し新自由主義改革が学校を席巻《せっけん》してきた。大阪は経済格差が大きく、また私立学校も多く存在するため、公立学校の学力水準は全国的にも低い。大阪市の教育行政は学校に対する市民の不安感・不信感を煽ることで、学力向上のために教師の成果給を導入したり、「学校安心ルール」なるスタンダードを設定して子どもの逸脱行動を厳しく取り締まるルールを明示している。大空小学校の教育改革は、このような逆風のなかでの草の根の民主主義運動だったといってもよいだろう。

なぜ大空小学校で特徴的な教育が可能だったのか——。それは、新設校でそれまでの慣例に縛られなかったことに加え、学校に与えられた教育課程編成権をうまく活用したからだ。教育課程編成権とは、学習指導要領に規定された学校の権利である。すなわち学校は、地域の実態や子どもの実情などに応じて、学校の教育計画全体を工夫することができる。多くの学校では、教育委員会への忖度や、周囲の学校との横並び意識の下で、この教育課程編成権を有効活用できていない。その意味で、大空小学校の改革は全国どこででも、明日からでもできる改革のはずだ。

弱者の学習権を尊重する

スタンダードを設定し、逸脱行動を取り締まり、逸脱者に別の教育環境を与えようとする近年の教育施策は、その子に最適な教育環境を保障する特別支援教育と表裏一体となって進行する。現場では、逸脱者を「発達障害」として特別支援学校・特別支援学級在籍への変更を保護者に提案するといったことが行われているからだ。

その子にとっての最適な学習環境を保障するという名目の下で、結果として小さな逸脱者を排除し大多数の「安心」を確保するのか、逸脱と見える行動をとる子どもこそ、もっともしんどい社会的弱者なのだと考えて、その子どもの学習権の保障をこそ重視するのか。

いま、大多数の学校改革が前者を志向しているのに対して、子どもたちの困難を解決し得るのは、後者の選択肢ではなかろうか。いまいちど、憲法第二六条の精神をどう学校の日常のなかで具現するのかを議論するところから、子どもたちの学びを、学校のあり方を語りはじめる必要がある。

終章　学校再生の分かれ道

Society 5.0

この終章を書いている二〇二二年、戦後教育は大きな岐路に立っているかにみえる。一つはSociety 5.0の到来によって変革を余儀なくされる学校の未来である。もう一つは子ども基本法の成立により、あらためて人権概念に根ざした学校を再構築するという未来である。

まず前者からその概要を説明してみよう。

Society 5.0という概念は、二〇一六年に閣議決定された「第五期科学技術基本計画」に登場する。Society 5.0とは、狩猟社会、農耕社会、工業社会、情報社会に続く「サイバー空間（仮想空間）とフィジカル空間（現実空間）を高度に融合させたシステムにより、経済発展と社会的課題の解決を両立する、人間中心の社会（society）」（内閣府ホームページ）として玉虫色に描かれる未来社会像である。

このような新たな社会の到来に向けて文部科学省は二〇一八年に「Society 5.0に向けた人

材育成——社会が変わる、学びが変わる」を出した。そこでは、「公正に個別最適化された学び」をキーワードとし、AIの進展を背景としてタブレットによる個別学習の充実を目指している。つまり、ビッグデータの蓄積によって、「個人の学習状況等のスタディ・ログ（学びの記録）を学びのポートフォリオ（保存した評価）として電子化・蓄積し、指導と評価の一体化を加速する」ことがそこでは可能という。

AI化は「生徒指導、教師の働き方改革や学級運営等、あらゆる面で教育の質を向上させる可能性」があるとし、学校生活全般が「EdTech」なる新たなテクノロジーの管理下に置かれる。二〇一六年の学習指導要領で新たに導入されたアクティブラーニング（講義形式でなく子どもたち自らが能動的に学習する方法）などは、「異年齢・異学年集団での協働学習」「地域の人材等と連携し、体験活動を含めた多様な学習プログラム」などで言及されるにとどまり、すっかり脇に追いやられた感がある。

「未来の教室」プロジェクト

この文科省のプランの背景には経済産業省による「未来の教室」プロジェクトがある。経産省は二〇一六年に教育産業室を立ち上げ、一八年に有識者会議「『未来の教室』とEdTech研究会」を発足させた。二〇一九年六月に第二次提言として「『未来の教室』ビジョン」を発表している。そこでは、教育産業との大胆な連携を打ち出し、社会全体を学びの場とし、事実上の学校スリム化論を打ち出している。その意味で、第11章で説明した一九九五年経済同友会による「合校論」の延長線上に位置づけることができる。従来の教科学習は基本的にAIによって「個別最適化」された機械学習によって進め、生み出された時間で「探究プロジェクト」を追究するというのである。

この「未来の教室」プロジェクトは、コロナ禍の全国一斉休校によって一気に現実のものとなった。経済産業省は「#学びを止めない未来の教室」というハッシュタグで「緊急メッセージ」を発出し、「学校が閉まってるからって、学びを止めないで済む」として、個人向け・学校向けサービスとして、さまざまな民間企業のオンライン教育プログラムを無償開放した。文部科学省も重い腰をあげた。コロナ禍前に立てていた、全児童生徒一人一台のパソコン配備を二〇二三年度中に目指すという「GIGAスクール構想」を前倒しし、二〇二〇年度中に完了するよう追加予算を地方自治体に配布したのである。こうして、「未来の教室」プロジェクトはいまや全国の小中学校に浸透することとなった。

このような流れに教育学者の佐藤学は、『第四次産業革命と教育の未来』で警鐘《けいしょう》を鳴らす。佐藤によれば、世界では政府や自治体の財政悪化に伴い、「公立学校の民営化と教育企業への委託」が進んでおり、ここで重要な役割を果たしているのが教育産業である。すなわち、「公立学校を民営化した教育企業、公立学校を業務委託された教育企業は、教員の多くを解雇してコンピュータに置き換え、多大な利益」をあげている。二〇一一年に四〇〇兆円だった世界の教育市場は二〇年には六〇〇〇兆円にまで膨張し、世界の自動車市場の三倍に達しているという。

日本でも政府・自治体の財政的体力はコロナ禍の緊急的支出によって悪化しており、一気に民営化・業務委託が進行しかねない。すでに学校は、事務員・用務員・給食作業員・カウンセラーをはじめ、さまざまな職員が非正規の身分で働き、自治体に直接雇用されるのではない派遣労働者も少なくない。また教師も非正規で働く教員が全国で一〇万人以上となり、全体の二割に達しようとしている（『非正規教員の研究』）。すでに静かな民営化は進行しているわけだ。

公立学校の運営形態自体を民営化・業務委託するような事態になれば、教育研究者の鈴木大裕が『崩壊するアメリカの公教育』でアメリカの民営化される教育の実態として描き出したように、子どもたちは点数によってより厳重に個別に管理・分断され、逸脱者の排除もより深刻になっていくことだろう。

これまでみてきたように、戦後の教育史は、産業界にとっての人材をいかに供給するかに主眼を置いて教育が制度化されてきた。ＡＩ化により、多くの労働が失われる可能性を迎えている今日、産業界にとっての学校の役割は、高度人材の育成とともに、不要な人材の選別も重要になっていきかねない。だとしたら、マジョリティへの公教育は統治的な機能をより期待されていくことになるだろう。その意味では、子どもを個別に管理し、逸脱者の排除を厳格に行うことを好都合と見る向きが、実は有力なことを本書をここまでお読みになった読者であれば気づくだろう。

子ども基本法の発効

ただし、二〇二二年の時点でそのような方向が決定的になったとはいえない。かすかな希望もある。二〇二二年六月に国会はこども家庭庁の設置を決め、同時にこども基本法を成立させた。どちらも二〇二三年四月一日の発足、発効となる。

子ども家庭庁は、当初「子ども庁」としての新設が計画されていたが、保守系議員の反発により、保護者に養育の一次的責任があるなどの理由から「こども家庭庁」に名称変更された経緯がある。また、子ども基本法の検討過程でも、行政から独立して調査・勧告する第三者機関「子どもコミッショナー」の設置の必要性が提起されたが、設置は見送りとなり、子ども家庭庁の予算規模や財源も最後まで示されないなど、成立過程ですでに問題含みの船出となった。

第11章で述べたように、子どもの権利条約は国連総会で一九八九年に採択され、日本政府は九四年に批准した。それから三〇年近くが経過した。遅きに失した感があるとはいえ、国連の子どもの権利条約に対応する国内法として「こども基本法」がようやく公布されたことの意味は大きい。

子どもの権利条約に対応し、「全てのこどもについて、個人として尊重されること・基本的人権が保障されること・差別的取扱いを受けることがないようにすること」「全てのこどもについて、〔中略〕教育基本法の精神にのっとり教育を受ける機会が等しく与えられること」「全てのこどもについて、年齢及び発達の程度に応じ、自己に直接関係する全ての事項に関して意見を表明する機会・多様な社会的活動に参画する機会が確保されること」「全てのこどもについて、年齢及び発達の程度に応じ、意見の尊重、最善の利益が優先して考慮されること」などが規定された。

まず、「国民」が主語でなく「全てのこども」と書かれていることが重要だ。これは、外国籍、もしくは無国籍の子どもであっても義務教育が保障される必要があることをあらためて国が認めたことを意味する。また、子どもの基本的人権・意見表明権の尊重が規定され、それを守ることの義務が国や地方公共団体に課せられたことの意味も大きい。これに従うならば、小中学校の運営は大きな変更を余儀なくされることになるだろう。

すなわち、制服、服装検査、持ち物検査、各種校則、教育スタンダード・学習スタンダードなどは基本的人権の観点から厳しく問い直される必要が生じるはずだ。同時に、授業や学校行事をはじめ学校生活全般に子どもの意見が尋ねられ、それに基づいて改善が図られることも求められるだろう。

学校再生の可能性

まずは、「全てのこども」の一人ひとりが持つ人権が尊重される空間へと学校が変化することが求められる。あらためて、戦後の教育史を振り返るに、それは、人材育成の場としての学校をどう制度化し運営するかに力点が置かれてきたことは間違いない。ありきたりな表現だが、社会に役立つ人材をどう育成するかという視点から、子どもたち一人ひとりが人間として育ち合う場として学校をどう再生するかという視点への転換が必要なのだ。

その意味で、学力の国際順位が上がったか下がったかという議論について、本書はあえて取り上げなかった。国際調査で重視すべきとすれば、学力の順位ではない。重視すべきは、たとえば二〇二〇年ユニセフレポートカード一六で、日本の子どもたち（一五歳）の精神的幸福度が三八ヵ国中三七位という事実だろう。子どもたちの置かれている精神的環境は、ほかの先進国と比較して厳しく、十分に子どもの人権が保障されていない可能性をあらためて浮かび上がらせている。

考えてみると、子ども個々の人権に基づく教育は、第1章で取り上げた戦後改革で、一九四七年に制度化された。しかし必ずしも十分に実現しないままに七〇年以上経過し、今日、個々の子どもの人権に基づく学校教育の実現をあらためて追求する可能性が生まれている。

それは本書で述べてきたように、戦後のなかで繰り返し提起され続けてきた学校の可能性である。子どもたちがあらためて学ぶべきは、共に生き共に学び合うなかで人類は社会をつくってきた事実であろう。そして共に生き、共に学ぶための技法や思想について、学校のなかで実感として理解を深めていくことが求められている。共に生き、共に学ぶ関係を学校のなかで丁寧につくりあげ、人権に基づく教育を追求することこそ、子どもたちの幸福実現に寄与する学校教育を再生する道すじであろう。

あとがき

大学院生の頃に読んだ柳田国男《やなぎたくにお》は、国民総体の幸福の追求が学問の目的であると述べた。だとしたら、教育学もまた、学校で学んでいる子どもたちすべての幸福に寄与するものでなくてはならないはずだ。そう考えた私は、院生時代から極力学校現場に足を運び、そこで教育の問題を考えようとしてきた。現場から学ぶという研究スタイルは、大学院時代の恩師佐藤学先生の薫陶でもあった。

大学院生時代から三〇年通い続けたなかで、学校現場の多くは、次第に閉塞的な空気が強固となったように思える。

そこでは、「休み時間に隣の教室に入ってはならない」など、外部者からすればおよそ不思議なルールがこまごまと制定されるようになり、子どもたちの日常を拘束するようになっていった。さらに全国学力学習状況調査の学校順位を上げるべく、子どもたちをテスト準備教育に追い立てることに力が注がれ、「子どもの仕事は遊ぶことだ」などといった言葉を教師から聴くことはなくなった。

学校では教科学習をいかに充実させてテストの点数を上げるかに焦点が当てられ、子どもたちの生をどう充実させるのかへの配慮は低下していったように思う。学校を訪問しても教室に入っただけで窮屈で窒息しそうになり、子どもを気の毒に思いつつ教室をそっと立ち去ることが次第に増えていった。ごく「普通」の子どもたちが「障害児」とされて、元のクラスの子どもたちから引き離されて、廊下の一番奥に設置された特別支援学級でひっそりと学んでいる光景を見ることも増えた。背後には、政治主導の教育改革があった。

現場を通して見えてきたのは、政治に翻弄される学校の姿であり、そのなかでの子どもたちの不幸だった。本書は、このような子どもたちを取り巻く不幸が戦後教育史のどのような変化のなかでつくられたのかを学校教育に即して描き出したいと考えた。

その際、本書が焦点を当てたのは、次の四点である。

第一に、学校教育における子どもの人権保障がどのように変化したのかを描き出した。学校のなかでの子どもの人権保障には、遅々たる歩みとはいえ進展も見られる。たとえば、これまであまり言及されてこなかったが、一九八〇年代の生徒による校内暴力が盛んだった時代には、背後に教師による執拗な体罰があった。体罰が当たり前だった時代から、一九九〇年代以降、体罰が禁じられる時代へと変化していった。しかし、一九九四年に批准した子どもの権利条約は、なぜか子どもたちの学校生活に影響を与えないままに今日を迎えている。

第二に、戦後の学校教育政策は産業界の意向に大きく影響された。そこで戦後日本の産業政策や財界の教育への提言などがどのように変化したのかを補助線として、戦後の学校教育政策の変遷を読み解こうとした。

第三に、「障害児」とされる子どもたちに焦点を当てた。文部科学省が描き出す正史のなかで、戦後教育史は「障害児」に対する学習権保障進展の歴史、いわば包摂の歴史だ。ただし「障害」とは、マジョリティに有利な社会の仕組みのなかで少数の弱者が持つ不利な特性なのだとすれば、社会的に不利な特性をもつ子どもが「障害児」と同定されがちだ。ゆえに人材再配分の装置としての学校教育は、社会的な有用性の観点から特定の子どもを「障害児」として排除周縁化する機能を果たしてきた。本書は、「障害児」に注目することを通して、戦後教育の包摂と排除の機能の変遷を描き出そうとした。

第四に、それぞれの時代には、さまざまな選択肢があり得た。過去における選択肢の選び方によっては、よりましな現在を手中にし得ていた可能性もある。それぞれの章で言及したほか、特に第6章ではこのような問題を集中的に扱い、一九七〇年前後の学園闘争における生徒たちによる学習権思想の提起、七〇年代末の養護学校義務化反対運動における共生教育思想の醸成に注目している。歴史における、いわば「未発の可能性」を描き出すことを媒介として、現代にもいくつもの選択肢があり得ること、ひいてはよりよい子どもたちの未来を学校教育を通して構築し得る可能性が存在することを示唆しようとした。

学校教育の危機が様々に語られる今日において、本書は戦後教育史を描き直すことで学校教育再生の手がかりを模索した。

最後に、本書が誕生したのは、ひとえに中央公論新社の白戸直人氏のおかげである。白戸氏は、なかなか書くことができなかった私を信じられない気長さで励まし続けてくださったばかりか、的確かつ鋭い洞察力により内容を洗練させてくださった。白戸氏なくして本書は日の目を見ることがなかった。ここに白戸氏に心からの感謝の意を表したいと思います。ありがとうございました。

二〇二三年一月

小国喜弘

参考文献

はじめに

子どもの権利条約NGOレポート連絡会議『子どもの権利条約から見た日本の子ども（国連・子どもの権利委員会第3回日本報告審査と総括所見）』現代人文社、二〇一一年

母子愛育会愛育研究所『日本こども資料年鑑2022年』KTC中央出版、二〇二二年

文部科学省『特別支援教育資料』（令和2年度）、二〇二一年

第1章

赤塚康雄『戦後教育改革と青年学校―資料で見る機会均等運動の展開』クリエイティブ21、二〇〇二年

『朝日新聞』一九四五年八月二〇日、四五年八月二六日

安達健二「教育基本法の成立事情」『教育基本法文献選集一』学陽書房、一九七七年

阿部重孝『阿部重孝著作集』第六巻、日本図書センター、一九八三年

NHK首都圏ネットワーク、二〇一四年二月二六日。https://www.nhk.or.jp/shutoken/net/report/20140226.html

大内裕和「隠蔽された記憶―国民学校の〈近代〉」『現代思想』二三巻一号、一九九五年一月

郷土教育協会編『日本教育年鑑1948年版』日本書籍、一九四八年

近代日本教育制度史料編纂会編『近代日本教育制度資料』第一八巻、大日本雄弁会講談社、一九五七年

佐藤学「教育基本法の歴史的意味―戦前と戦後の連続性（対論　教育基本法「改正」がもたらす危機）」『世界』七二二号、二〇〇四年一月

鈴木英一・平原春好編『資料教育基本法五〇年史』勁草書房、一九九八年

鈴木清『日本教育改造案―米国教育使節報告書』玉川学園出版部、一九四六年

鈴木道太「農村の社会と子ども」黎明書房編集部編『戦後教育の功罪 他律と反動の克服』黎明書房、一九五二年

関口隆克「教育基本法の成立事情」前掲『教育基本法文献選集一』

全日本中学校長会編『十年の歩み』全日本中学校長会編集部、一九五七年

土持ゲーリー・法一「六・三・三制とアメリカ教育使節団報告書」教育科学研究会『教育』三四巻一二号、一九八四年一一月

寺崎昌男責任編集『戦後教育改革構想 1期 1（日本現代教育基本文献叢書）』日本図書センター、二〇〇〇年

仲新「六・三制度の問題点 新しい教育の再検討」『新しい学校』三巻一〇号、一九五一年一〇月

永井徹『女子学生の生態』河出書房、一九五三年

日本教職員組合『ありのままの教育―1950年教育白書』日本教職員組合、一九五〇年

長谷川亮一『「皇国史観」という問題―十五年戦争期における

文部省の修史事業と思想統制政策』白澤社、二〇〇八年
藤野豊『戦後日本の人身売買』大月書店、二〇一二年
古川和人「戦後占領期における新制中学校独立校舎建設に伴う住民参加型コミュニティ・ファイナンスの研究—教育復興期における山形県北村上郡常盤村立常盤中学校の事例から」『東京女子体育大学・東京女子体育短期大学紀要』四四号、二〇〇九年
堀文次「浮浪児の実態とその救済」教育科学研究会『教育科学』一七号、一九四八年一二月
文部省『学制百年史』帝国地方行政学会、一九七二年
文部省内教育法令研究会『教育委員会—理論と運営』時事通信社、一九四九年
『読売新聞』一九四七年四月一一日、四七年四月二三日、四七年一二月一七日、四八年一二月三一日、五〇年二月一日、五〇年二月一二日、五二年三月二五日、五二年四月二四日、五四年四月一三日、五五年五月二七日

第2章

大田洋子『屍の街』中央公論社、一九四八年
長田新編『原爆の子』岩波書店、一九五一年
神崎清「子を売る親を罰せよ—児童福祉法の新判決」『婦人公論』三八巻六号、一九五二年六月
原爆の子きょう竹会編『改訂版「原爆の子」その後—「原爆の子」執筆者の半生記』本の泉社、二〇一三年
厚生省児童局監修『児童福祉』東洋書館、一九四八年
厚生省児童局編『児童憲章制定記録』中央社会福祉協議会、一九五一年
厚生省児童局編『児童福祉十年の歩み』日本児童問題調査会、一九五九年
志道好秀『人身売買とその対策（朝日新聞調査研究室報告要旨）』朝日新聞社、一九五二年
峠三吉『原爆詩集（青木文庫第48）』青木書店、一九五二年
永井憲一・村元宏行「憲法26条の制定過程—入江文書、佐藤文書などを素材とする再検討」『法学志林』九七巻三号、二〇〇〇年
中山茂『児童保護（児童・青少年法講座4）』新評論社、一九五五年
原民喜『夏の花—小説集（ざくろ文庫第5）』能楽書林、一九四七年
広島県被爆教師の会・広島県教職員組合共編『原爆をどう教えたか』明治図書出版、一九七一年
広島大学新聞会編『平和を求めて—長田新論文・追想記』広島大学新聞会、一九六二年
広島文学資料保全の会『さんげ 原爆歌人正田篠枝の愛と孤独（現代教養文庫 1567）』社会思想社、一九九五年
ベアテ・シロタ・ゴードン『1945年のクリスマス—日本国憲法に「男女平等」を書いた女性の自伝』柏書房、一九九五年
法務府人権擁護局『人権思想の現状』法務府人権擁護局、一九五一年
本田和子『子ども一〇〇年のエポック—「児童の世紀」から「子どもの権利条約」まで』フレーベル館、二〇〇〇年
『読売新聞』一九四七年八月一七日、五〇年五月三〇日、五三年六月八日、五四年六月三日

第3章

臼井吉見「『旭ヶ丘』の白虎隊」『文藝春秋』三二巻一〇号、一九五四年七月

参考文献

小熊英二『〈民主〉と〈愛国〉―戦後日本のナショナリズムと公共性』新曜社、二〇〇二年

教育ジャーナリストの会『戦後教育史の断面―子どもはモルモットじゃない』国土社、一九五七年

国民教育研究所『全書 国民教育第五巻（地域の生活と学校）』明治図書出版、一九六八年

杉本恒雄・山本修『高校生奮戦記―高知の高校生』三一書房、一九六二年

田川精三編『愛媛教育残酷物語 これが勤評の実態だ（教育問題新書5）』明治図書出版、一九六三年

日本共産党『日本共産党の六十五年（一）』新日本出版社、一九八九年

日本教職員組合『日教組十年史』日本教職員組合、一九五八年

日本教職員組合『日教組二〇年史』労働旬報社、一九六七年

林雅行『管理された教師たち―「教育正常化」を告発する』柘植書房、一九八二年

広田照幸編『歴史としての日教組』上・下巻、名古屋大学出版会、二〇二〇年

宮島尭『高校生の政治活動』明治図書出版、一九六九年

文部省学校教育局『新制中学校・新制高等学校―望ましい運営の指針』教育問題調査所、一九四九年

第4章

朝日新聞社編『いま学校で6（中学校〈教科書〉）』朝日新聞社、一九七七年

石川憲彦『「発達障害」とはなんだろう？―真の自尊ルネッサンスへ（こころ学シリーズ3）』ジャパンマシニスト社、二〇二〇年

香川県教師集団『学テ日本一物語（教育問題新書）』明治図書出版、一九六六年

北村小夜『おもちゃ箱ひっくり返した―ひとりの女・教師の半生』現代書館、一九八八年

スベニルソン、I他、産業計画会議訳『経済発展と教育投資―OECD10年後の教育目標』経済往来社、一九六三年

戦後日本教育史料集成編集委員会編『戦後日本教育史料集成第7巻（経済の高度成長と教育）』三一書房、一九八三年

日本教職員組合『白書―日本の教育1971』日本教職員組合、一九七一年

藤田昌司訳『戦後教育の原像―日本・ドイツに対するアメリカ教育使節団報告書』鳳書房、一九九五年

堀正嗣『障害児教育のパラダイム転換―統合教育への理論研究』明石書店、一九九四年

村松喬『教育の森 第4（教師とその周辺）』毎日新聞社、一九六六年

村松喬『教育の森 第7（再編下の高校）』毎日新聞社、一九六七年

文部省『わが国の特殊教育（広報資料 第18）』文部省、一九六一年

文部省初等教育課・中等教育課監修 理科教育振興推進委員会編『理科教育振興法とその解説』好学社、一九五五年

文部省調査局『文部時報』一九五八年一〇月

文部省調査局『日本の成長と教育―教育の展開と経済の発達』帝国地方行政学会、一九六二年

横浜国立大学現代教育研究所『中教審と教育改革―財界の教育要求と中教審答申（全）』三一書房、一九七一年

『読売新聞』一九五八年二月一六日

第5章
色川大吉『昭和史世相篇』小学館、一九九〇年
岩田幸基『現代の中流階級—意識と生活のギャップを探る』日本経済新聞社、一九七一年
加藤美帆『不登校のポリティクス—社会統制と国家・学校・家族』勁草書房、二〇一二年
高度成長期を考える会編『高度成長と日本人』1・2、日本エディタースクール出版部、一九八五年
国民教育研究所・千葉県共同研究者団『受験体制と子どもたち』千葉県教職員組合文化部、一九六四年
玉本格『部落と学校と変革と（解放教育選書2）』明治図書出版、一九六九年
東京家庭裁判所現代非行問題研究会『繁栄の落し子たち 70年代の少年非行』大成出版社、一九七二年
東京都教育庁総務部調査課『長期欠席生徒調査報告書』東京都教育庁総務部調査課、一九六六年
間宏編『高度経済成長下の生活世界』文真堂、一九九四年
福地幸造『落第生教室（教育問題新書）』明治図書出版、一九六四年
見田宗介『現代日本の精神構造』弘文堂、一九六五年
宮本憲一『経済大国（昭和の歴史 第10巻）』小学館、一九八三年
村松喬『教育の森 第1（進学のあらし）』毎日新聞社、一九六五年
村松喬『教育の森 第2（閉ざされる子ら）』毎日新聞社、一九六五年
村松喬『教育の森 第3（教師・その実情）』毎日新聞社、一九六六年
村松喬『教育の森 第5（家庭と学校）』毎日新聞社、一九六六年
村松喬『教育の森その後』毎日新聞社、一九七一年
村山正治『講座情緒障害児 4（登校拒否児）』黎明書房、一九七二年
矢島正見『戦後日本青少年問題考』青少年問題研究会、二〇一三年
『読売新聞』一九六一年二月二〇日、六四年二月一七日

第6章
新井章『体験的憲法裁判史』現代史出版会、一九七七年
北村小夜『一緒がいいならなぜ分けた—特殊学級の中から』現代書館、一九八七年
木村祐子『発達障害支援の社会学—医療化と実践家の解釈』東信堂、二〇一五年
楠山忠之『康ちゃんの空』創樹社、一九八一年
小国喜弘編『障害児の共生教育運動—養護学校義務化反対をめぐる教育思想』東京大学出版会、二〇一九年
子供問題研究会『俺、「普通」に行きたい』明治図書出版、一九七四年
近藤原理編『シリーズ70年代日本教育の焦点2 障害児その差別からの解放』明治図書出版、一九七二年
篠原睦治『「障害児」観再考—「教育＝共育」試論』明治図書出版、一九七六年
高桑純夫『人権の思想（毎日ライブラリー）』毎日新聞社、一九六二年
田中昌人『講座 発達保障への道3（発達をめぐる二つの道）（全障研新書）』全国障害者問題研究会出版部、一九七四年
中沢道明編『高校紛争の記録』学生社、一九七一年
日本教育新聞社『日本教育年鑑1971』日本教育新聞社、一

九七〇年
日本大学文理学部闘争委員会書記局『叛逆のバリケード—日大闘争の記録 増補版』三一書房、一九六九年
日本臨床心理学会『戦後特殊教育　その構造と論理の批判—共生・共育の原理を求めて』社会評論社、一九八〇年
堀尾輝久『現代教育の思想と構造—国民の教育権と教育の自由の確立のために』岩波書店、一九七一年
堀尾輝久・兼子仁『教育と人権（現代法叢書）』岩波書店、一九七七年
八木下浩一『街に生きる—ある脳性マヒ者の半生』現代書館、一九八〇年
山尾謙二『サツキからの伝言—0点でも高校へ』ゆみる出版、一九八六年
横田弘『障害者殺しの思想（障害者と人権叢書1）』JCA出版、一九七九年

第7章

青木慧『臨教審解体—教育支配の構造ドキュメント』あけび書房、一九八六年
有賀幹人「中学生の反乱」ひと編集委員会『現代教育実践文庫 校内暴力と登校拒否』太郎次郎社、一九八二年
『朝日新聞』一九七一年六月一九日
有賀幹人『教育の犯罪—愛知の管理教育』国土社、一九八三年
池亀卯女「生活リズム（生活点検）ってなんだ」ひと編集委員会『現代教育実践文庫 登校拒否を超えるには／生活点検とはなにか』太郎次郎社、一九八五年
伊藤茂樹『「子どもの自殺」の社会学—「いじめ自殺」はどう語られてきたのか』青土社、二〇一四年
遠藤豊吉他編『登校拒否・校内暴力（現代教育実践文庫36）』太郎次郎社、一九八二年
沖原豊『校内暴力—日本教育への提言』小学館、一九八三年
鎌田慧『ロボット社会の管理と支配』青史社、一九八四年
鎌田慧『教育工場の子どもたち』岩波書店、一九八四年
久冨善之『競争の教育—なぜ受験競争はかくも激化するのか』労働旬報社、一九九三年
国立教育研究所内校内暴力問題研究会『校内暴力を中心とする少年非行克服への提言（『月刊生活指導別冊』）』学事出版、一九八四年
「子どもの人権と体罰」研究会・「体罰と管理教育を考える会」共編『子どもの人権と学校—父母・市民・教師・弁護士たちの記録』草土文化、一九八八年
小森良三「マイクロエレクトロニクス技術革新と労働の変貌」「講座現代と変革」編集委員会編集『講座 現代と変革1 現代危機の諸相』新地平社、一九八四年
斎藤富夫『なぜ死を急ぐ—遺書をかく子どもたち』サンケイ出版、一九七九年
坂本秀夫『「校則」の研究—だれのための生徒心得か』三一書房、一九八六年
城丸章夫『管理主義教育』新日本出版社、一九八七年
豊田充『「葬式ごっこ」八年後の証言』風雅書房、一九九四年
生江有二『おれたちは先生を殴った—校内暴力、〝加害者〟からの証言』五月社、一九八一年
林雅行『管理される子どもたち—ルポ・しのびよる右翼教師の群れ』柘植書房、一九八二年
菱村幸彦編『高校移行措置の解説と資料』明治図書出版、一九七九年
牧柾名・今橋盛勝編『教師の懲戒と体罰—学校教育と子どもの人権』総合労働研究所、一九八二年

毛利子来「恐いです、やっぱり」前掲『現代教育実践文庫 登校拒否を超えるには／生活点検とはなにか』
森田洋司・清永賢二『いじめ─教室の病い』金子書房、一九八六年
渡辺治「保守政治と革新自治体」歴史学研究会・日本史研究会編『講座日本歴史12（現代2）』東京大学出版会、一九八五年
渡辺治「現代日本社会の権威的構造と国家」藤田勇編『権威的秩序と国家』東京大学出版会、一九八七年

第8章

青木慧『日本式経営の現場』講談社、一九八七年
『朝日新聞』一九八八年四月二五日、九〇年九月一八日、九一年四月一二日
麻生誠『生涯発達と生涯学習』放送大学教育振興会、一九九三年
池上正道『体罰・対教師暴力─体験的非暴力教師宣言（非行克服シリーズ4）』民衆社、一九八三年
伊藤正直『高度成長から「経済大国」へ』岩波書店、一九八八年
喜多明人・森田明美・広沢明・荒牧重人編『［逐条解説］子どもの権利条約』日本評論社、二〇〇九年
ジェルピ、エットーレ、前平泰志訳『生涯教育─抑圧と解放の弁証法（現代社会科学叢書）』東京創元社、一九八三年
中井孝章『環境管理社会の子どもたち─規律型権力からの転回』日本教育研究センター、二〇〇七年
名取弘文『こどものけんり「子どもの権利条約」こども語訳』雲母書房、一九九六年
日本子どもを守る会『子ども白書 1992年版』草土文化、一九九二年
原田三朗『臨教審と教育改革─その矛盾と挫折』三一書房、一九八八年
菱村幸彦「教育改革への提言1 教育課程システムの柔軟化」『学校経営』四三巻六号、一九九八年五月
藤田英典『安倍「教育改革」はなぜ問題か』岩波書店、二〇〇一四年
村山士郎他『激変する日本の子ども─子どもデータバンク』桐書房、二〇〇〇年
村上義雄他編『体罰と子どもの人権（人権ライブラリイ）』有斐閣、一九八六年
山本由美『教育改革はアメリカの失敗を追いかける─学力テスト、小中一貫、学校統廃合の全体像』花伝社、二〇一五年
『読売新聞』一九八四年八月二一日、九一年一〇月二九日〜一一月九日
渡辺治『「戦後政治の総決算」へ』歴史学研究会『日本 同時代史5 転換期の世界と日本』青木書店、一九九一年

第9章

『朝日新聞』一九九五年九月六日、九九年六月二日
朝日新聞社会部『学級崩壊』朝日新聞社、一九九九年
NHK放送文化研究所編『NHK中学生・高校生の生活と意識調査─楽しい今と不確かな未来』日本放送出版協会、二〇〇三年
太田和敬編『学校選択を考える（現代のエスプリ406）』至文堂、二〇〇一年
小川正人・勝野正章編著『教育行政と学校経営』放送大学教育振興会、二〇一二年
岸裕司『学校開放でまち育て─サスティナブルタウンをめざして』学芸出版社、二〇〇八年
後藤道夫編『岐路に立つ日本（日本の時代史28）』吉川弘文館、

参考文献

一九九九年
授業研究所監修・秋葉英則他『学級崩壊からの脱出—教師412人の実態調査』フォーラム・A、一九九八年
神保哲生・宮台真司・藤原和博・藤田英典・寺脇研・内藤朝雄・浪本勝年・鈴木寛『教育をめぐる虚構と真実』春秋社、二〇〇八年
仲田康一『コミュニティ・スクールのポリティクス—学校運営協議会における保護者の位置』勁草書房、二〇一五年
日本子どもを守る会『子ども白書 1999年版』草土文化、一九九九年
野田正彰『子どもが見ている背中—良心と抵抗の教育』岩波書店、二〇〇六年
藤田英典『新時代の教育をどう構想するか　教育改革国民会議の残した課題』岩波書店、二〇〇一年
堀尾輝久・横湯園子・山本由美編『学校を取り戻せ！—シカゴ、足立、貧困と教育改革の中の子どもたち』花伝社、二〇一六年
山田昌弘『迷走する家族—戦後家族モデルの形成と解体』有斐閣、二〇〇五年
『読売新聞』二〇〇七年一月二六日

第10章

浅井春夫・松本伊智朗・湯澤直美編『子どもの貧困—子ども時代のしあわせ平等のために』明石書店、二〇〇八年
『朝日新聞』二〇〇一年三月一三日、〇一年九月一二日、〇七年七月一七日、〇七年一〇月二五日、一六年四月二〇日
大橋雄介『3・11被災地子ども白書』明石書店、二〇一一年
勝野正章「自治体教育政策が教育実践に及ぼす影響—授業スタンダードを事例として（特集 自治体教育政策における構造改革と教育的価値の実現）」『日本教育政策学会年報』二三号、二〇一六年
金原徹雄「『家庭教育支援条例のあるまち』に住んで」『子ども白書2018年版』草土文化、二〇一八年
苅谷剛彦『大衆教育社会のゆくえ—学歴主義と平等神話の戦後史』中央公論社、一九九五年
澤田俊也「都道府県による授業スタンダードの作成状況とテキスト内容の検討」『国立教育政策研究所紀要』一四七集、二〇一八年
『週刊東洋経済』二〇〇八年五月一七日号
鈴木大裕『崩壊するアメリカの公教育—日本への警告』岩波書店、二〇一六年
俵義文『〈つくる会〉分裂と歴史偽造の深層—正念場の歴史教科書問題』花伝社、二〇〇八年
俵義文『戦後教科書運動史』平凡社新書、二〇二一年
寺脇研『危ない「道徳教科書」』宝島社、二〇一八年
『東京新聞』二〇一六年八月二四日
日本子どもを守る会『子ども白書　2011年版』草土文化、二〇一一年
福井県議会「福井県の教育行政の根本的見直しを求める意見書」二〇一七年
本田由紀・伊藤公雄編著『国家がなぜ家族に干渉するのか—法案・政策の背後にあるもの』青弓社、二〇一七年
前川喜平「教育から「自由」が奪われ続けている」集英社新書編集部編『「自由」の危機—息苦しさの正体』集英社、二〇二一年
耳塚寛明「学力と家庭的背景—保護者調査を用いたAエリア小6学力の分析」お茶の水女子大学JELS『青少年期から成人期への移行についての追跡的研究』第10集、お茶の水女子大学、二〇〇七年

三宅晶子『心のノートを考える』岩波書店、二〇〇三年
文部科学省『生徒指導メールマガジン』一六号、二〇〇六年
山野良一『子どもの最貧国・日本—学力・心身・社会におよぶ諸影響』光文社、二〇〇八年
山本由美『学力テスト体制とは何か—学力テスト・学校統廃合・小中一貫教育』花伝社、二〇〇九年
横湯園子・世取山洋介・鈴木大裕編著『「ゼロトレランス」で学校はどうなる』花伝社、二〇一七年
吉益敏文・濵田郁夫・久冨善之・教育科学研究会編『検証 全国学力調査—悉皆式を止め、抽出式で3年に一度で』学文社、二〇二一年
『読売新聞』二〇〇七年三月三一日、一七年一〇月一六日

第11章

『朝日新聞』二〇一九年九月二八日
石川准・長瀬修編著『障害学への招待—社会、文化、ディスアビリティ』明石書店、一九九九年
木村泰子『「みんなの学校」が教えてくれたこと—学び合いと育ち合いを見届けた3290日』小学館、二〇一五年
木村泰子・小国喜弘『「みんなの学校」をつくるために—特別支援教育を問い直す』小学館、二〇一九年
金春喜『「発達障害」とされる外国人の子どもたち—フィリピンから来日したきょうだいをめぐる、10人の大人たちの語り』明石書店、二〇二〇年
国際連合「サラマンカ声明ならびに行動の枠組」一九九四年
国際連合障害者権利委員会「インクルーシブ教育を受ける権利に関する一般的意見第4号」二〇一六年
国際連合子どもの権利委員会「第四・第五回総括所見」二〇一九年
榊原洋一『子どもの発達障害誤診の危機』ポプラ社、二〇二〇年
篠宮紗和子「学習障害（LD）はいかにして『中枢神経系の機能障害』となったか—障害の原因論選択の議論における生物医学モデルと障害の社会モデルのせめぎあい」『教育社会学研究』一〇四集、二〇一九年
嶋田和子『ルポ 精神医療につながれる子どもたち』彩流社、二〇一三年
『週刊東洋経済』二〇二二年七月二三日号
『毎日新聞』二〇一九年九月一日
米田倫康『発達障害バブルの真相—救済か？ 魔女狩りか？ 暴走する発達障害者支援』萬書房、二〇一八年

終章

佐藤明彦『非正規教員の研究—「使い捨てられる教師たち」の知られざる実態』時事通信出版局、二〇二二年
佐藤学『第四次産業革命と教育の未来—ポストコロナ時代のICT教育』岩波書店、二〇二一年

主要図版出典一覧

共同通信　四五、五九、一六五、一七四、一九三、二一三、二七五上頁／読売新聞　六八、七三、一五四頁／朝日新聞　九三、一三一頁／Stephen Kelen, *I Remember Hiroshima*, Hale & Iremonger, 1983. 八頁

地方教育行政の系統（2023年）

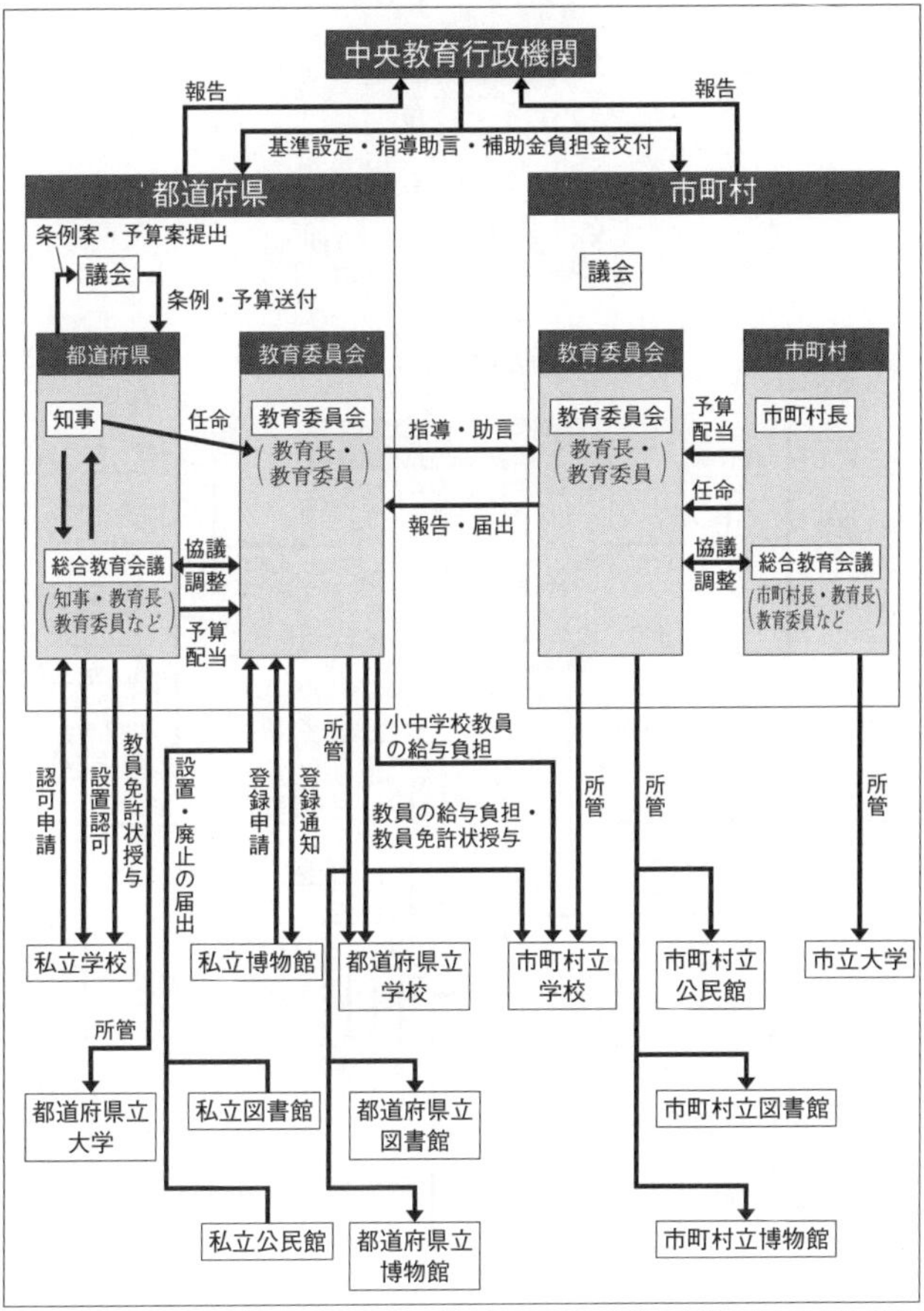

註記：図内の「私立学校」に私立大学は含まない．私立大学は直接文科省と関係する

出典：文部省調査局調査課編『教育制度の図解――日本教育のしくみ』（小学館，1953年）を基に筆者作成

中央教育行政の系統（2023年）

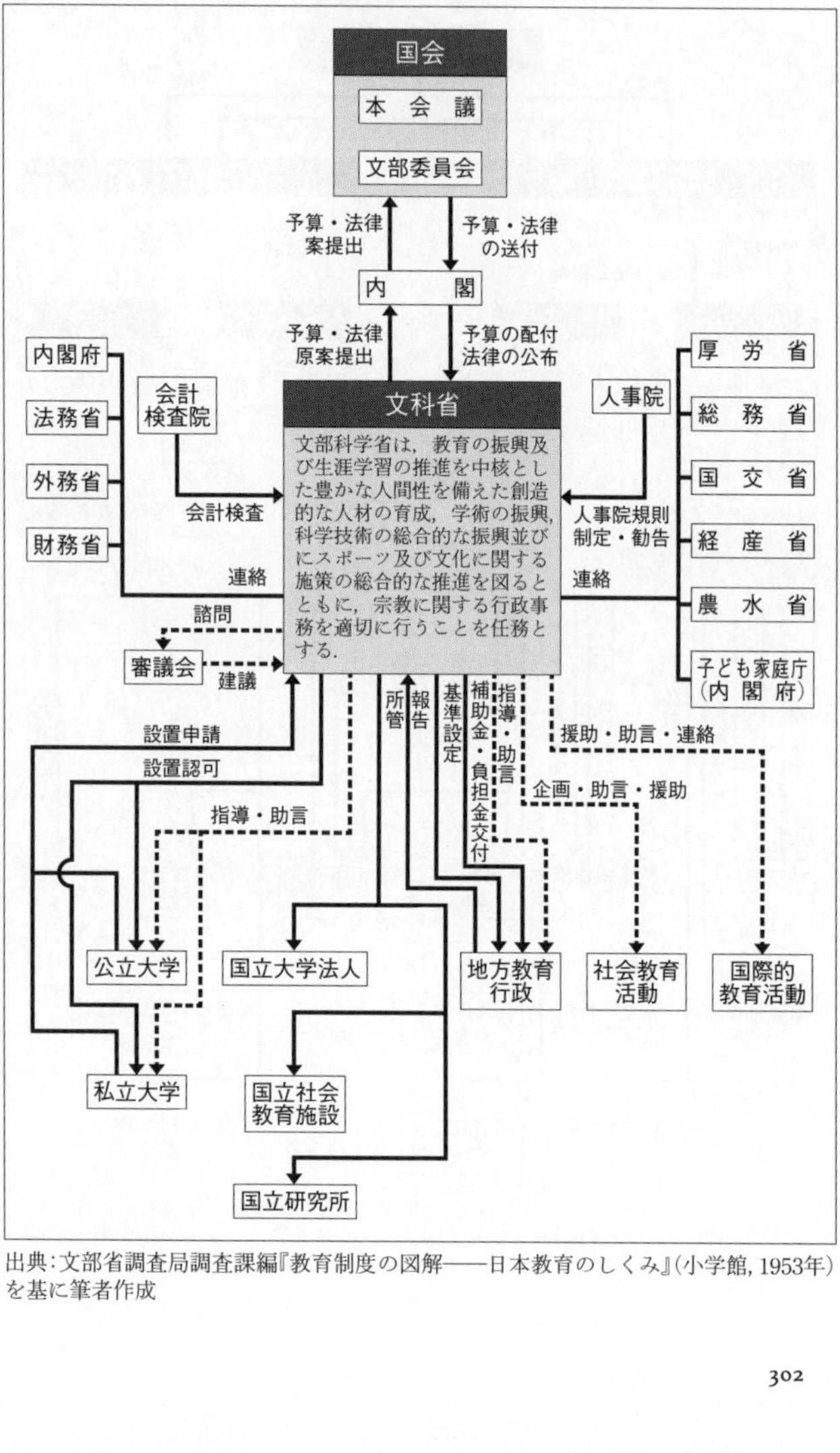

出典：文部省調査局調査課編『教育制度の図解——日本教育のしくみ』（小学館，1953年）を基に筆者作成

教育行政組織の大綱（2023年）

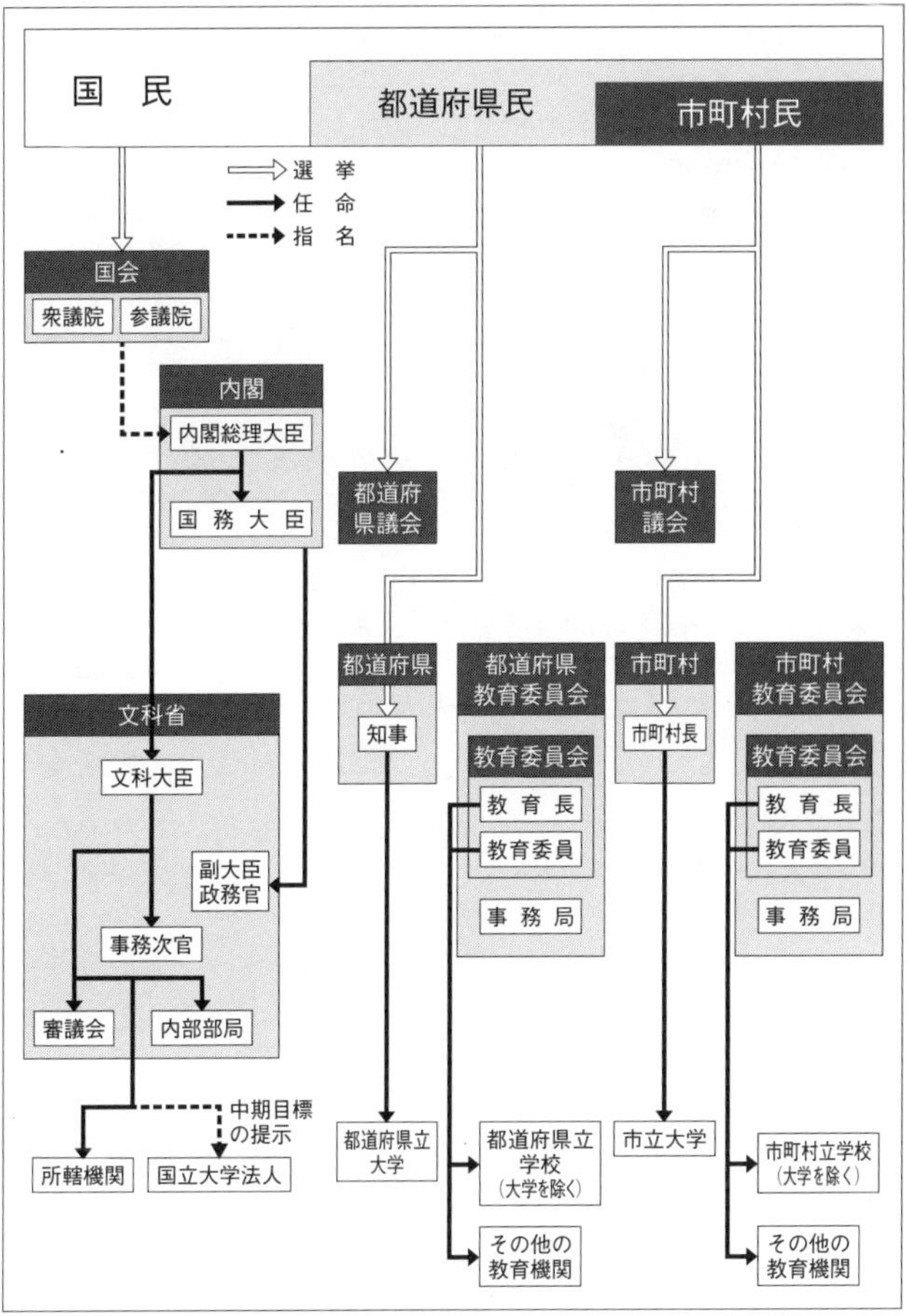

出典：文部省調査局調査課編『教育制度の図解——日本教育のしくみ』（小学館，1953年）を基に筆者作成

任　期：4年
選　出：②からの変更は，教育長の文部省や都道府県教育委員会による事前承認を廃止．都道府県教育長も教育委員のなかから選出

④教育長への責任明確化，首長権限の強化の時代
（地教行法一部改正2014年6月，15年4月施行）
権　限：首長が教育に関する大綱を定め，首長と教育委員会が総合教育会議で協議・調整を行う．大綱に基づき教育委員会が教育行政を執行するが，教育行政の第一義的責任者は教育長に．教育長の任免権は首長．教育長が教育委員会の代表となり，教育委員会の教育長に対する指揮監督権はなくなる
教育長：1名（教育委員会の構成員だが委員ではない）
委　員：原則4名（3～6名も可能．うち1名は保護者を選任）
任　期：教育長3年，委員4年（首長の任期中に一度は教育長を任命可能に）
選　出：教育長は首長が議会の同意を得て任命．教育委員は当該地方公共団体の長が議会の同意を得て任命（3人以上の同一政党所属は禁止）
備　考：教育長1名，委員4名の5名で教育委員会を組織．教育委員長は廃止．従来の教育委員会の代表者（委員長）と事務の統括者（教育長）を教育長に一本化

参考文献：新藤宗幸『教育委員会』（岩波書店，2013年）．村上祐介編『教育委員会改革5つのポイント――「地方教育行政法」のどこが変わったのか』（学事出版，2014年）．日本法令索引（ウェブ），衆議院立法情報（ウェブ）など

地方教育行政の主な変遷

①教育委員会公選制の時代（教育委員会法1948年７月制定，56年９月廃止）

権　限：各教育委員会が公立学校教員の人事権．教育行政に関わる条例案・予算案の作成と原案の議会提出権をはじめ，教育行政全般を担当

委　員：都道府県７名，市町村５名

任　期：４年（２年ごとに半数改選）

選　出：当該地方公共団体の議員から議会内選挙で１名．その他は住民による選挙（候補者は選挙人60名以上の推薦が必要）．代表者である委員長，また副委員長は教育委員会内の選挙で選出．教育委員会所管の教育事務を司る教育長は教育委員会が任命

備　考：教育委員会は当初任意設置だったが1952年11月１日までにすべての地方公共団体に設置

②教育委員会任命制の時代（地教行法 1956年６月制定，10月施行）

権　限：各教育委員会は教育行政全般に関する執行権，教育長の任免権，教育長の事務局での執行業務に対する指揮監督権を引き続き保持したが，公立学校教員の人事権は都道府県教育委員会に一元化．条例案・予算案の議会への提出権は首長権限に

委　員：原則５名（市町村は３名も可）

任　期：４年

選　出：当該地方公共団体の長が議会の同意を得て任命（３名以上の同一政党所属は禁止）．委員長は教育委員による互選．教育長は，都道府県は文相，市町村は都道府県教育委員会の事前承認を得て教育委員会が任命（市町村教育長は教育委員内から任命）

③地方分権改革の時代

（地方分権一括法2000年４月施行．教育基本法改正2006年施行などに伴う地教行法改正　2000年代）

権　限：教育行政が従来の機関委任事務（委任した「国」の事務で地方公共団体の事務ではない）から自治事務に変更．スポーツ・文化行政を教育委員会から首長部局への移管が可能に

委　員：原則５名（３～６名も可能．うち１名は保護者を選任）

第2次安倍晋三内閣のもと，21世紀の日本にふさわしい教育体制を構築し，内閣の最重要課題の一つとして教育改革を推進するため，官邸に設置した有識者会議．会議は，内閣総理大臣，内閣官房長官，文部科学大臣（兼）教育再生担当大臣，有識者により構成．2013年1月24日に第一回会合を開催

委　員

座長　鎌田薫（早稲田大総長）

大竹美喜（アメリカンファミリー生命保険最高顧問）・尾崎正直（高知県知事）・貝ノ瀬滋（東京都三鷹市教委委員長）・加戸守行（前愛媛県知事）・蒲島郁夫（熊本県知事）・川合真紀（東京大教授）・河野達信（全日本教職員連盟委員長）・佐々木喜一（成基コミュニティグループ代表）・鈴木高弘（専修大付属高校校長）・曽野綾子（作家）・武田美保（スポーツ教育コメンテーター）・佃和夫（三菱重工会長）・八木秀次（高崎経済大教授）・山内昌之（東京大名誉教授）

提　言

第1次提言「いじめの問題等への対応について」（2013年2月26日），第2次提言「教育委員会制度等の在り方について」（同年4月15日）などをはじめとし，教育の各方面にわたり，2021年6月まで全12回にわたる提言を行った．教育における新自由主義改革を広範に進めることになった

※2021年9月18日，閣議決定により廃止

報　告
2000年12月22日に『教育を変える17の提案』として最終報告を森喜朗内閣総理大臣に提出．委員の一人である教育社会学者の藤田英典によれば，提案は1）カリキュラム・教育実践の道徳主義的・教化主義的改革，2）教育制度・システムの新自由主義的・エリート主義的改革，3）教育行財政・学校運営・教育実践の改良主義的な基盤整備の三点を特徴とした（藤田英典『新時代の教育をどう構想するか　教育改革国民会議の残した課題』岩波書店，2001年）
※2000年12月最終報告提出後も存続．自然休会

†教育再生会議

経　緯　2006年10月10日，安倍晋三内閣の閣議決定により設置．本会議は，内閣総理大臣が開催し，17名の有識者に加え，内閣総理大臣，内閣官房長官，文部科学大臣により構成．2006年10月18日に初会合を行い，学校再生，規範意識・家族・地域教育再生，教育再生の三つの分科会を設置した
委　員
座長　野依良治（理化学研究所理事長），副座長　池田守男（資生堂相談役）
浅利慶太（劇団四季代表・演出家）・海老名香葉子（エッセイスト）・小野元之（日本学術振興会理事長）・陰山英男（立命館大学教授，立命館小学校副校長）・葛西敬之（JR東海代表取締役会長）・門川大（京都市教育委員会教育長）・川勝平太（国際日本文化研究センター教授）・小谷実可子（スポーツコメンテーター）・小宮山宏（東京大学総長）・品川裕香（教育ジャーナリスト）・白石真澄（東洋大学経済学部教授）・張富士夫（トヨタ自動車会長）・中嶋嶺雄（国際教養大学理事長・学長）・義家弘介（横浜市教育委員会教育委員，東北福祉大学特任講師）・渡邉美樹（ワタミ代表取締役社長・CEO，郁文館夢学園理事長）
報　告
第1次報告（2007年1月）・第2次報告（2007年6月）・第3次報告（2007年12月）・最終報告（2008年1月）からなる．最終報告『社会総がかりで教育再生を』は，教育内容・教育現場・教育支援システム・大学・大学院改革・社会総がかりの五つの柱で構成されている．学力向上・規範の重視，道徳の教科化などの提言が学校現場に影響を与えた
※最終報告の提出をもって解散

†教育再生実行会議

設置経緯など　2013年1月，閣議決定

教育については第五分科会が所管
第五分科会委員
座長　山崎正和（劇作家・評論家・大阪大学名誉教授）
落合恵美子（国際日本文化研究センター助教授）・高島肇久（NHK放送総局特別主幹）・筒井清忠（京都大学大学院文学研究科教授）・御厨貴（政策研究大学院大学教授）・宮崎裕子（弁護士）・三善晃（作曲家・東京文化会館長）・向井千秋（宇宙飛行士）・鷲田清一（大阪大学文学部教授）
報　告
2000年１月18日，小渕恵三内閣総理大臣に報告書を提出．第五分科会は，最終報告書のなかで教育を「義務として強制する教育」と「サービスとして行う教育」に分けるべきとして，「義務としての教育」は最小限にし，「サービスとしての教育」は基本的に市場の役割に委ねることを提案した
※2000年，最終報告書提出をもって解散

†教育改革国民会議

経　緯　小渕恵三内閣総理大臣の私的諮問機関として，2000年３月24日に小渕恵三内閣総理大臣の決裁があり発足．自由民主党・自由党・公明党の三党連立政権発足時，三党合意により，教育改革国民会議の設置が決められた．「21世紀の日本を担う創造性の高い人材の育成を目指し，教育の基本に遡って幅広く今後の教育のあり方について検討する」ことを目的として総理大臣が開催し，民間人が委員に委嘱された．第一分科会「人間性」，第二分科会「学校教育」，第三分科会「創造性」の三分科会が設定されている
委　員
座長　江崎玲於奈（茨城県科学技術振興財団理事長），副座長　牛尾治朗（ウシオ電機会長）・木村孟（学位授与機構長，第三分科会主査）
浅利慶太（劇団四季代表）・石原多賀子（金沢市教育長）・今井佐知子（日本PTA全国協議会理事）・上島一泰（日本青年会議所会頭）・大宅映子（ジャーナリスト）・梶田叡一（京都ノートルダム女子大学学長）・勝田吉太郎（鈴鹿国際大学学長）・金子郁容（慶應義塾幼稚舎長，第二分科会主査）・河合隼雄（国際日本文化研究センター所長）・河上亮一（川越市立城南中学校教諭）・草野忠義（連合副会長）・グレゴリー・クラーク（多摩大学学長）・黒田玲子（東京大学教授）・河野俊二（東京海上火災保険株式会社取締役会長）・曽野綾子（日本財団会長，作家）・田中成明（京都大学教授）・田村哲夫（渋谷教育学園理事長）・沈壽官（薩摩焼宗家14代）・浜田宏（リコー会長）・藤田英典（東京大学教授）・森隆夫（お茶の水女子大学名誉教授，第一分科会主査）・山折哲雄（京都造形芸術大学大学院長）・山下泰裕（東海大学教授）

答　申

第1次答申（1985年6月）1）学歴社会の弊害の是正，2）大学入学者選抜制度の改革，3）大学入学資格の自由化・弾力化，4）6年制中等学校の設置，5）単位制高等学校の設置
第2次答申（1986年4月）1）生涯学習体系への移行，2）初等中等教育の改革（徳育の充実，基礎・基本の徹底，学習指導要領の大綱化，初任者研修制度の導入，教員免許制度の弾力化），3）高等教育の改革（大学教育の充実と個性化のための大学設置基準の大綱化・簡素化等，高等教育機関の多様化と連携，大学院の飛躍的充実と改革，ユニバーシティ・カウンシルの創設），4）教育行財政の改革（国の基準・認可制度の見直し，教育長の任期制・専任制の導入など教育委員会の活性化）など
第3次答申（1987年4月）生涯学習体系への移行のための基盤整備，教科書制度の改革，高校入試の改善，高等教育機関の組織・運営の改革，スポーツと教育，教育費・教育財政の在り方など
第4次答申（1987年8月）文部省の機構改革（生涯学習を担当する局の設置等），秋季入学制について提言．これまでの総括として，1）個性重視の原則，2）生涯学習体系への移行，3）変化への対応として国際化と情報化への対応を課題として指摘
※1987年，第4次答申提出をもって解散

†「21世紀日本の構想」懇談会

経　緯　閣僚懇談会，1999年3月26日
小渕恵三内閣総理大臣のもと，21世紀における日本のあるべき姿を検討するため，1999年3月30日に設置．「世界に生きる日本」「豊かさと活力」「安心とうるおいの生活」「美しい国土と安全な社会」「日本人の未来」の5つの分科会を擁した
委　員
座長 河合隼雄（国際日本文化研究センター所長）
浅海保（中央公論新社編集局次長）・天野曄（日本小児科医会会長）・五百旗頭真（神戸大学法学部教授・日本政治学会理事長）・翁百合（日本総合研究所主任研究員）・川勝平太（国際日本文化研究センター教授）・小島明（日本経済新聞社論説主幹）・小林陽太郎（富士ゼロックス株式会社代表取締役会長・経済同友会代表幹事）・佐々木毅（東京大学法学部教授・同法学部長）・中村桂子（JT生命誌研究館副館長）・船橋洋一（朝日新聞社編集委員）・星野昌子（日本NPOセンター代表理事）・三善晃（作曲家・東京文化会館長）・向井千秋（宇宙飛行士）・山崎正和（劇作家・評論家・大阪大学名誉教授）・（幹事）山本正（日本国際交流センター理事長）

付　録　教育関連の主な審議会・懇談会

†中央教育審議会

設置根拠など　中央教育審議会令，1952年6月6日

所　管　文部大臣の諮問に応じて教育に関する基本的な制度その他，教育，学術または文化に関する基本的な重要施策について調査審議し，これらの事項に関して文部大臣（文部科学大臣）に答申する

委員の定数　20人以内（「人格が高潔で教育，学術又は文化に関し広く且つ高い識見を有する者のうちから文部大臣が内閣の承認を経て任命」．その他に審議事項に応じて臨時委員・専門委員を任命できる）

任　期　2年

第一期委員

天野貞祐（元文部大臣）・石川一郎（昭和電工会長）・小汀利得（日本経済新聞社顧問）・亀山直人（株式会社科学研究所会長）・河原春作（大妻女子大学学長）・小泉信三（元慶應義塾長）・児玉九十（明星中学・高等学校長）・島田孝一（早稲田大学総長）・鈴木虎秋（白金小学校長）・中井光次（大阪市長）・野口彰（愛宕中学校長）・林頼三郎（中央大学総長）・原安三郎（日本化薬株式会社社長）・藤山愛一郎（大日本製糖株式会社社長）・八木沢善次（東京都教育委員）・安井誠一郎（東京都知事）・矢内原忠雄（東京大学総長）・山本杉（医師）．（文部省調査局『中央教育審議会要覧第1集』1954年）

※2022年現在，第11期が開催

†臨時教育審議会

設置根拠など　臨時教育審議会設置法，1984年8月8日

所　管　総理府に臨時教育審議会（以下「審議会」という.）を置き，内閣総理大臣の諮問に応じ，教育及びこれに関連する分野に係る諸施策に関し，広く，かつ，総合的に検討を加え，必要な改革を図るための方策に関する基本的事項について調査審議する．審議会は，審議した事項について，内閣総理大臣に「意見を述べる」ことができる．内閣総理大臣は，答申等を「尊重しなければならない」．

委員の定数　25人以内（「人格識見共に優れた者のうちから，文部大臣の意見を聴いて，内閣総理大臣が任命」）

部会と委員名　第8章175ページ，8-1参照

	友学園への国有地払い下げ問題で，国会が理事長を証人喚問．3/31 次期，小中学校学習指導要領を告示
2018	6/18 成人年齢を18歳に引き下げる改正民法が可決
2019	1/28 新型コロナウイルス感染症を指定感染症とする政令を閣議決定．2/7 国連子どもの権利委員会が日本政府に総括所見を公表．2/27 安倍首相，全国の学校に 3 月 2 日からの一斉休校を要請．3/19 児童福祉法の一部を改正し，児童虐待防止対策を強化．3/24 文科省，学校再開ガイドラインを公表．10/1 消費税10%に
2020	4/1 改正児童虐待防止法施行，親による体罰を禁止．4/29 安倍首相が 9 月入学検討の考えを示す．6/5 文科省がコロナ禍における児童生徒の「学びの保障」総合対策パッケージを発表
2021	3/31 公立小学校の 1 学級の児童数の上限を35人に引き下げる改正義務教育標準法，成立．7/23 東京オリンピック・パラリンピック，1 年遅れで開催
2022	6/8 児童福祉法の一部を改正し，子どもへの包括的支援体制を整備．9/9 国連障害者権利委員会，日本政府に特別支援教育中止などを要請
2023	4/1 子ども基本法施行，子ども家庭庁発足

参考文献　伊ヶ崎暁生・松島栄一『日本教育史年表』（三省堂，1990年），大内裕和「年表　子どもと教育の一九七〇年～二〇〇二年」『現代思想』（30 (5)，2002年 4 月），日本子どもを守る会『子ども白書 2001年版～2022年版』（草土文化）

	次報告提出．6/22 沖縄県議会，全会一致で「教科書検定に関する意見書」可決，検定意見撤回を要求．7/7 東京都足立区小学校で，区独自の学力テストの採点から障害児3人を除外したことが判明．7/11 沖縄県議会，「集団自決」教科書検定意見撤回を求める意見書を再可決．7/29 民主党が参議院選挙で第1党に．7/31 文科省調査，南米出身の日系人ニューカマーの子どもの約1％が未就学であることが判明．8/23 足立区教委，学力テスト不正問題で，06年度の都の学力テストでも，誤答児童への合図が明らかに．10/1 郵政民営化スタート
2008	2/15 幼稚園教育要領，小中学校学習指導要領改訂を発表，ゆとり教育見直しへ
2009	8/30 総選挙で民主党が大勝し，政権交代へ
2010	3/31「平成の大合併」といわれた市町村の合併が終結，市町村半減へ．3/31 高校授業料無償化法・子ども手当法施行．5/26 低所得の母子家庭に支給されている児童扶養手当を父子家庭にも広げる改正児童扶養手当法が成立．6/11 国連子どもの権利委員会，子どもの権利条約の実施状況に関する審査の最終所見を採択．9/29 国税庁，年収200万円以下のワーキングプア（働く貧困）層が1100万人に
2011	3/11 東日本大震災，原子力緊急事態宣言発令．4/19 福島第1原発事故を受けて，文科省は福島県内の小中学校や幼稚園などの暫定的な利用基準を発表．6/3 大阪府議会，教職員に君が代の起立斉唱を義務づける条例可決．6/20 復興基本法成立，復興庁新設へ．9/20 大津市の中学校2年生のいじめによる自殺
2012	3/2 政府，総合子ども園の創設を決定．12/16 総選挙で自民党が圧勝，第2次安倍政権発足へ
2013	4/24 全国学力調査，4年ぶりに抽出方式から悉皆方式へ．6/19 障害者差別解消法成立
2014	1/17 子どもの貧困対策法施行．1/20 障害者権利条約批准．4/1 消費税5％から8％へ．4/11 少年法改正，少年刑の引き上げなど．6/13 改正地方教育行政法成立，首長の教育への関与強まる
2015	6/17 改正公職選挙法が成立，選挙年齢を18歳以上に引き下げ．10/29 18歳選挙権実施に向け1969年通知を廃止し新たな通知を送付．9/30 改正労働者派遣法施行，派遣受け入れ期間の制限実質廃止
2016	1/29 文科省，高校生が校外デモなどの政治活動を行う際，学校に届け出させることを容認．7/26 神奈川県の障害者施設津久井やまゆり園で殺人事件．12/7 フリースクール等学校以外の場で学ぶ教育機会確保法，成立
2017	3/13 安倍首相，知人が理事長を務める加計学園の国家戦略特区認定をめぐり，自らの関与を否定．3/23 首相夫人が名誉校長を務めた森

	由化
2000	1/21 学校教育法施行規則を一部改正（職員会議の位置づけの明確化，学校評議員制度導入）. 3/24 教育改革国民会議が内閣の決裁により発足. 4/1 地方分権一括法施行. 5/3 少年が福岡県内で高速バスを乗っ取り，乗客を殺傷. 5/17 児童虐待防止法成立. 12/8 改正少年法公布，厳罰化（刑罰対象年齢を16歳から14歳に引き下げ）. 12/22 教育改革国民会議，教育基本法見直し，学校教育での奉仕活動導入などを提言する最終報告を提出
2001	1/6 文部省，科学技術庁と統合して文部科学省に改組. 1月文部科学省「二一世紀教育新生プラン」を策定. 4/26 小泉純一郎内閣発足. 5/9 文科省，指導要録改善に関する通知. 小中学校の評定も絶対評価に. 6/8 大阪教育大学教育学部附属池田小学校に出刃包丁を持った男が乱入し，児童ら23人が刺され 8 人が死亡，15人が重軽傷. 6/29 教育改革関連 6 法（奉仕・体験活動の充実，大学飛び入学の促進，問題生徒の出席停止など）成立
2002	4/1 新学習指導要領施行（授業時数/教育内容の大幅削減，「総合的な学習の時間」の創設など）. 5/28 経団連と日経連を統合した「日本経団連」発足. 6/5 教育公務員特例法改正，在職10年教員研修義務化. 8/9 文科省，学校教育基本調査発表. 不登校が小中学校合計で13万9000 人（10年間で倍増）
2003	5/7 地方分権改革推進会議，保育所運営費国庫負担や義務教育費国庫負担制度廃止案を小泉首相に提出. 5/23 個人情報保護法成立. 11/5 文科省，義務教育費国庫負担金で「総額裁量制」（都道府県ごとに教職員の標準定数などをもとに総額を決め，あとは地方に使い道を任せる）を提案. 12/26 文科省，学習指導要領一部改訂. 要領範囲外の「発展的な内容」を教えてかまわないなど
2004	1/30 国連子どもの権利委員会，日本への勧告. 7/26 文科省，市町村費負担教職員制度を全国化する方針を決定. 市町村が独自の財源で教職員を採用できるように. 8/10 文科省，義務教育 6・3 制の弾力化や教員免許の更新制などを盛り込んだ義務教育制度改革案
2006	5/9 文科省・厚労省発表，07年度より「放課後子どもプラン」創設. 6/9 認定こども園創設を参議院本会議で可決. 10/1 障害者自立支援法施行. 12/13 国連，障害者権利条約採択. 12/22 改正教育基本法，公布施行
2007	1/24 教育再生会議第 1 次報告. 4/1 特別支援教育開始. 4/24 全国学力学習調査実施，43年ぶり. 5/25 改正少年法成立，「おおむね12歳以上」，少年院に収容可能に. 5/25 改正児童虐待防止法成立，通報を受けた児童相談所に子どもの安全確認を義務づけ. 6/1 教育再生会議，第 2

1990	1/13 大学入試センター試験第1回試験実施．6/26 日教組，「参加・提言・改革」へ方針転換．7/6 兵庫県立神戸高塚高校で登校時に生徒1人が教師が閉めた門扉に挟まれて圧死．10/1 東証株価，2万円を割る，バブル経済崩壊
1991	1/17 湾岸戦争はじまる．12/26 ソ連最高会議，ソ連邦消滅を宣言
1992	7/6 政府，日本軍「慰安婦」問題の資料調査結果を公表，軍の直接関与を認め，アジアの元「慰安婦」に謝罪．9/12 幼稚園，小中高等学校で毎月第2土曜日を休業日とする学校週5日制を実施．9/22 文部省初中局長，不登校児の民間施設通いを学校出席と認める方針を通知．10/12 埼玉県教育委員会，業者テストの偏差値を私立高校入試に使用しないよう指導
1993	1/1 欧州共同体統合市場発足．1/13 新庄市立明倫中学校のいじめ・マット死事件で中学生3人逮捕，4人補導．2/22 文部次官，都道府県教育委員会に業者テストの排除を通知．7/18 総選挙で自民過半数割れ，社会党激減などで55年体制崩壊．8/4 河野官房長官，朝鮮半島出身日本軍「慰安婦」への「強制」を認め謝罪（河野談話）
1994	4/1 公立校として全国初の中高一貫教育の全寮制学校，宮崎県五ヶ瀬中学/高校が開校．4/22 子どもの権利条約批准（5/22日発効）．6/10 国連，サラマンカ声明採択．11/27 西尾市立東部中学校でいじめにより自殺
1995	4/19 経済同友会「学校から『合校』へ」提言．4/1 幼稚園，小中高等学校で，第2/第4土曜日を休業日とし，月2回の学校週5日制の実施．9/1 日教組第80大会，文部省との協調を進める方針採択
1997	1/30 新しい歴史教科書をつくる会発足．4/1 消費税，5％へ引き上げ．5/27 神戸市の中学校正門で小6男児の切断された頭部が発見される．6/28 同事件の殺害容疑で14歳の中学3年の男子を逮捕（酒鬼薔薇事件）．10/9 東京都議会，全国初の「買春」処罰規定を盛り込む青少年健全育成条例改正案を可決
1998	1/28 栃木県黒磯市で女性教諭が校内で男子生徒にナイフで刺され死亡．7/9 東京都，職員会議を校長の補助機関とする管理運営規則を制定．10/12 金融再生関連法成立（日本長期信用銀行，債務超過で金融再生法に基づく一時国有化を申請）．12/14 小中学校学習指導要領改訂，告示
1999	2/28 広島県立高校長，卒業式の「日の丸・君が代」の実施で県教委と教職員との板挟みで自殺．3/12 金融再生委員会，大手銀行15行に公的資金投入を承認．7/29 社会経済生産性本部「選択/責任/連帯の教育改革」を発表．9/20 文部省，国立大学長らの会議で独立行政法人化導入を表明．12/1 改正労働者派遣法施行，派遣対象業務を原則自

	を求めた全国統一闘争
1976	2/6 米上院公聴会でロッキード社副会長が日本政府高官に贈与を証言，ロッキード事件．3/1 学校教育法施行規則改正により，小中高校の主任制度化．5/21 旭川学テ訴訟の最高裁判決．7/27 東京地検，外為法違反容疑で田中角栄前首相を逮捕．9/8 文部省，業者テストの取り扱いについて通達．10/6 教育課程審議会「教育課程の改善について」で，ゆとりの教育を強調．10/18 国大協，国立大共通第1次試験を79年度より実施と発表
1977	5/2 大学入試センター発足．7/23 改訂小中学校学習指導要領，告示
1979	4/1 養護学校義務化．6/6 国際人権規約国会承認
1980	4/1 小学校新教育課程全面実施．40人学級12年計画開始
1981	3/2 中国残留日本人孤児，初の正式来日．4/1 中学校新教育課程全面実施．5/1 日米，乗用車対米輸出自主規制で合意
1983	2月神奈川県横浜市の浮浪者襲撃事件で中学生ら10人を逮捕（3人死亡）．2/15 東京都町田市忠生中学校で，教師が襲いかかってきた男子中学生を刺傷．6/2 文部省の調査で校内暴力発生率公立中学13.5%．6/13 戸塚ヨットスクール校長戸塚宏，傷害致死容疑で逮捕．12/5 文部省初等中等教育局長，公立小中学校の問題児童生徒の出席停止措置の指導基準を通知
1984	1/19 家永三郎，第3次教科書訴訟を東京地裁に提訴．2/1 中曽根首相，首相直属の「教育臨調」設置を決定．3/13「世界を考える京都座会」，教育の「自由化」など公表．8/8 臨時教育審議会設置法公布．9/3 関西経済連合会「教育改革」提言
1985	5/17 男女雇用機会均等法成立．6/11 労働者派遣事業法成立．6/26 臨教審，第1次答申
1986	2/1 東京都中野区富士見中学校でいじめによる自殺．「葬式」ごっこが発覚．4/23 臨教審，第2次答申．6/26 臨時行政改革推進審議会，解散
1987	4/1 臨教審，第3次答申．4/1 国鉄分割・民営化．4/21 新臨時行政改革推進審議会発足．8/7 臨教審，第4次答申（最終答申）
1988	7/1 文部省，臨教審答申を受け，「生涯学習局」発足．11/21 江副浩正リクルート前会長，国会喚問，リクルート事件
1989	1/7 昭和天皇死去．3/27 小中学校学習指導要領改訂，告示．4/1 消費税スタート．4/1 初任者研修制度開始．11月日本教職員組合，全国労働組合総連合に加盟．全日本教職員組合協議会結成．9/4 日米経済構造協議開始．11/20 国連，子どもの権利条約採択．11/21 日本労働組合総連合会，発足，798万人．12/29 東証平均株価，3万8915円の史上最高値

策基本法公布

1968 1/29 東大医学部生，登録医制度に反対し無期限ストライキ．東大闘争はじまる．4/15 国税庁，日大の使途不明金20億円と発表．日大闘争の発端．5/13 パリの学生・労働者，ゼネスト決行（5月革命）．6/17 大河内東大総長，機動隊を導入

1969 1/18 東大，機動隊を導入し安田講堂占拠の学生を排除．5/23 閣議「大学の運営に関する臨時措置法案」了承．8/3 参議院で強行採決．12/15 日経連「産学関係に関する産業界の基本認識および提言」を発表

1970 3/14 日本万国博覧会開催．3/31 日航機よど号ハイジャック事件．6/6 福岡県教育委員会，県立伝習館高校の3教諭に「偏向教育」を理由に懲戒免職．6/23 日米安保条約，自動延長，反安保統一行動，全国で77万人．7/17 東京地裁，教科書検定処分取り消し訴訟（第2次訴訟）で家永三郎勝訴判決（杉本判決）．8/27 日本教育法学会設立．12/1 日教組，教育制度検討委員会第1回総会開催（会長梅根悟）

1971 1/20 文部省，小中学校新学習指導要領の「公害」に関して部分改訂告示．4/1 小学校教育課程全面改訂．6/2 全国教育研究所連盟「義務教育改善に関する意見調査」．子どもの半数が授業についていけないことなどを発表．6/11 中教審「今後における学校教育の総合的な拡充整備のための基本施策」（「四六答申」）．6/17 沖縄返還協定調印．8/15 ニクソン米大統領，金ドル交換停止を発表

1972 2/18 経済同友会「70年代の社会緊張の問題点とその対策試案」．3/15 日本経済調査協議会「新しい産業社会における人間形成」．3/18 東京都千代田区麹町中学校卒業生の父母，内申書記載内容による高校不合格を問題とし損害賠償訴訟（内申書裁判）．5/15 沖縄本土復帰．沖縄県発足．6/8 経済審議会人的開発研究委員会「教育に関する報告」をまとめる．7/21 立川市立二中の音楽教諭，全生徒に評価3をつけ問題化．9/29 日中国交正常化．10/1 文部省，『学制百年史』刊行

1973 2/14 大蔵省，外国為替相場を変動相場制に移行，円急騰．11/16 文部省，79年度に養護学校義務化を決定．10/6 第4次中東戦争勃発，石油ショックへ

1974 2/25 教員人材確保法公布．3/18 人事院，教員人材確保法により小中学校教員平均9％，高校教員5.5％の給与引き上げを勧告．4/3 東京都教育庁，74年度から小中学校段階に就学希望の障害児全員の入学実施を決定．5/21 日教組・教育制度検討委員会最終報告「日本の教育改革を求めて」．6/1 学校教育法改正により教頭職の法制化．7/16 東京地裁，家永三郎の国家賠償請求訴訟（第1次訴訟）で憲法・教育基本法に違反せずと判決（高津判決）

1975 4/30 ベトナム戦争終結．12/10 日教組/日高教，主任制度化構想の撤回

	文部省，第1回校長/指導主事等研修講座開催．12/27 池田勇人内閣，所得倍増計画を閣議決定
1961	3/11 科学技術庁，科学技術者の養成について文部省に勧告．4/1 小学校新学習指導要領による教育課程を全面実施．61年度から科学技術系学生1万6000名増員計画に着手（～70年）．5/19 国立工業教員養成所の設置等に関する臨時措置法公布．6/17 学校教育法一部改正により5年制高等専門学校を62年度より設置．8/25 日経連・経団連「技術教育の画期的振興策の確立推進に関する要望」を政府・国会に提出．9/9 日教組，文部省の全国一斉学力調査反対闘争の方針を決定．10/26 文部省，中学2年・3年生全員に全国一斉学力調査実施．11/14 全国知事会，高校生急増対策について政府へ要望
1962	3/31 義務教育諸学校の教科用図書の無償に関する法律公布．4/1 中学校新学習指導要領による教育課程全面実施．4/1 義務教育諸学校の教科用図書の無償に関する法律施行．4/26 防衛庁，次官会議で文部省に「学校教育に関する要望書」提出．愛国心，国防教育を強調．7/11 文部省，全国一斉学力調査実施，全国一斉学テ反対闘争が激化．11/5 文部省，教育白書『日本の成長と教育』を発表，教育投資論を展開
1963	1/14 経済審議会「経済発展における人的能力開発の課題と対策」．1/16 財団法人能力開発研究所設立．11/16 能力開発研究所，初の「能研テスト」実施．12/21 義務教育諸学校の教科用図書の無償措置に関する法律公布．公立義務教育諸学校の学級編成及び教職員定数の標準に関する法律を一部改正し，小中学校の1学級児童生徒数を最高45人に
1964	1/25 文部省，特殊教育振興方策．養護学校の設置を都道府県に義務づける．8/7 文部省，幼稚園教育の振興について通達し，人口1万人に1幼稚園の配置を．10/10 東京オリンピック開催．10/14 文部省，全国学力調査を悉皆調査から20%抽出に変更
1965	4/15 ILO「教員の地位に関する勧告草案」を各国政府に送付．6/12 家永三郎，教科書検定を違憲として民事訴訟（第1次訴訟）．12/28 文部省，「朝鮮人のみを収容する教育施設の取り扱いについて」「在日韓国人の法的地位における教育関係事項の実施について」通達
1966	5/25 旭川地裁「一斉学力テスト」違法判決．6/14 ILO87号条約発効（教員の地位に関する勧告）．10/31 中教審「後期中等教育の拡充整備について」で高校教育の多様化を強調．11/22 文部省，67年度からの全国学テ中止を決定
1967	1/13 文部省「建国記念の日について」．1/25 琉球立法院文教委員会，地方教育公務員法/教育公務員法特例法を採択．6/23 家永三郎，新たに教科書不合格処分取り消しの訴訟提訴（第2次訴訟）．8/3 公害対

	中立の確保に関する臨時措置法，教育公務員特例法一部改正案要綱（教育二法）を参議院で可決．6/9 防衛庁設置法，自衛隊法公布．10/4 東京都教育委員会，都立朝鮮人学校に対し55年3月以降廃止を通告．11/20 防衛庁，少年自衛隊員の募集開始
1955	8/13 日本民主党『うれうべき教科書の問題』第1集を刊行．10/13 右派と左派が合併し日本社会党が統一，11/15 自由党と民主党が合併し自由民主党．55年体制成立．12/5 文部省，高等学校学習指導要領（一般編）発行．「試案」の文字が消える
1956	3/30「就学困難な児童のための教科用図書の給与に対する国の補助に関する法律」を公布．6/30 地方教育行政法公布．教育委員の公選制廃止，任命制に．9/28 文部省，全国抽出学力調査を初めて実施．10/10 文部省，教科書調査官制度創設．10/19 日ソ国交回復に関する共同宣言調印．10/23 ハンガリー動乱．11/1 愛媛県教育委員会，勤務評定による教職員の昇給昇格の実施を決定．11/9 日経連「新時代の要請に対応する技術教育に関する意見」．義務教育での理科教育の推進も含まれる
1957	5/10 日教組，「勤評」不当弾圧反対全国一斉職場抗議集会．6/1 学校教育法一部改正，養護学校への就学を就学義務の履行と見なす．6/24 理科教育審議会，理科教育に従事する教員養成の改善について．9/10 文部省，勤務評定の制度の趣旨徹底について通達．10/4 ソ連，世界最初の人工衛星スプートニク1号の打ち上げに成功．11/29 文部省，科学技術教育振興方策を発表．12/4 文部省，学校教育法施行規則改正により教頭を設置．12/22 日教組，勤評闘争強化決議，非常事態宣言．12/26 日経連，科学技術教育振興に関する意見
1958	1/8 沖縄，教育基本法/学校教育法/社会教育法/教育委員会法を公布（教科書法案/臨時教育制度審議会設置法案は審議未了で廃案）．4/10 学校保健法公布．4/25 義務教育諸学校施設費国庫負担法公布．5/1 公立義務教育諸学校の学級編成及び教職員定数の標準に関する法律公布．9/28 文部省，小中学校学習指導要領道徳編を告示．10/1 小中学校学習指導要領を官報に告示，基準性強化
1959	1/10 NHK教育テレビ本放送開始．4/15 安保改定阻止国民会議，東京の日比谷公園で第1次統一行動．11/20 国連「児童の権利宣言」採択（12/16 参議院で支持決議）．12/7 中教審「特殊教育の充実振興について」答申
1960	3/3 文部省，養護学校教員養成課程を東京学芸大学ほかに設置決定．4/1 教頭にも管理職手当を支給．5/9 歴史関係9学会代表，教科書検定の反動化について声明．6/15 安保闘争，東大生死亡．6/23 新安保条約批准書交換，発効．7/10 経済同友会「産学協同について」．7/25

	徒用副読本として頒布）．8/22 GHQ，追放教員11万名発表．9/11 教科書検定制度発表．12/12 児童福祉法公布．12/22 民法改正
1948	1/24 文部省，朝鮮人学校設立不承認．3/31 米軍政部，山口県で朝鮮人学校に閉鎖命令（4月にかけて兵庫/大阪/東京などで同様の命令，最終的に私学として許可申請に）．4/1 新制高等学校（全日制/定時制）発足．4/7 盲学校・聾学校の就学義務・設置義務に関する政令公布．4/17 教育刷新委員会「大学の自由及び自治の確立について」建議．4/25 米軍，朝鮮人学校閉鎖反対デモに関し，神戸地区に初の非常事態宣言．4/30 教科用図書検定規則を制定．6/19 衆議院「教育勅語等排除に関する決議」，参議院「教育勅語等の失効確認に関する決議」可決．7/15 教育委員会法公布
1949	1/12 教育公務員特例法公布．6/11 文部省，教育基本法第8条（政治教育）の解釈について通達．7/4 下山事件．7/19 CIE顧問イールズ，新潟大学開学式で「共産主義教授」追放を講演．9/24 九大で「赤色教授」に辞職勧告，富山大・新潟大など多くの大学で同趣旨の勧告．10/19 政府，教育基本法・学校教育法違反を理由に朝鮮総連系在日朝鮮人学校93校に閉鎖，245校に改組を命令，建物財産を没収．12/15 私立学校法公布
1950	2/13 東京都，「赤い教員」として教員246人に退職を勧告．6/25 朝鮮戦争勃発．7/8 国家警察予備隊創設．8/27 第2次米国教育使節団来日．11/24 米国政府，「対日講和7原則」を発表．日本への請求権放棄と日本防衛を日米共同で行う旨を明記．12/13 地方公務員法公布，地方公務員/公立学校教員の政治活動・争議行為を禁止．
1951	1/4 教育課程審議会，道徳教育の充実方策について答申．5/5 児童憲章制定．6/11 産業教育振興法公布．7/10 学習指導要領一般編（試案）改訂．9/8 サンフランシスコ講和会議で平和条約を調印．日米安全保障条約調印．11/10 日教組，第1回全国教育研究大会（教研大会）開催．11/14 天野文相，国民実践要領の大綱を発表
1952	2/28 琉球教育法公布．3/8 GHQ，兵器製造を許可，朝鮮特需へ．4/28 対日平和条約，日米安全保障条約発効．6/18 日教組，「教師の倫理綱領」決定．8/8 義務教育費国庫負担法公布．10/14 日本父母と先生全国協議会（日本PTA）結成大会開催．11/1 市町村教育委員会発足
1953	7/8 文部省，教育の中立性維持について通達．8/8 学校図書館法・理科教育振興法公布．10/2 池田・ロバートソン会談で愛国心教育を強調．12/25 奄美群島が本土復帰
1954	3/3 文部省，「偏向教育」24事例を衆議院文部委員会に提出．3/8 米国とMSA協定締結．3/20 京都市教育委員会，市立旭丘中学教諭の転任を内示（旭丘中学事件）．5/14 義務教育諸学校における教育の政治的

戦後教育史 関連年表

年	出来事
1945	8/15 戦争終結，玉音放送．文部省訓令「終戦ニ関スル件」「新日本建設ノ教育方針」発表．9/20 文部省「終戦ニ伴フ教科用図書取扱方ニ関スル件」を通牒（戦時教材の省略削除，いわゆる「墨ぬり教科書」）．10/11 GHQ，民主化に関する5大改革（婦人解放/労働組合結成奨励/学校教育民主化/秘密審問司法制度撤廃/経済機構民主化）を指令．10/15 治安維持法廃止．10/22 GHQ「日本教育制度ニ対スル管理政策」で軍国主義的/超国家主義的教育禁止を指令．10/30 GHQ，「教員及ビ教育関係官ノ調査，除外，認可ニ関スル件」で軍国主義的教員の除去/追放を指令．12/1 全日本教員組合（全教）結成．12/2 日本教育者組合（日教）結成．12/31 GHQ，「修身，日本歴史及ビ地理停止ニ関スル件」で3教科の停止，教科書の回収など指令
1946	1/1 天皇，神格化否定の詔書（人間宣言）．1/4 GHQ，教育使節団派遣を要請．1/4 GHQ，軍国主義者の公職追放，超国家主義団体の解散を指令．2/7「米国教育使節団に協力すべき日本側教育家の委員会」発足．3/5 第1次米国教育使節団来日（3/30 最高司令官に報告書提出，国家主義/軍国主義教育や官僚統制の排除，6・3制など教育の民主化を勧告）．5/7「教職員の除去，就職禁止および復職等の件」公布（教職追放の大綱），教職員適格審査規定制定．8/10 戦後教育改革の基本理念について，総理大臣の諮問機関として教育刷新委員会（教刷委）設置（49年6月 教育刷新審議会と改称）．9/5 文部省，国民学校用国史教科書『くにのあゆみ』（上下）発行．10/8 文部省，教育勅語奉読の廃止などを通達．10/9 文部省，男女共学について指示．10/12 GHQ，国史授業の再開許可．10/16 教育刷新委員会，6•3制（義務教育9年）の原案を決定．11/3 日本国憲法公布
1947	1/6 桜田国民学校（東京）で社会科の実験授業開始．1/31 GHQ，2•1ゼネスト中止命令．1月，東京で学校給食開始（ララ物資による副食のみ）．2/5 文部省，新学制の実施方針発表（小中47年度から，高校48年度から，大学49年度から）．3/20 文部省「学習指導要領一般編（試案）」発行．3/31 教育基本法/学校教育法公布．4/1 新学制による小学校（国民学校初等科を改称）•中学校発足．4/5 知事・市町村長，初の選挙．4/7 労働基準法公布（児童労働を禁止）．4/17 地方自治法公布．4/20 第1回参議院議員選挙．5/3 日本国憲法施行，枢密院廃止．6/1 社会党片山内閣成立．6/8 日本教職員組合結成．8/2 文部省『あたらしい憲法のはなし』刊（社会教育指導者用テキスト・小中学校児童生

小国喜弘（こくに・よしひろ）

1966（昭和41）年兵庫県生まれ．89年東京大学文学部国史学科卒業．92年東京大学大学院教育学研究科学校教育学専攻修士課程修了．95年同大学院教育学研究科学校教育開発学博士課程単位取得退学．99年博士（教育学，東京大学）．同年，成城大学文芸学部専任講師．2001年東京都立大学人文学部心理教育学科助教授．08年早稲田大学教育・総合科学学術院准教授．11年東京大学大学院教育学研究科准教授，13年より同教授．専攻，教育史，教育学．

著書『民俗学運動と学校教育——民俗の発見とその国民化』（東京大学出版会，2001年）
　　『戦後教育の中の〈国民〉——乱反射するナショナリズム』（吉川弘文館，2007年）
編著『障害児の共生教育運動——養護学校義務化反対をめぐる教育思想』（東京大学出版会，2019年）
共著『「みんなの学校」をつくるために——特別支援教育を問い直す』（小学館，2019年）
　　『教育と社会——未来の教育を創る教職教養指針』（学文社，2021年）

戦《せん》後《ご》教育《きょういく》史《し》
中公新書 *2747*

2023年4月25日発行

著　者　小国喜弘
発行者　安部順一

本文印刷　暁印刷
カバー印刷　大熊整美堂
製　　本　小泉製本

発行所　中央公論新社
〒100-8152
東京都千代田区大手町1-7-1
電話　販売　03-5299-1730
　　　編集　03-5299-1830
URL　http://www.chuko.co.jp/

Published by CHUOKORON-SHINSHA, INC.
Printed in Japan　ISBN978-4-12-102747-4 C1237

教育・家庭

m 1

- 2429 保育園問題　前田正子
- 2477 日本の公教育　中澤　渉
- 2218 特別支援教育　柘植雅義
- 2635 文部科学省　青木栄一
- 2004 2005 大学の誕生(上下)　天野郁夫
- 2424 帝国大学―近代日本のエリート育成装置　天野郁夫
- 1249 大衆教育社会のゆくえ　苅谷剛彦
- 2006 教育と平等　苅谷剛彦
- 1704 教養主義の没落　竹内　洋
- 2149 高校紛争 1969-1970　小林哲夫
- 1065 人間形成の日米比較　恒吉僚子
- 1578 イギリスのいい子 日本のいい子　佐藤淑子
- 1984 日本の子どもと自尊心　佐藤淑子
- 416 ミュンヘンの小学生　子安美知子
- 2066 いじめとは何か　森田洋司
- 2549 海外で研究者になる　増田直紀
- 2747 戦後教育史　小国喜弘